I0391635

BIBLIOTHÈQUE CONTEMPORAINE

J.-J. WEISS

LE THÉATRE

ET

LES MOEURS

C·L

PARIS

CALMANN LÉVY, ÉDITEUR

RUE AUBER, 3, ET BOULEVARD DES ITALIENS, 15

A LA LIBRAIRIE NOUVELLE

—

1889

LE THÉATRE

ET

LES MŒURS

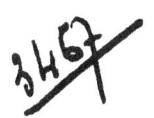

CALMANN LÉVY, ÉDITEUR

——

DU MÊME AUTEUR

Format grand in-18

ESSAIS SUR L'HISTOIRE DE LA LITTÉRATURE FRANÇAISE..... 1 vol.

Imp. P. Mouillot, 13, quai Voltaire. — 86762.

LE THÉATRE

ET

LES MŒURS

PAR

J.-J. WEISS

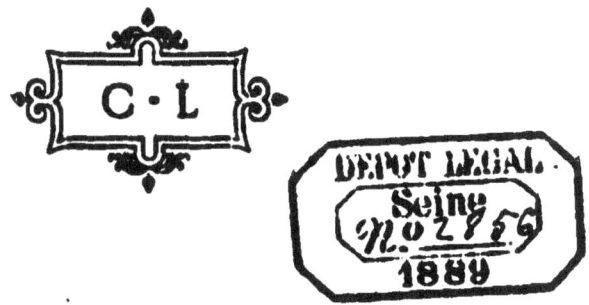

PARIS

CALMANN LÉVY, ÉDITEUR

ANCIENNE MAISON MICHEL LÉVY FRÈRES

3, RUE AUBER, 3

1889

PRÉFACE

1830, 1852

J'assemble en ce volume quelques-uns des articles épars que j'ai eu l'occasion de publier, à divers moments de ma carrière et en divers recueils, sur le théâtre et sur l'état moral du temps où j'ai vécu. Je ne m'excuse pas, comme c'est l'habitude, de publier aussi peu de chose que des morceaux détachés et sans suite ; et je n'allègue pas, pour pallier mon impertinence, les nombreuses sollicitations que m'auraient adressées mes amis littéraires et qui seules m'auraient décidé à tenter une entreprise aussi présomptueuse.

Un recueil d'articles de journal et de revue n'a sans doute pas grand prix, si l'écrivain qui s'exprime sous cette forme a l'imagination banale, le jugement médiocre, un style hors du bon.

a

goût et de la vérité. J'oserai faire remarquer
qu'il en est absolument de même quand il s'agit,
au lieu d'un recueil d'articles, d'un recueil de
maximes ou de sonnets, d'un recueil de sermons
ou de comédies, de l'histoire d'un grand ministre
de la guerre, bourrée de documents inédits, d'une
Histoire de France en vingt volumes. Les productions de l'esprit, de quelque genre qu'il
s'agisse, valent surtout par la qualité de l'esprit
qui les produit. Les *Sermons de Bourdaloue*, par
exemple, ne forment pas ce qu'on pourrait
appeler un système suivi d'apologétique chrétienne ; ils ne forment pas un traité de morale
par livres et par chapitres. On ne sait pas pourtant
mauvais gré à la Compagnie de Jésus qui a pris
soin de les sauver de la dispersion et d'en composer un corps de volumes ; de sorte que chacun
sache toujours où retrouver « ce fonds de raison
qui, joint à une imagination vive et pénétrante,
nous découvre d'abord dans chaque chose le
solide et le vrai ». Je ne suis pas Bourdaloue ; je
ne le suis ni pour la vertu, ni pour l'éloquence,
ni pour le doux héroïsme de l'esprit. Mais les
auteurs des recueils de poésies et de comédies
en vers, des ouvrages d'histoire et des prônes
auxquels je fais allusion ne sont pas non plus
Malherbe, Segrais, Regnard, Massillon, Mézeray,
Voltaire, bien qu'ils aient rempli la vocation qui

leur était propre, de devenir membres de plusieurs académies et commandeurs de plusieurs
ordres. C'est pourquoi il ne me conviendrait pas
de m'excuser plus qu'eux.

Personne ne m'a donc prié de publier ce
volume. Je le publie parce que l'éditeur à qui je
l'ai proposé n'a pas jugé ces feuilles fugitives
indignes de ses soins ; c'est grâce à lui qu'elles
seront quelquefois relues. Mais je le publie surtout pour me faire plaisir à moi-même. Ce sont les
sensations de ma vie ; ceux qui les ont éprouvées
avec moi sont devenus rares : la mort, l'âge et
la maladie les ont déjà retranchés du monde ou
frappés de cette indifférence et de cette insen-
sibilité progressives qui marquent les étapes de
chacun de nous vers le néant. Il en reste cependant encore quelques-uns au milieu de nous qui
se plairont à se retrouver en ces pages légères ;
ils ne m'en voudront pas d'oser les leur présenter.

J'ai distribué ces articles en trois parties. La
troisième partie traite de l'état actuel de l'art
comique et des mœurs théâtrales. Cette troisième
partie offre plutôt un intérêt technique qu'un
intérêt historique ; à supposer, bien entendu,
que ce que j'ai écrit offre un intérêt quelconque.
Les deux premières parties forment une con-
tribution à l'histoire littéraire et morale de notre

siècle. J'ai rangé les articles dont ces deux parties
se composent, sous la rubrique de deux dates,
1830 et 1852. La chute de Napoléon Ier et de
l'hégémonie française en Occident, en 1815, a
marqué pour l'Europe et pour la France une
époque nouvelle dont les vicissitudes ont été
surtout fortement tranchées en ce qui concerne
la France. Les deux dates de 1830 et de 1852
sont les points de repère de notre histoire politique, morale et littéraire depuis 1815. Chacune
d'elles, pour nous Français, ressemble à la colonne de feu qui marchait devant les Israélites
pour les guider dans le désert. De 1815 à 1830,
notre effort national est tout entier tendu vers
l'explosion finale de 1830 ; quelque chose s'é-
panouit alors qui se fixe, se détermine, dure et
porte ses fruits jusque vers les années 1849 et
1850 ; de telle sorte qu'il est vrai de dire historiquement, que l'année 1830 rejaillit sur quinze
ans en arrière par le travail qui la prépare, sur
vingt années en avant par le travail qui la continue, et que la période comprise entre les années 1815 et 1850 forme un seul et même tout
distinct et nettement délimité. La nuit du 2 décembre 1851 et l'ensemble de lois qui s'y ratta-
che ont opéré une autre métamorphose. Fortoul,
présidant au mois d'août 1852 la distribution
des prix du Concours général et voulant définir

l'acte, selon lui, providentiel, accompli par le prince Louis-Napoléon Bonaparte dans la nuit de Décembre, ne craignit pas d'insinuer aux maîtres et aux élèves assemblés autour de lui, qu'il avait été donné au courage et au génie d'un seul homme, de changer du tout au tout, en une nuit, non seulement les institutions, mais encore la pente des mœurs et celle des idées dans notre pays. Ce discours parut alors une énormité qui n'avait pu être inspirée au ministre de l'instruction publique que par une idolâtrie de commande. Fortoul cependant avait vu juste dans le tourbillon des phénomènes qui s'accomplissaient alors.

Entre le 2 décembre 1851 et le 10 décembre, il n'y a que huit jours; il y a un abîme. L'âme française et l'esprit français ont cessé d'être affectés de la même façon. Les règles du jugement ont changé. On dirait que même l'appareil nerveux de la race a subi une sorte d'endurcissement soudain. En 1830, l'âme française et l'esprit français étaient faits d'enthousiasme, de foi, de tendresse et d'amour. Un rêve de justice et de liberté s'était emparé de la nation; on avait devant soi les longs espoirs et les vastes pensers; on nageait dans l'idéal et l'idéologie; on affirmait pour tous et pour chacun le droit au bonheur. A nos idées et à nos sentiments, il semblait que tout ce qu'il y a de forces dans le monde venait

et dût venir spontanément se subordonner. Cou-
sin nous disait avec le flegme de l'orgueil : « Rien
n'est méprisable comme les faits, je les méprise; »
et on applaudissait; on n'avait ni doute ni hésitation sur la valeur de cette affirmation colossale.
Guizot cherchait à nous ramener de notre empyrée sur la terre et à nous faire oublier nos ambitions sans règle, sans limites et sans corps pour
la plus pressante et la plus nécessaire des réalités; il nous criait : « Enrichissez-vous! » On le
couvrait d'outrages; on lui faisait honte avec
le souvenir des temps héroïques où tout était
fier, surtout la pauvreté. Nous n'avions pas encore appris que l'homme est un singe perfec-
tionné. Notre grand poète chantait sur sa harpe :

L'homme est un dieu tombé qui se souvient des cieux.

Et la conscience d'une si noble origine nous
enflait sans cesse jusqu'au dithyrambe. On n'eût
point osé nous dire alors : « La force prime le
droit. » Nous n'aurions pas compris une maxime
aussi impertinente; nous eussions été capables
d'y répondre par cet autre axiome qui nous paraissait, celui-là, très sensé : « Le droit mène le
monde; le droit prime la force. » Oui, nous étions
assurés qu'un jour, l'an d'après au plus tard,
nous aurions établi dans l'univers le règne du
droit absolu, le droit partout, le droit pour tou-

jours. Combien de fois n'ai-je pas lu chez les
écrivains du temps qu'au contact de l'idée, les
canons s'évanouissent comme la fumée qu'ils
dégagent ; l'airain et l'acier se liquéfient comme
le plomb vil ! Et quelle langue en ce temps parlait l'amour, quand il nous murmurait à l'oreille :

Ce mot, le mot des dieux et des hommes : « Je t'aime! »

Il y avait dans les mœurs une poésie qui leur
venait de leur solidité, de leur simplicité et de
leur cordialité expansive. La différence des conditions, des croyances et même des formes politiques où chacun se plaisait à mettre assez légèrement son espoir, ne troublait pas, elle laissait
subsister la communauté de la vie morale et du
tempérament national. Le bourgeois aisé du
faubourg Poissonnière, dont l'industrie prospé-
rait et qui criait à pleins poumons : *Vive le
roi!* sur le passage de Louis-Philippe ; le caba-
retier de la montagne Sainte-Geneviève qui se
nourrissait des souvenirs de 92, inclinait vers la
République et magnifiait Voltaire et Rousseau ;
l'armateur breton de Paimpol qui vouait à la
Madone son trois-mâts armé pour la pêche d'Is-
lande ; le gentilhomme légitimiste qui s'était
retiré dans son château du Maine pour y bouder
au milieu des paysans et faire valoir ses terres
lui-même ; le vieil officier voué à l'observation

de sa consigne, mais qui, tout de même, dans le
secret de son cœur, regrettait et attendait encore les Napoléon, tous ensemble auraient paru
discordants à l'observateur superficiel; ils pouvaient poursuivre chacun sa chimère spéciale,
caresser chacun sa conception particulière du
gouvernement et de la société; ils étaient tous
imprégnés, quoique inégalement, du même air
ambiant.

La Révolution française avait déposé dans le
Code civil et dans la Charte tout ce qu'elle avait
engendré de sain et de durable, tout ce qui d'elle
était éprouvé, certifié, authentique. Le Code
civil avait mis plus de liberté, de raison et de
douceur dans les relations de famille; il avait
établi l'égalité des frères et des sœurs; il avait eu
pour effet de porter jusqu'à l'idolâtrie l'amour
de l'enfant; dans toutes les familles, chez le
riche comme chez le pauvre, chez le grand seigneur comme chez le manant, le sacrifice quotidien
des parents était devenu leur règle, leur bonheur
et leur volupté. La Charte avait formé et fortifié
chez tous le sens de la liberté politique; elle avait
éveillé la conscience de la personne; elle avait révélé le prix qui s'attache à l'indépendance personnelle et à la propriété individuelle, base et
garantie de l'indépendance personnelle. Plus
on se connaissait libre soi-même, plus on avait

acquis le respect de la personne d'autrui, le respect général de la personne humaine ; plus s'était
développée la sympathie pour les faibles et les
petits. Et plus l'instinct de l'humanité s'était
fortifié et déterminé, plus on haïssait l'oppres-
sion où qu'elle fût. Sous le couvert de la Charte,
les haines religieuses s'étaient amorties et étein-
tes ; la paix religieuse était profonde. Avec le
Code civil et l'ordre domestique établi par lui,
avec la Charte et les institutions politiques issues
d'elle, il y eut, de 1815 à 1850, un troisième fac-
teur du mouvement des âmes et des esprits ; c'est
la paix générale. Quelques années après 1815 la
paix paraissait quelque chose de plus qu'un,
accident heureux : on la concevait logiquement
comme la mère des arts et de la civilisation ;
dès septembre 1815, le traité chimérique de la
Sainte-Alliance fut l'indice de cette disposition
naissante des esprits : il a été la première esquisse
du genre d'associations qui se sont appelées
depuis « Ligues de la Paix » ; analysé en ses
éléments, jugé d'après son texte et d'après les
textes originaux [1] qui nous apprennent comment

1. C. Muhlenbeck, *Étude sur les origines de la Sainte-
Alliance*, Paris, F. Vieweg). Livre nourri de faits et bourré
de documents, l'un des plus instructifs et des plus intéressants qu'on puisse lire sur l'histoire psychologique du
siècle.

il s'est conclu, il a plutôt l'air d'avoir eu pour
auteurs un groupe de quakers et de théophilan-
thropes que trois despotes qui viennent de
passer la revue de leurs armées victorieuses ;
il a pour objet de présenter la paix comme
l'accomplissement de la loi évangélique et du
règne de Jésus-Christ sur la terre. Louis-Philippe, interprété par Guizot, eut enfin la gloire
d'élever la paix à la hauteur d'un système philosophique et politique, précis, utile et effectif.
Nous savons de quel prix cruel il avait fallu
payer la paix systématique. Nous n'oublions pas
la France mutilée par les traités de Vienne et
dépouillée non seulement de tout ce qu'elle avait
acquis à Bâle, à Lunéville, à Campo-Formio et
à Amiens, mais encore de plusieurs villes vers
la Sambre et la Sarre que nos aïeux du grand
siècle, nobles et safraniers, chevaliers et cavaliers, mousquetaires et dragons, semblaient
avoir faites pour toujours françaises par cinquante ans d'efforts continus. Nous n'oublions
pas la patrie de Kosciusko et de Poniatowski
dépecée, l'Italie égorgée et palpitante. Et pourtant, cette paix était belle et féconde; cette
paix de quarante années a été un phénomène
unique dans l'histoire de la chrétienté. Le
système de paix, le système constitutionnel et
parlementaire, le système bourgeois de la famille

et de la propriété, de quelque prix qu'on les
eût achetés, quelles qu'en fussent les lacunes,
les misères et les contradictions, ont été les trois
agents supérieurs de la nouvelle renaissance des
lettres qui a suivi chez nous l'année 1815. Ils
ont fait le siècle qu'on peut appeler « Siècle
de 1830 ». La littérature de la Restauration
et celle du règne de Louis-Philippe ont été le
complément pacifique de la Révolution française
comme elles en ont été l'expression la plus riche.

Février 1848 arrive ; c'est une débauche de
trois jours et de trois mois, une débauche de Paris,
que l'an 1830 portait déjà peut-être en ses
flancs, et qui cependant a remis en question
toute l'œuvre de 1830. J'ai trouvé si heureuse, à
vingt ans, si innocente, si adorablement ingénue
cette orgie de liberté, d'égalité et de fraternité,
que Dieu me garde d'en médire à soixante !
J'ai crié au 16 avril, quand j'étais soldat de la
12ᵉ légion, colonel Barbès, j'ai crié avec une foi
si fière et si pleine : « Vive le gouvernement pro-
visoire ! A bas Blanqui ! » Il m'eût paru vers ce
temps-là si nécessaire et si naturel de mettre au
bout de nos fusils

> Les Changarnier, les Radetzki !

Et cependant !... Le « cependant » fut le 2 décembre 1851. Le 24 Février avait tout compromis des

biens acquis ; le 2 Décembre détruisit tout. Non,
jamais pareil changement à vue ne s'était encore
accompli dans notre histoire. Le 19 brumaire 1799,
quand Napoléon Bonaparte, sur l'invitation pressante de son frère Lucien, se décida enfin à commander : « Grenadiers, en avant! » le 21 octobre 1652, quand les royaux reprirent possession
de la capitale ; la matinée fatidique du 9 mars 1660,
à Vincennes, quand le jeune Louis sauta en ca-
timini hors de son lit, pour s'assurer que le Ma-
zarin était bien mort et s'habilla sans bruit pour
convoquer tout de suite les secrétaires d'État et
leur signifier qu'il serait désormais lui-même
et lui seul son premier ministre ; le 22 mars 1594,
quand le « peuple assassin » en s'éveillant,
vit défiler le long de la rue Saint-Honoré et des
Innocents les bataillons huguenots avec leurs
écharpes blanches et Notre-Dame s'ouvrir toute
grande devant leur drapeau blanc et leur Béarnais que la veille encore, les curés en chaire,
parmi des milliasses d'autres injures, appelaient
couramment fils de p....., putier, gros pourceau,
v..., toutes ces journées ou bien inattendues ou
bien tragiques ont été certes des moments déci-
sifs dans l'histoire de la nation française. Les
conséquences en ont été incalculables, sur les
idées et sur les mœurs. Mais aucun de ces événements, analogues à celui du 2 Décembre, n'a

eu des effets aussi instantanés et aussi fou-
droyants que le 2 Décembre. Le 2 Décembre a
été une douche d'eau glacée sur des cerveaux
en feu. Tout le travail de l'imagination française
s'est arrêté net. On ne peut pas dire que le
champ de la pensée se soit rétréci; la marche en
avant de la philosophie naturelle, dont nous suivons chaque jour le progrès hardi, date de ce
moment-là. Si le champ de la pensée ne s'est
pas rétréci, il s'est abaissé. Le coup d'aile est
tombé; nous n'avons plus eu de char de Phaéton,
ni d'essor à travers la nuée bleue. Éloquence,
poésie, philosophie idéale, enthousiasme de la
politique et de la liberté, ivresse de la foi et de
l'amour, qu'êtes-vous devenus?

La contradiction entre les deux moments moraux de 1852 et de 1830, comme entre la Charte
et la législation de 1852, est absolue, et on la
trouvera suffisamment signalée, pour ce qui est
des lettres et de leur histoire, dans les pages de
ce livre. Bien qu'à une époque plus récente, les
lois constitutionnelles de 1875 et l'avènement de
la République nous aient rendu le nécessaire de la
liberté, il serait impossible à celui qui observe
avant tout dans la nation le développement de
l'esprit et celui des mœurs publiques, en tant
que ce second phénomène est corrélatif au premier, il lui serait impossible de démontrer que

jusqu'à présent la révolution de 1870 ait enfanté
un ordre de choses qui s'oppose systématique-
ment à la date de 1852, comme la date de 1852 à
celle de 1830 ou de 1820. Nous n'avons pas pris
une direction déterminée vers des pôles nouveaux ; nous n'avons pas une règle nouvelle de
nos mœurs ni une conception nouvelle de la vie
ou du rêve de la vie. Les tendances vicieuses ou
erronées sont les mêmes en 1889 qu'elles étaient
en 1863 — sous le ministère Rouher-Duruy-
Baroche. En 1863, une législation qui exagérait
les droits de l'autorité publique et en étendait
outre mesure la sphère, avait tout concentré en
un seul homme ; elle n'avait pas pour cela créé
l'ordre ; le trait dominant du gouvernement, ce
n'était pas le despotisme, c'était l'anarchie. En
1889, une constitution qui nous a donné la république et la liberté n'a pas encore fait de nous
un peuple d'hommes libres et qui soient dignes de
l'être ; nous sommes toujours prêts à courir au
devant du premier venu pour l'acclamer et lui
crier : « Brutus, sois notre César ». Et même, si
nous nous en tenons à considérer les œuvres de
l'esprit et de l'art en la présente année, si nous
analysons les théories de style et de composition
qui ont peu à peu prévalu ; si nous regardons
vers quel état final se précipite le langage français et le caractère français, nous avons peur

d'être obligé de conclure que, de 1852 à 1889,
nous avons perdu les quelques bénéfices bien
faibles que nous semblions devoir retirer de la
douche inopinée de 1852. Nous échappions alors
au pathos romantique ; à quoi bon si c'était pour
tomber dans le galimatias des déliquescents
et décadents? La brutalité du style nous laissait
espérer que nous allions recouvrer la simplicité
sans platitude et la propriété de l'expression ;
la brutalité des types conçus et des mœurs,
qu'elle nous ramènerait la vigueur des caractères
et la notion précise encore qu'un peu bornée, de
la probité et l'honnêteté privées. Au contraire,
nous sommes plus que jamais les esclaves de la
phrase incandescente et du trope forcé ; mais
la phrase incandescente ne revêt que des idées
froides ; et le trope, tendu à l'excès, s'affadit
dans la mollesse du tour. La brutalité des
mœurs n'en ralentit pas le raffinement, la disso-
lution et la dépravation. On parle beaucoup de
démocratie, on en parle certes plus qu'au temps
où le sous-lieutenant parvenu épousait une archiduchesse d'Autriche ; et plus aussi qu'au temps
où le poète mettait à l'unisson dans une élégie
superbe le cœur de Ruy-Blas et celui de Marie
de Neubourg ; et il est vrai que tout est si mêlé et
si confondu qu'on ne pourrait plus faire, à certains
moments, la différence d'une duchesse d'avec un

brocanteur de fournitures, d'un président de la République d'avec une brocanteuse de décorations. Nulle part l'élan ni le grand vol; nulle part, non plus, la délicatesse, le choix, le discernement; la vulgarité nous noie.

En esquissant ce court tableau de deux époques morales si diamétralement opposées, on éprouve le besoin de reconstruire et de se représenter le caractère des deux souverains dans lesquels le préjugé public incarne d'ordinaire l'esprit de 1830 et l'esprit de 1852. Malheureusement, le temps n'est pas encore venu de juger sans passion le roi Louis-Philippe et l'empereur Napoléon III. Jusqu'ici d'ailleurs, nous possédons sur eux trop peu de documents intimes pour n'être pas exposés à les juger bien incomplètement. Tout ce que l'on peut dire aujourd'hui, c'est qu'ils avaient au moins un point commun; ils étaient l'un et l'autre imbus d'une pareille dose, sinon d'une pareille qualité de philanthropie. On peut dire aussi que, en 1830, il eût été difficile, après la victoire, de trouver un prince moins apte et moins disposé que, Louis-Philippe à réaliser les chimères tumultueuses qui hantaient le cerveau des combattants de Juillet; et que, d'autre part, en 1851, le destin choisit un homme tout pénétré de ces nobles chimères pour exécuter le coup de force dont le premier résultat fut de renverser

de fond en comble l'œuvre édifiée en 1815 sous
les auspices de la Charte et cimentée en 1830, par
le sang des vainqueurs de Juillet. Telle est l'ironie
des choses de France et des révolutions pari-
siennes. Quand le 27 juillet, les Parisiens, peuple
et bizets, s'armèrent au cri de *Vive la Charte!*
pour résister aux Ordonnances, quand les premiers régiments de ligne firent défection, ils ne
se proposaient ni exclusivement ni principalement le salut de la Charte; ils voulaient rétablir
les trois couleurs et sonner le branle-bas contre
les traités de 1815. Or, ils choisirent ou se laissèrent imposer pour roi un prince vieilli, dont
Waterloo avait affranchi la vie, pour qui la
paix de 1815 avait enfin ouvert des perspectives,
et qui était tout préparé à concevoir, pour la
première fois, la paix générale comme le bien
absolu, le bien en soi. Élève de Voltaire et de
Jean-Jacques, il inclinait vaguement et dans une
certaine mesure vers certaines idées libérales;
il estimait très haut la Charte et il observa son
serment de la maintenir; mais il prisait moins
la Charte que le pouvoir qu'elle fit passer entre
ses mains et sa volonté de roi. Il fut roi constitutionnel et il avait l'humeur d'un autocrate. Bon
époux, bon père, bon ménager, il cherchait
l'utile beaucoup plus que le grand; il n'avait
aucun soin de gloire, peut-être par les mêmes

raisons qu'il n'avait aucun goût de parade et de
charlatanisme. L'autre, celui qui a médité et exécuté froidement le coup de partie ou le forfait
du 2 Décembre, perdait la tête, sa tête partait,
chaque fois qu'un déclamateur subalterne lui
criait : « Sire, faites grand », ou s'avisait de le
définir le premier libéral de son empire. Il s'arro-
gea et prit le pouvoir absolu; il avait l'humeur
d'un prince constitutionnel. Avant, pendant et
après le 2 Décembre, on l'eût cru un louve-
teau dressé par les leçons de Machiavel, un
homme de coup de main sans scrupule, formé
à l'école scélérate d'un Sylla qui imagina les
tables de proscription et d'un Catilina qui re-
cruta une bande pour lui donner Rome à sacca-
ger et à piller, gardien étroit comme le premier
et restaurateur des vieilles disciplines et des
hiérarchies transmises, démagogue sans frein
comme le second, gentleman comme l'un et
l'autre. Voilà les traits sous lesquels il fit sa
soudaine apparition en 1851; c'était là sa figure
acquise, sa manière voulue. Il était réellement
l'élève enthousiaste de Schiller ou, si l'on veut,
du marquis de Posa façonné par Schiller. Posa
lui avait dit en ses jeunes années : « Souviens-
toi, quand tu seras un homme fait, de respecter
les rêves de ta jeunesse. » Et à cinquante ans,
en 1859, fidèle aux préceptes généreux de Posa,

on le vit, avec stupéfaction, réaliser son rêve
de la vingtième année, le rêve favori des vainqueurs de Juillet qu'avait écarté la sagesse de
Louis-Philippe. L'entrée triomphale, à Milan,
le 8 juin 1859, sous une pluie de fleurs, au
milieu d'un peuple ivre de joie, dont il venait
briser les fers, fut la journée caractéristique de
sa vie comme elle a été le plus beau des jours
issus du délire de 1830. Quand je compare Louis-
Philippe et Napoléon III, je préfère de beaucoup
le règne du premier ; j'aime mieux la personne du
second. En son tréfonds, Louis-Philippe fut un
politique et un homme d'État ; Napoléon III
un songeur et un héros de roman. Si le ciel me
rendait la jeunesse,

Den Drang nach Wahrheit und die Lust am Trug

je voudrais écrire une histoire en quatre volumes
de la littérature française, des idées et des
mœurs sous la Restauration et sous Louis-Philippe. Ou bien, j'écrirais en trois cents pages une
vie de Napoléon III. Je ne dis pas l'histoire de
son règne et de son gouvernement que j'ai écrite
à ma façon, au jour le jour, pendant dix ans, au
Journal des Débats et au *Journal de Paris*, et sur
laquelle je n'ai point à revenir ; je dis la vie ; tout
pesé, la matière en serait aussi riche que l'histoire de Charles XII. La levée de boucliers des

Romagnes, la descente chevaleresque à la caserne d'Austerlitz, l'étourderie si soigneusement et si naïvement combinée de Boulogne, Ham et la fuite de Ham, la nuit tragique de Décembre, le mariage de *romancero* avec Eugénie de Guzman, comtesse de Téba, l'alliance avec la reine d'Angleterre, la troisième irruption des Français en Italie, aussi éblouissante que la première sous Charles VIII et la seconde sous le général Bonaparte, les angoisses et les hésitations pernicieuses des mois de juillet et d'août 1866 quand Beust arriva secrètement à Paris, la revue de Longchamp, le 6 juin 1867, sous l'œil du métal cuirassier blanc, le rétablissement de la Charte sous le nom de Constitution de 1870, le coup de tonnerre de Wissembourg et de Wœrth, la marche le long de la Meuse qui donna le spectacle shakespearien d'un empereur traîné captif à la suite de sa propre armée, Sedan et la suprême entrevue avec l'ancien hôte des Tuileries et de Compiègne, Wilhemshœhe, la cruelle agonie de Chiselhurst et « le grain de poussière » dans les reins où tout vint aboutir et finir; ce sont là des tableaux tout tracés d'avance pour le poète sans haine qui sait goûter « les larmes des choses » et pour le conteur insensible à la politique qu'émeut avant tout le cours rapide des événements et leur intérêt d'épopée.

Je n'ose assurer qu'en me permettant de juger les deux époques contraires, 1852 et 1830, j'aie gardé l'impartialité du juge et que je sois resté sans ressentiment ni faveur. Quand le coup d'État de 1851 a saisi la France toute vive, j'avais vingt-quatre ans — c'est le moment qui décide de la vie — et j'étais professeur public; je ne puis oublier combien le système légal de 1852 a lourdement pesé sur les gens de ma génération, de mon éducation et de ma profession, comme il nous a durement liés. Au contraire, l'époque de 1830 ne me rappelle que les jours dorés de mon enfance et l'heureuse activité d'esprit de ma première jeunesse. J'ai eu en ce temps-là deux écoles entre lesquelles j'ai été également partagé, le régiment et le collège royal. Ce qu'ils étaient alors, je ne suis plus assez éloquent ni assez poète pour le pouvoir bien dire. Je n'ai point à me plaindre du collège et des maîtres excellents que j'y ai rencontrés à Dijon et à Louis-le-Grand; mes deux professeurs d'histoire, Wallon et Gaillardin, surtout mon professeur de rhétorique P.-A. Lemaire, m'ont muni pour la vie. Je rends grâces pourtant à l'humble condition de mon père et de ma mère et à leur pauvreté prudente qui ne m'a pas permis d'aborder avant l'âge de douze ans révolus, les études systématiques du collège. Ils m'ont ainsi laissé le

régiment beaucoup plus longtemps. Au retour
d'Anvers, mon père, musicien gagiste dans un
régiment de ligne, obtint pour moi l'avantage
d'être inscrit au corps comme enfant de troupe.
Deux ou trois sous de prêt, un pain de munition
tous les deux jours, une capote grise et un panta-
lon rouge! Ce n'était rien et c'était assez. Avec
l'âme fraîche de l'enfance et une imagination
ouverte à tous les souffles dont la caresse le
vaste monde, c'était un empire. J'ai été tout bonnement élevé comme un roi, sous les enseignes
du roi. Je portais son uniforme, j'étais nourri
de son pain noir, j'ai grandi dans ses casernes
et ses baraquements. Que tes tentes sont belles,
ô Jacob! et que tes tabernacles étaient beaux,
ô Israël! Presque toujours le pittoresque puissant
du site y saisissait ou y charmait la vue. Je n'ai
jamais oublié, j'ai toujours devant l'esprit ma
petite chambre du grand quartier à Givet, entre
le roc abrupt de Charlemont et la Meuse au flot
âpre; le fort Saint-Jean où le mugissement de
la vague berçait mes nuits, Vincennes de qui le
donjon, aux rayons d'une pleine lune de juin,
me versait la mélancolie des siècles. Un beau
jour, le sapeur de planton chez le colonel arrivait
à la caserne avec un pli cacheté pour l'adjudant
major de service: « Faisons les sacs, disait-il,
nous partons dans dix jours. » Chaque année

me découvrait un nouveau coin de la France,
et me livrait une nouvelle impression de ce pays
multiple, bien plus divers en son unité artifi-
cielle que l'Allemagne aux trente-six États. Nous
étions dans les monts du Jura; en route pour la
Durance et la fontaine de Vaucluse! La soif de
voir et de regarder était chez moi inextinguible.
A trois heures et demie du matin, le tambour,
par les rues, battait la marche du régiment;
la colonne de marche se formait sur la place principale du lieu; je prenais rang à l'arrière-garde;
quand les jambes me manquaient, ce qui n'était
pas fréquent, je me hissais parmi les bagages,
sur la charrette louée jusqu'à l'étape prochaine,
par le bataillon; et devant moi défilait la France,
monts et vallons, fleuves et ruisseaux, sombres
châteaux crénelés des temps lointains et riantes
villas bâties de la veille. Ici le sang avait coulé;
la ville républicaine, tumultueuse, immense, en
proie au chômage et à la faim, s'était soulevée
contre les riches et leur roi; on l'avait assiégée
et prise; et en traversant pour y rentrer le long
pont sur le fleuve vertigineux qui semblait
rouler la colère et la haine, on ressentait je ne
sais quel vague frisson de mystère et de terreur
Là, au village où l'on devait faire grand'halte, on
arrivait parmi les pampres, la vendange et les
chants; les petits propriétaires et les vignerons

avaient prévu trop de vin pour pas assez de tonneliers ou de tonneaux; les futailles en perce
bordaient le chemin; pour un sou par tête, le
sou du roi, on puisait à volonté dans ces fûts im-
patients d'être vidés; la Fraternité, fille de la
Joie et de l'Abondance, régnait pour une heure
sur un point imperceptible du globe, entre de
braves gens qui ne s'étaient jamais vus et ne se
reverraient plus jamais. Ou bien, après une
longue route poudreuse, à travers les plants
d'oliviers, on apercevait tout à coup, au bas de
la côte, la mer bleue léchée d'un soleil ardent; ou
plutôt c'est moi qui la découvrais splendide et
inconnue, et je criais: *La mer, la mer!* avec le
même débordement de joie toute neuve, qu'un
mousse de *la Pinta* avait dû jadis crier: *Terre,
terre!* en voyant surgir du sein de l'Océan, les
verdures diaprées de San-Salvador. Et pendant
que la troupe faisait pause, je distinguais vaguement un grand port dont la place était indiquée
par un fourmillement de pointes de mâts in-
nombrables; et les anciens contaient autour de
moi que nous allions rencontrer là des gens de
toute race, débarquant chaque jour de tous les
points du globe, des Turcs polygames, des Nègres, des Fanariotes, des Italiens, des Syriaques,
des Papalins, des Bédouins prisonniers de guerre,
des matelots ponantais, des capitaines de navire

anglais qui avaient fait plusieurs fois le tour du monde ; et puis, des congrégations de toutes couleurs, des pénitents bleus, blancs, noirs et roux, portant en procession, sur leurs épaules, la statue en or massif de Notre-Dame. Quelle ouverture sur l'Univers ! C'est ainsi que le spectacle infiniment varié de la vie, d'une vie toujours changeante et toujours la même, formait mon ignorance. Et cela ne valait-il pas bien l'école primaire gratuite et obligatoire ! Je me défiais de l'école, je m'en défie toujours. Elle dessèche et elle épuise le sol cérébral par ne point vouloir le laisser jamais en friche.

Jusqu'à onze ans, le théâtre et la lecture m'ont tenu lieu d'école. Le premier livre que j'ai eu entre les mains, vers la sixième année, c'est les *Fables de Florian*, avec les deux idylles bibliques de Ruth et de Tobie. Ce livre publié, je crois, pour la première fois, en 1792, était encore, vers 1833, en toute sa fraîcheur de vie et de vogue. Composé au siècle des lumières, selon les meilleures traditions des siècles de goût, il semble tout imbibé de l'esprit de Voltaire et de l'âme de Virgile. L'agrément, l'innocence, la vivacité, la facilité et la sagesse en font un livre admirablement accommodé à la première enfance, et il peut rester le compagnon de l'homme mûr qui, parmi les complications et les froissements

de la vie, s'est gardé un cœur simple. J'ai lu
aussitôt après une traduction de l'*Odyssée* et un
choix de paraboles et de récits avec images,
extraits des livres saints; puis les *Contes de
Perrault* et les petits romans du chanoine
Schmidt qui m'envoyaient des bouffées de Rhin
et de Danube; enfin le *Télémaque* et *Robinson
Crusoé*. A la même époque, le théâtre de Voltaire et celui de Corneille me sont survenus par
volumes dépareillés; j'ai connu *Sertorius*, *Rodogune* et *Héraclius* longtemps avant de savoir que
le *Cid*, le *Menteur* et *Polyeucte* eussent été écrits,
Tancrède et *Zaïre*, bien avant de me douter qu'il
y eût *Mérope*. Fort peu de temps après l'*Odyssée*,
j'ai lu *la Jérusalem délivrée*; et à peine au sortir de *Télémaque*, l'*Histoire ancienne* de Rollin,
aujourd'hui bien délaissée et qui aurait dû
pourtant rester toujours un manuel de l'enfance,
tant l'attrait puissant du récit y réalise et y
vivifie les vieilles légendes égyptiennes, syriaques
et aryanes; tant elles font de ces fables et poèmes
la plus vraie et la plus instructive des histoires!
L'ensemble de ces ouvrages, dont la plupart
sont des chefs-d'œuvre, semblerait avoir été
dressé exprès et après de longues méditations,
pour former la base d'une solide éducation
classique. Ils se sont présentés à moi pour la
première fois comme des ouvrages de rencontre.

L'occasion me les a fournis comme elle m'en eût
pu fournir de tout opposés et de tout contraires.
Ils couraient la caserne. Le chef de musique
possédait dans sa petite bibliothèque l'*Odyssée* et
l'*Histoire ancienne*. Il possédait aussi Turquéty ;
j'eus la chance qu'il me prêta plutôt l'*Odyssée*.
Un caporal corse me parla au contraire avec
dédain de l'*Odyssée*, et il m'indiqua *la Jérusalem
délivrée*, bien plus fortement intriguée, disait-il ;
et il me récitait dans leur langue les beaux vers
du septième chant, Herminie au maquis :

> *Intanto Erminia, infra l'ombrose piante*.....

Un sergent de grenadiers chevronné, qui était, je
ne sais comment, Hollandais et conscrit de 1812,
ne voyait au monde, après le grand Napoléon,
que Voltaire et *Tancrède*. Quand il se mettait à
déclamer ou à hurler

> À tous les cœurs bien nés que la patrie est chère !

il semblait qu'il fût encore à Leipzig et qu'il eût
à ses trousses ces gueux de Saxons, traîtres et
défectionnaires. Au régiment, on est classique ;
alors du moins on l'était. Il est probable que
c'est une tradition qui remonte loin. Je pense
à ce soldat de l'an 1750, qui étant de faction
à la Comédie et entendant la Gaussin dans *Bérénice* se minait de sensibilité au point qu'il laissa
tomber son fusil de ses mains. Je pense aussi

à ces soldats de la grande armée qui, à Moscou,
après l'épouvantable boucherie de la Moscowa
et l'incendie du Kremlin, charmaient leur répit
en se faisant jouer *le Distrait*, *le Jeu de l'Amour
et du Hasard* et *les Trois Sultanes*. Ah! les gail-
lards! ils avaient la bouche friande — un peu
plus que les abonnées du mardi.

Je crois que je n'étais pas trop mal équipé,
quand j'entrai au collège royal de Dijon, sous
M. Lemoine proviseur, vers l'âge de douze ans.
En neuf mois, je brûlai deux classes, la huitième
et la septième. Pour me récompenser de mes
rapides progrès, mes parents m'abonnèrent pendant les vacances, au cabinet de lecture de la
rue Chabot-Charny et me laissèrent me livrer,
comme il me plaisait, à ma passion pour la lecture. Les deux premiers livres que je pris dans
le tas, à l'hasard de la fourchette, furent *l'Officier
de fortune* de Walter Scott et *Pierre Simple*, du
capitaine Marryat. Ce n'était pas trop mal tomber.
Comme je rapportais à la dame du cabinet de
lecture *l'Officier de fortune*, la femme de notre
vaguemestre, qui avait à la caserne une réputation
de littérature, entra au magasin : « Que lis-tu là,
petit? me dit-elle... Walé Sco?... Je ne connais
pas cet auteur... C'est moi qui en rapporte un à
la dame qui est fameux et fameusement amusant!
Tu devrais le prendre plutôt que Walé Sco. Le

pape, qui s'y connaît, ne lit pas d'autres romans
français. » Le pape ne m'était pas une recom-
mandation; car, en ce moment, le digne pasteur
de Dijon, M. de Frontin, m'imprégnait du plus
farouche calvinisme. Je pris pourtant le volume
du pape, non sans une certaine défiance. C'était
l'Enfant de ma femme, de Paul de Kock. Je n'en
lis qu'une bouchée de rire. Après *l'Enfant de ma
femme*, tout y passa, *la Maison Blanche, André
le Savoyard, la Laitière, Moustache, le Mari, la
Femme et l'Amant*. C'était apparemment ce qu'il
fallait pour tempérer l'austérité et la rigueur du
calvinisme. J'ai lu Paul de Kock à un âge où les
sens sont à peine éveillés et où l'imagination est
chaste. Paul de Kock n'a point souillé mon imagination. Je l'ai lu d'une âme légère et innocente.
Il est de la bonne école. Il me séduisait par l'af-
fluence et l'à-propos de ses souvenirs classiques,
par sa gaieté de bon cœur, par un instinct toujours en fraîcheur, que je devinais alors et que
j'ai vérifié depuis, de Paris et du paysage parisien. A ne considérer chez lui que le fond de
poésie réelle et de réalisme poétique, sans trop
regarder à l'expression et au style, il n'y aurait
pas d'exagération à soutenir qu'il a écrit l'églogue
du boulevard du Temple et du Cadran bleu, qu'il
a dit vraiment Luzarche, Louvres et Montfermeil
comme Théocrite autrefois a dit Syracuse et les

b.

Syracusaines. Je ne puis prononcer le nom de Paul de Kock sans évoquer un essaim de Nausicaas au lavoir et de Galathées fuyant à âne vers les saules. Tout ne valait pas Paul de Kock dans ce que je lisais, mais je lisais tout avec la même avidité. Je me rappelle l'admiration poignante qu'en ces temps reculés m'inspirait *Thadéus le Ressuscité*, de Michel Masson, et je suis certain que le style étonnant du *Renégat* par le vicomte d'Arlincourt me fascinait et me fanatisait. Plus tard, de quinze à vingt ans, quand mes maîtres de Louis-le-Grand et les lectures de choix faites sous ces guides d'élite, m'eurent communiqué le sens et le goût de la perfection, je continuai à me bourrer, tout en dégustant Sophocle et Virgile, des nouveautés que m'apportait pêle-mêle le tumulte du jour; comme j'ai suivi haletant *les Mystères de Paris* que, douze ans après, j'ai trouvés radicalement illisibles! comme j'ai compris ce bourgeois du Marais qui, mourant au cours de la publication du roman, entre deux des feuilletons du *Journal des Débats*, s'écriait avec désespoir : « Mourir, mon Dieu! sans savoir ce qui arrivera du Chourineur! » Cependant j'étais devenu capable de distinguer *Colomba* du *Renégat* ; je connaissais maintenant Lamartine, Musset, George Sand, l'*Histoire romaine* et l'*Histoire de France* de

Michelet. A l'École normale, Stendhal, Balzac, Charles de Bernard, Nodier, etc., me devinrent familiers, j'étudiai Guizot, Bazin, Villemain, Sainte-Beuve, et je vis et sentis que tandis que mes maîtres au collège me répétaient : « Siècle d'Auguste, dix-septième siècle ! » je m'étais élevé concurremment moi-même dans un autre grand siècle de l'imagination et de l'esprit.

Mais ce qui a été l'enchantement de mes jeunes années, c'est le théâtre. J'avais sept ans quand on m'y conduisit pour la première fois. Je ne me souviens plus si c'était à Sedan ou à Besançon. Je me souviens qu'on donnait *Lestocq*. Des seigneurs russes étaient sur la scène ; ils juraient honneur et gloire à leur patrie et la mort à ses tyrans. Derrière eux, on voyait une galerie de vitraux illuminée. L'orchestre jouait des pas redoublés, vigoureux et alertes ou de tendres élégies. Ce qui se développait dans le drame, c'était le complot d'un aventurier du pays de France et d'une jeune princesse moscovite, opprimée et dépouillée, qui suppliait les grenadiers de son père de la proclamer impératrice de toutes les Russies. Que de choses ! que de costumes ! que de faits ! que d'émotions ! quel monde différent de celui où je vivais le jour ! quelle envolée vers les grands rêves ! Ce fut ma vie, un ou deux soirs par semaine, à partir de ce

moment-là. Ma tête s'exalta. Je devins comme
fou. Un jour, après une représentation d'*Atar-
Gull*, je me sauvai de chez moi; j'avais dix ans;
je partais pour la Nigritie afin de soulever et
d'armer les nègres contre leurs persécuteurs; on
me rattrapa au village voisin. A Paris, pendant
que je suivais le collège, je ne fus pourtant
pas privé de théâtre. Les circonstances firent
qu'en mainte saison, cette source inépuisable
d'émotions, d'instruction et de réflexions me
resta largement ouverte. Quand je n'avais pas
mieux, j'avais le Petit-Lazari où le parterre
coûtait cinq sous. De vrai, je puis dire que
j'ai fait mes classes moitié à Louis-le-Grand, moitié à Feydeau, au cintre, et à l'Odéon. De 1840
à 1848 l'Odéon avait pour directeur Auguste
Lireux. Ce n'était pas un homme ordinaire.
Il avait le goût; il l'avait cultivé, il l'avait sûr, il
l'avait ouvert et large. Par malheur, ou plutôt
par malheur pour lui, par bonheur pour moi
qui manquait l'argent, Lireux était réduit à subsister d'industrie. Il répandait à profusion dans
le quartier Latin les billets blancs censés gratuits.
On s'en procurait, on les présentait au contrôle
et il fallait payer, selon la place qu'on avait choisie, une surtaxe inattendue qui variait de 25
75 centimes. On pouvait se plaindre de ce procédé
inusité d'encaissement; mais la surtaxe éta

légère, et on n'avait pas d'autre sujet de plainte.
La troupe formée et entretenue par Lireux était
excellente : je n'ai jamais vu jouer Rosine avec
plus de gentillesse et d'âme, ni Pasquin avec plus
de verve endiablée que par Julie Bertaud et
Monrose fils. Le spectacle toujours varié était
toujours neuf. Lireux ne se contentait pas de
donner à son public du Molière, du Marivaux et
du Beaumarchais. Il n'oubliait pas les divinités
mineures du Parnasse comique, Dufresny, Collin
d'Harleville, Picard, etc. Il mettait sur son affiche,
le même jour, *le Roman d'une heure*, *la Diligence
de Joigny*, *l'Esprit de contradiction*, et l'on avait
une soirée faite de malice, de gaieté et de sentiment qui était une fête ininterrompue de l'esprit.
Il savait aussi obtenir de ses contemporains ou
des chefs-d'œuvre, ou tout au moins des ouvrages
d'une séduction supérieure et d'un vif intérêt.
C'est lui qui a suscité Ponsard et *Lucrèce*,
Émile Augier et *la Ciguë* ; c'est lui qui a monté
le Voyage à Pontoise d'Alphonse Royer, *la Main
droite et la Main gauche* de Léon Gozlan. Je n'ai
certes qu'à me féliciter de la substance littéraire
que j'ai reçue par lui. Je ne hantais guère les
théâtres de la rive droite, hormis l'Opéra-Comique ;
je ne manquais pas d'y aller aux grandes occasions.
Je lisais tout ce que je n'avais pu voir. Il n'était
pas rare, en ce temps-là, de trouver chez l'un ou

l'autre un volume de *la France dramatique*, composé sans méthode par un amateur convaincu de
pièces qu'il avait assemblées et reliées selon so-
caprice du moment. Chaque fois qu'un de ce
volumes m'est tombé sous la main, je l'ai lu e
relu, à mes moments perdus, depuis A jusqu'à Z
J'approchais de la vieillesse, lorsque M. Jule
Bapst, directeur du *Journal des Débats*, me pro-
posa de prendre le feuilleton dramatique, illustr
jadis par Geoffroy et Jules Janin ; j'acceptai san
hésitation. Plusieurs de mes confrères me témoi
gnèrent leur surprise de me voir aborder si tar
une tâche si lourde et où il semblait que je duss
être si novice. J'étais, au contraire, solidemen
préparé. Ce qui était devenu avec l'âge l'emplo
utile de ma vie, en avait été la distraction assidue,
La Rue de la Lune et *le Chevalier du gue*
m'étaient aussi classiques que l'*Andrienne* et le
Plutus.

En commençant cette préface, je ne voulai
pas m'excuser de publier aussi peu de chose que
des fragments épars. Maintenant je suis obligé
de m'excuser d'avoir écrit une préface, peut-être
un peu plus longue qu'il n'était nécessaire pou
expliquer l'idée génératrice de ce volume. Il faut
pourtant que j'ajoute encore un mot. On trouver
ici un chapitre sur M. Alexandre Dumas fils
que j'ai publié une première fois dans la *Revu*

contemporaine, en 1858, et que j'avais depuis inséré dans les *Essais sur l'histoire de la Littérature française*, dont je prépare aujourd'hui une nouvelle édition avec M. Calmann Lévy. J'ai transféré mon Dumas fils dans le présent volume où il m'a paru plus à sa place, au milieu de ses contemporains, entre son glorieux père et M. Sardou. Lorsque j'ai essayé, pour la première fois, de déterminer la nature de son talent, la portée de sa méthode, la signification historique et morale qu'il convient de prêter à son succès, M. Dumas fils avait écrit seulement cinq pièces. Ses qualités et ses mérites se sont bien développés depuis 1858. On s'est trompé gravement sans doute, lorsque, après *les Idées de Madame Aubray*, on a prétendu découvrir à son théâtre un sens chrétien. L'émotion chrétienne n'est jamais chez M Dumas fils ; et la moralité qu'on peut extraire de son théâtre n'a rien de commun avec la morale chrétienne dont le caractère est un héroïsme simple ; le principe, un esprit de sacrifice et d'abnégation. On ne pourrait davantage la faire dériver, malgré des points de parenté sensibles, du système de l'utile que Bentham et ses disciples ont su déduire, avec beaucoup de rigueur et d'évidence, des conditions d'existence, engendrant des nécessités et des obligations, où la nature et la so-

ciété placent l'homme. On doit reconnaître t
tefois que *les Idées de Madame Aubray*, *l'A
des femmes*, *Denise*, rattachés à la *Dame*
Camélias, à *Diane de Lys*, au prologue du
naturel forment un ensemble où l'émotion s
nique est plus riche et plus pure, le sens
réel plus profond et plus intense, l'origina
morale plus saine qu'on ne le pouvait pré
en 1858.

15 avril 1889.

PREMIÈRE PARTIE

—

1830

LE THÉATRE

ET

LES MŒURS

EUGENE SCRIBE

LA RÉVOLUTION DE 1830
BERTRAND ET RATON

Scribe n'est pas Molière. Il a eu cependant le règne de Molière dont il a, d'ailleurs, plus qu'aucun autre auteur dramatique hérité le bon sens hardi. Il a tenu le sceptre comme Molière pendant toute sa vie et une vie beaucoup plus longue que celle de Molière. Il a été le dieu du théâtre en France et en Europe, salué et adoré à ce titre par plusieurs générations successives, mis par elles hors de pair, en sa qualité d'auteur dramatique, d'avec ses prédécesseurs immédiats et ses contemporains, Hugo, Delavigne, Dumas lui-même. Il a paru, et tout le théâtre de l'ère impériale a cessé d'être. Au plein de sa carrière, il s'est soumis par la collaboration une bonne partie des dramaturges distingués de son temps. Il vieillissait ; nous avions déjà Ponsard, M. Émile Augier,

M. Labiche, M. Dumas fils ; on avait commencé à
jouer les proverbes de Musset ; à côté de ce soleil
couchant, Émile Augier, Ponsard, Musset, Labiche,
Dumas fils semblaient à peine percer. Ce goût prédo-
minant de toute une époque pour Scribe n'a pas été
un frivole engouement.

Scribe n'a pas créé de caractères ; il a esquissé des
physionomies. Il n'a pas réussi à saisir et à rendre les
fortes passions ; il a exprimé les affections et les
sentiments, il a peint des mœurs. Il n'a pas eu le
talent, s'il a eu le génie ; il n'a pas eu le style, s'il a
eu l'art de composer. Avec tout cela, c'est bien un
dieu du théâtre. Je ne sais si, depuis Thespis jusqu'à
nos jours, il est un seul poète dramatique qui, aussi
bien que lui, ait possédé toutes les ressources du
théâtre, en ait pratiqué toutes les ruses, en ait manié
tous les prestiges, en ait épuisé le métier. Personne
en aucun temps et aucun pays n'a inventé plus d'idées
de pièces et plus d'idées de scènes ; Lope et Calderon
sont à peine aussi féconds. Personne, aussi bien que
lui, n'a pratiqué l'art de rendre vraisemblable à la
scène ce qui est plus romanesque que vrai. Aucun
auteur dramatique français n'est resté aussi sûrement
que lui dans la moyenne de la vie française. Aucun
de ses contemporains n'a rendu avec autant de
vivacité et dans une aussi juste mesure la manière
d'être du pays de France entre 1820 et 1850, la
manière française de faire le bien et le mal, d'être
faible, intrigant, égoïste, avide, honnête, vertueux,
désintéressé et dévoué. Parmi les genres nombreux

qu'il a traités, il en est un qui est tout entier de sa
création, l'opéra comique élégant et mondain, qui
n'était pas avant lui et qui n'est plus depuis sa mort.
Scribe a connu et perçu le merveilleux de la vie, le
charme profond de la bonne honnêteté quotidienne,
la sorcellerie qu'exercent les circonstances fortuites
les plus minces sur le déroulement des destinées.
Tout cela lui marque dans l'histoire de notre théâtre
une place élevée et en dehors. Tout cela fait qu'il
nous offre le phénomène, non pas seulement du génie
sans le talent, ce qui est assez commun et ce qui se
conçoit, mais encore le phénomène presque inouï, et
bien difficile à expliquer, de la poésie sans le style.
On trouve de tout cela dans *Bertrand et Raton*; on le
trouverait aussi, quoique à doses inégales, dans *l'Am-
bassadrice*, *la Demoiselle à marier*, ou *la Chanoinesse*.
Le noyau de la comédie que M. Perrin vient de reprendre, à la Comédie-Française, a été fourni, on le sait, à
Scribe par une catastrophe de l'histoire du Danemark.
Struensée, ministre tout-puissant, régnait depuis un
an au Danemark sous le couvert de Christian VII, avec
l'appui de la jeune reine, Caroline-Mathilde, lorsque, vers la fin de 1771, il se forma contre lui un
complot que dirigeait la reine douairière Marie-Julie et
où entrèrent le comte de Rantzau, collègue de Struensée,
et le colonel Koller. Le 16 janvier 1772, il y avait bal
à la cour; le régiment de Koller y montait la garde.
De grand matin, à la suite du bal, les soldats de Koller
cernèrent le palais; les conjurés envahirent l'appar-
tement du roi, qui fut contraint de signer des ordres

suivant leur gré; Caroline-Mathilde et Struensée
furent surpris et arrêtés dans leur sommeil. C'est ici
un coup d'État plus qu'une révolution. Envisagé en
soi et tel qu'il est, l'événement se rapproche plus de
la nuit du 2 décembre 1851 que des journées de 1830
ou de 1848. Scribe a pris le gros de l'histoire de la con-
juration de 1772 et il l'a mis en œuvre à sa façon. Il
a pris les noms historiques secondaires de Marie-Julie,
de Koller, de Rantzau, également ceux de Falkenskield
et de Gœhler qui étaient, l'un ministre de la guerre
de Struensée, l'autre son ministre de la marine; et,
sous ces noms, il a introduit des personnages qui sont
en réalité de sa fabrique. Il a caché et relégué à la can-
tonade ce qui est historiquement le principal, Struensée
et Caroline-Mathilde, dont il n'avait que faire. Il a
mis au premier plan Rantzau; mais, comme le Rantzau
véritable, assez vilain personnage, traître à Struensée,
qui l'avait comblé de faveurs, n'eût pas été adapté au
goût du public, Scribe l'a accommodé comme il lui a
plu, en lui opposant pour pendant et pour contraste
un autre personnage inventé tout entier, Raton de
Birkenstaff, marchand de soieries à Copenhague;
sur cela, il a fait sa comédie.

On dira peut-être que Scribe en a usé bien à son
aise avec une tragédie de l'histoire qui frappa vivement l'Europe en 1772, et avec le personnage non
banal de Struensée, tyran de son roi, amant de la
reine, Ruy Blas du Nord, mais Ruy Blas qui savait
agir, brouillon sans doute, mais brouillon d'encolure,
qui fut ministre treize mois et démocratisa le Dane-

mark pour toujours. J'en conviens. C'est que Scribe
a prétendu écrire une comédie politique et non un
drame historique.

Que m'importe comme il traite Struensée, puisqu'il
ne vise pas du tout à ressusciter dans une action
dramatique Struensée et son histoire ! Je conviens
encore, et ceci est plus grave, que jamais révolution,
ni complot, ni coup d'État n'a pu être conduit
comme Bertrand de Rantzau, dans la pièce de
Scribe, conduit son entreprise contre Struensée.

Je n'en dis pas moins une seconde fois : Que m'importe ! Que m'importe la valeur de réalité des incidents de scène, pourvu qu'ils me saisissent et qu'ils
m'amusent — et ils m'amusent — si l'auteur a,
d'ailleurs, rempli un objet qui soit objet de comédie sérieuse. Or, il l'a rempli. Il nous a dévoilé
les côtés bas, tristes et risibles de toute révolution.
Il l'a fait, selon sa nature, en philosophe souriant
qui professe pour les hommes un mépris doux,
tempéré par l'idée, heureusement incurable chez
lui, que, parmi les ambitieux sans foi ni loi, les
intrigants sans vergogne, les tripoteurs, les traîtres
et les sots, le monde conserve encore quelques braves
gens.

Ce n'est pas seulement les bas mobiles et les bas
résultats des révolutions en général que Scribe nous
a représentés ; c'est le bas d'une révolution déterminée, celle qu'il a vue de ses yeux, 1830. Il s'agit
bien du tragique parvenu Struensée et de Rantzau,
son infidèle collègue ! Il s'agit, sous des noms d'em-

prunt, du duc d'Orléans et de tous ceux, grands et petits, qui l'ont porté au trône.

      ..... *Mutato nomine de te*
Fabula narratur.

Nous ne sommes pas à Copenhague en 1772. Nous sommes à Paris en 1833 (c'est l'année de la représentation de la pièce), parmi les douloureuses surprises les dépits et les indignations de toute une légion de héros, de citoyens au cœur noble, de politiciens actifs et aussi d'ardélions, qui y sont allés bon jeu bon argent contre le gouvernement ancien et que le gouvernement nouveau délaisse et dupe, qui ont tout négligé bonheur domestique et soin de la fortune, pour réaliser leur rêve politique et qui ne reconnaissent pas leur rêve. Nous sommes parmi les âpretés d'ambition que déchaîne une révolution récente et parmi les ingratitudes scandaleuses qu'elle étale. Nous sommes enfin au lendemain de 1830. En effet, quoique tout se passe la veille dans *Bertrand et Raton*, tout y tend dès les premières scènes vers la moralité finale du lendemain. Le lendemain, point culminant du drame, est l'heure triste et comique où, d'une part, Raton de Birkenstaff ayant vidé sa caisse, encouru la prison d'État, mis en péril la vie de son fils unique au service de Marie-Julie, obtient de Marie-Julie victorieuse pour prix de tant de sacrifices, un écusson à mettre sur une enseigne et une diminution de sa clientèle royale; où d'autre part, Koller, qui a porté le coup décisif, devient fort malaisément de colonel général, ce qu'il

serait toujours devenu, à son rang de bêtise, sans révolution ni complot ; tandis que Bertrand de Rantzau,
qui n'a pas risqué au fort de la lutte un cheveu de
sa tête, succède à la puissance de Struensée et confisque
pour lui seul le fruit des dangers courus par les autres.

Le lendemain d'une révolution, ce qu'il est, le
lendemain de 1830, ce qu'il a été pour les acteurs
obscurs qui ont exposé leur personne d'une façon ou
d'une autre dans le moment critique, voulez-vous que
j'essaye de vous le faire toucher du doigt par un
exemple bien vulgaire et d'autant plus démonstratif?
Cette année même, les journaux ont annoncé la mort
et raconté sommairement la carrière de l'un des
hommes qui ont signé la protestation des journalistes
de 1830. Je ne me rappelle pas son nom qui n'a pas
émergé. Le journaliste dont nous parlons, qui est
mort conseiller de cour en retraite, pouvait avoir
en 1830 de vingt à vingt-cinq ans. Si d'aventure, pendant les journées des 27, 28 et 29 juillet, Charles X se
fût conduit en roi, Polignac en premier ministre
et Marmont en soldat, que risquait un signataire de
la protestation des journalistes ? Tout bonnement le
peloton d'exécution, ou, pour le moins, un séjour de
vingt années dans les casemates du fort de Joux.
Et quelle part du butin a récoltée notre homme après
la victoire de son parti? La place de substitut à Rocroi.
Mais peut-être, cher lecteur, vous ne connaissez pas le
clocher de Rocroi ; vous n'avez pas tenu garnison à
Rocroi ; vous n'y avez jamais seulement passé
quarante-huit heures à l'hôtel du Commerce. Eh bien,

1.

non, alors ; je ne réussirai pas à vous faire comprendre
l'atroce comédie d'un jeune homme enflammé de
l'amour de la liberté ou pris d'enthousiasme pour un
prétendant princier, qui se jette à vingt-cinq ans
dans le jeu des révolutions, y met pour enjeu sa tête
et obtient du prince triomphant, comme gain de la
partie, quand le moment de l'honneur est venu après
celui de la peine, Rocroi et le sous-parquet de Rocroi !
L'aventure de ce jeune homme est le lot naturel de
l'auteur comique. Scribe a pu connaître le substitut
de Rocroi et cent autres dont le cas était le même. Il
a vu la même comédie se répéter en cent actes divers
de 1830 à 1833. C'est cette comédie-là qu'il a écrite,
agrandie et généralisée.

Les courants généraux et les types fondamentaux
d'une révolution sont tous dans la pièce de Scribe ;
sauf le courant idéal, sauf le type de grand citoyen et
de bon citoyen, en qui s'incarnent la soif de la justice,
la haine des oppresseurs, l'amour de la patrie, la
passion désintéressée de l'État. Mais ceci ne rentrait
pas dans le sujet. Trois types principaux dans le personnel et l'attirail d'une conspiration, d'un coup
d'Etat ou d'une révolution, sont du ressort de la
comédie : le bourgeois que viennent piquer tout à
coup la tarentule du bien public et la vanité de jouer
un rôle au-dessus de son courage et de son état ; le
militaire lourdaud qui poursuit son avancement dans
les complots de cour comme il pêchera demain ses
grades dans l'eau trouble des parlements, cynique en
son manège à proportion de ce qu'il y est maladroit,

lâche envers la politique à proportion de ce qu'il y barbote sans y rien comprendre; enfin, le froid calculateur, l'homme d'État à la tête claire et au cœur sec, qui profitera seul de la révolution dont il se désintéresse et qui sera peut-être le seul capable d'en tirer quelque bien positif pour la nation. Scribe a fixé dans sa comédie, avec Birkenstaff, Koller et Rantzau, l'image de ces trois types.

Il y a joint l'enfant de Paris, qui a la démangeaison de l'émeute. Il y a joint surtout la bonne Marthe. Au milieu des fous agités et des ambitieux vils, cortège ordinaire d'une révolution, Marthe, la femme de Raton, représente avec à propos le bon ménage et le devoir domestique. On a cru reconnaître en elle une copie ou un reflet de madame Jourdain. Que non pas! Marthe est une mère de l'an du peuple 1830; l'autre n'est qu'une ménagère bourgeoise du xviiᵉ siècle aristocratique et monarchique. Marthe a la sagesse familiale plus haute et moins grossière, le bon sens plus généreux que madame Jourdain. Elle tient à bon droit en dérision la politique qui oublie la maison pour l'État et qui n'est que sotte importance, fronde bavarde, oisiveté et dérangement du chef de famille. Que l'État se gouverne comme il pourra, pourvu que d'abord la maison marche! Mais, quand le mauvais gouvernement de l'État la vient menacer dans son fils, ah! c'est autre chose. Elle aussi se fait révolutionnaire; elle aussi appelle le peuple aux armes pour l'intérêt sacré de son cœur et de ses entrailles. Politique bien ordonnée commence par soi-même.

Avouons pourtant qu'il y a chez Marthe un peu de
cet égoïsme fâcheux et de cette étroitesse d'esprit avec
lesquels les Françaises les plus parfaites dans leur
intérieur sont communément portées à envisager le
bien ou le mal public. Elle n'en est que plus vraie et
mieux dessinée à la taille de son pays et de son temps.

De l'entrelacement de ces divers caractères, de
leur conflit à épées mouchetées, Scribe a tiré sa
comédie, légère et grave, d'une révolution. On a souvent cherché et cru découvrir la clef des divers personnages de *Bertrand et Raton*. C'est une recherche,
étant donnés les procédés de Scribe, qui ne peut
aboutir qu'à des résultats incertains. Je me refuse, en
tout cas, à accepter la clef qu'on donne habituel-
lement. Je ne saurais faire à Talleyrand l'honneur de
l'incarner dans Bertrand de Rantzau, qui est pur
d'argent, qui n'a jamais dérogé de sa caste, qui garde
de l'humanité dans son ambition sans scrupule, qui
se fût gardé de prononcer par hasard devant Bonaparte en fureur le nom du duc d'Enghien et de sa
retraite d'Ettenheim; je verrais plutôt en lui bien des
traits, bons ou mauvais, de Louis-Philippe lui-même,
qui fut, à tant d'égards, un roi à la Scribe. Je reconnais encore moins volontiers dans Birkenstaff le spirituel, le libéral, le magnifique, le magnanime
Laffitte; je démêle plutôt dans le bourgeois ingénu et
vaniteux de Copenhague, Bérard, l'ami de Laffitte et
un des deux cent vingt et un; je croirais sans hésiter
que c'est Bérard, avec son livre sur la révolution de

uillet [1] qui a posé pour Raton devant Scribe, si ce
livre naïf, honnête, gonflé d'importance, précieux
entre tous pour la physiologie de 1830, n'avait suivi
et non pas précédé la comédie de Scribe, et si, de plus,
Bérard, à force de faire voir qu'il n'entendait pas
rester Raton muet, n'avait fini par recueillir un mar-
ron succulent, la recette générale de Bourges, où il a
vécu, depuis 1839, fixe à travers les vicissitudes, faisant le bien et n'aspirant plus à régenter les rois.
Koller, ne saurait non plus, me figurer Marmont, si
brillant et si varié. Tout ce qu'on est autorisé à dire,
c'est que les raisonnements par où passa Marmont,
de son propre aveu, pendant les trois journées, ne
valent guère plus que ceux que se construit péni-
blement Koller dans la pièce de Scribe. La circonstance
capitale, que Marmont, soldat, raisonnait et pesait la
politique quand son devoir était de se battre et son
métier de conduire le feu, peuvent bien nous le faire
paraître, pour un moment, aussi ignorant du méca-
nisme des révolutions et aussi obtus que cette buse de
Koller. Mais un Koller, sorte de personnage dont nous
avons eu, depuis quinze ans, plusieurs exemplaires
sous les yeux, n'est pas même le diminutif d'un
Marmont.

La comédie de Scribe est aisée, enjouée, pathétique
et charmante. C'est, en somme, la seule comédie

1. Bérard, *Souvenirs historiques sur la révolution de 1830.*
Paris, Perrotin, 1834.

politique supérieure et complète, qu'on ait composée
en France depuis *le Mariage de Figaro*. Complète en
sa sphère; supérieure en son degré et en son tempérament propres. Scribe, répétons-le, esquisse et ne
grave pas; il dessine et ne peint pas à fresque; il
glisse et ne sonde pas le fond. Le fond est bien autrement triste qu'il ne l'a senti. Toute révolution en
France (j'excepte les deux moments de 89 et de 92),
toute révolution semble condamnée à être, pour la
plus grande part, un avortement, une déception et
une farce. Une révolution se fait au nom d'une certaine idée et contre un certain personnel. A peine la
révolution a réussi, l'idée est jetée au rebut; le personnel ancien surnage et reste; plus que jamais, il
prospère, et s'épanouit, et se pousse, et s'engraisse,
et accapare titres et fonctions; il absorbe l'État,
enchaîne et corrompt le gouvernement. C'est ce qui
s'est vu après les bouleversements des années 1814 et
1815; c'est ce qui a paru encore après 1830; c'est ce qui
a été bien plus marqué après 1848, après la révolution
parlementaire du 2 janvier 1870, après l'effondrement
dynastique du 4 septembre de la même année, après
la révolution présidentielle du 24 mai 1873. Ainsi les
mécontentements naissent des déceptions privées et
de la déception publique. Ils s'accumulent et s'ai-
grissent. Peu à peu se développe, chez les esprits
clairvoyants qu'on ne paye pas de phrases, la per-
suasion de l'inutilité, en France, de tout effort vers
le bien; chez les belles âmes, le découragement du
grand; chez le grand nombre, un indifférentisme

nvincible. Cet état du sentiment général prépare l'autres révolutions qui sont aussi inévitables que les précédentes et qui seront aussi superflues; et toujours, toujours, jusqu'à ce qu'elle y périsse, la nation, engagée dans ce cycle infernal, y tourne et s'y épuise.

« Monsieur, disait à Bérard, quelque temps après 1830, un pair de France, ami du roi, monsieur, nous avons plus de confiance pour défendre le trône actuel dans ceux qui ont voulu défendre le dernier que dans ceux qui l'ont renversé... » C'est là un mot type. Vous ne trouverez dans la comédie de Scribe aucun mot dont l'audace comique rappelle celui du pair de 1830. Vous n'y trouverez rien qui approche des terribles peintures de Paul-Louis Courier et de sa sanglante éloquence contre le zèle des gens du roi, qui étaient, la veille, les gens de l'empereur. Vous n'y trouverez pas la mélancolie et la stupéfaction d'un Saint-Simon, aux prises, sous le régent, avec les mêmes abus contre lesquels il s'était débattu et consumé, sous Louis XIV, dans la rage du silence. Vous n'y trouverez rien comme le cri déchirant de Barbès, confessant devant la haute cour de Bourges la vanité des révolutions, demandant à être envoyé, par grâce et par pitié, au fond du plus noir cachot, afin d'échapper au spectacle de la république qu'il avait appelée et faite, afin de ne plus voir ce que devenait l'idole à laquelle il avait donné sa vie à dévorer. Mais je m'égare; je quitte le vaudeville des révolutions pour entrer dans leur tragédie psychologique. Laissons là Barbès, et Saint-Simon, et Paul-Louis Courier. Après tout, l'amertume

vengeresse de ce dernier et son noble chagrin qui
pouvaient être à leur place en 1816 eussent détonné
en 1833 : ou ils n'étaient plus alors de saison, ou ils
eussent été prématurés. La société de Juillet n'est pas
tout entière dans les déceptions politiques et les
dépits légitimes de 1830. Quand la poésie, par le
contre-coup des trois glorieuses, débordait partout ;
quand, grâce à la poésie, les existences bourgeoises
les plus humbles et les plus étroites étaient traversées
d'illuminations splendides ; quand tout, dans notre
pays, était encore prospérité, soleil, avenir immense ;
quand on brûlait d'enthousiasme et qu'on s'enivrait
d'espérances sublimes, ce qui convenait le mieux
pour railler les héros du jour, pour jeter sur tout
ce délire et sur tous ces élans trompeurs la note
d'ironie du sage, n'était-ce pas justement Scribe,
optimiste et heureux?

(Journal des Débats, du 10 décembre 1883.)

ALEXANDRE DUMAS

I

ORIGINES ET DÉBUTS DE DUMAS
HENRI III

I

On a repris *Henri III* à la Gaîté. Le succès de la reprise a été, le premier soir, éclatant. Il n'a pas faibli aux représentations suivantes.

Puisque je touche à l'âge de la vieillesse conteuse, qu'on me permette d'abord de recueillir mes souvenirs et de conter, fût-ce un peu longuement, le plaisir que j'ai éprouvé, la dernière fois qu'il m'a été donné de voir *Henri III et sa Cour*, avant la reprise actuelle. Il s'agit d'un curieux événement artistique et mondain, qu'on a rappelé plus d'une fois depuis huit jours, mais avec des détails incomplets ou inexacts. C'était le 19 mai 1862, au théâtre improvisé du manège de l'hôtel Sellière. Il y a de cela vingt ans. Les gens qui jouèrent ce soir-là purent représenter,

au naturel, la cour d'Henri III, parce qu'ils composaient eux-mêmes la plus brillante des cours. Depuis
les Grandes Nuits de Sceaux, depuis les Petits Cabinets
de madame de Pompadour, depuis le théâtre de Marie-
Antoinette à Trianon, dont M. Adolphe Jullien vient
de nous conter minutieusement l'histoire dans un
livre nourri de savoir et éblouissant de luxe [1], onc-
ques n'avait-on vu une réunion plus rare de comédiens et de comédiennes. On s'était formé pour deux
soirées seulement en troupe de comédie, entre gens
du même monde. On voulait d'abord et surtout, venir
en aide à une œuvre digne d'intérêt, celle des *Amis de
l'enfance*. On n'était pas fâché non plus de faire
valoir ses petits talents et de montrer qu'on devait
porter d'un air fringant le pourpoint et les robes
esthétiques du temps des Valois. La princesse de
Beauvau s'était chargée du personnage de la duchesse
de Guise. Madame Abeille, qui était alors dans toul
l'éclat de son élégante beauté, représentait Catherine
de Médicis. La comtesse de Pourtalès avait accepté le
bout de rôle de madame de Cossé; la comtesse de
Pourtalès ne faisait en ce temps-là, pour ainsi dire
que de naître au monde et à la vie mondaine. Le marquis Philippe de Mornay faisait Henri III; le comte
Grabowski, le duc de Guise; le vicomte de Magnieu
Saint-Mégrin; Maurice Cottier, Ruggieri. Le page
Arthur s'appelait Raynald de Choiseul, le même
Choiseul qui exerce maintenant de hautes fonctions

1. Adolphe Jullien, *la Comédie à la Cour*. Firmin Didot.

dans je ne sais quel pays bizarre. Les rôles moindres
étaient remplis par le duc de la Trémouille (Épernon),
le comte de Miramon (Joyeuse), les comtes de La
Girennerie, de Foucaucourt, etc.

Ce fut une difficulté grave de choisir un régisseur
capable d'exercer sérieusement l'autorité sur une
compagnie d'artistes de cette qualité, qui ne rappe-
laient que de fort loin les troupes qu'on voit ordinai-
rement dans le *Roman comique*. Où le chercher? Où
le prendre? Enfin on le trouva, et, comme tout le
reste, il était à souhait. Ce fut M. le comte de Mornay, l'ancien ministre de la monarchie de Juillet à
Stockholm. Il avait pu acquérir, dans sa jeunesse,
l'expérience de la comédie et des comédiens. L'âge,
qui l'avait mûri et assagi, ne l'avait ni glacé ni rendu
morose. Sa dignité était sans morgue et sa facilité
sans abandon. Il touchait à la soixantaine ou l'avait
dépassée. Je n'ai connu personne qui donnât autant
que lui l'idée de l'homme du monde accompli. Il faisait comprendre le mot presque amoureux de la discrète Motteville sur Bassompierre, « qui n'avait plus
que des restes; mais les restes de celui-là valaient
toute la jeunesse des autres ». Voilà un homme qui
savait comme on s'y prend pour offrir une rose et
comme on réprime tout de suite un manquement
avec un air de physionomie courtois! Un air courtois
par-ci, qu'il ne fallait pas trop souvent provoquer,
une rose offerte par-là, et il maintint aux répétitions,
dans cette troupe difficile, une discipline riante et
inflexible.

Quand vint le grand jour, chacun était complètement à son rôle. Tous les écueils furent évités. Il
était certainement aussi scabreux à une femme du
monde, comédienne par occasion, de jouer trop passionnément les scènes entre Saint-Mégrin et Catherine
de Clèves que de les jouer froidement et gauchement.
On est si médisant dans les salons comme dans les
foyers ! A force d'art et de tact, la princesse de Beauvau
trouva l'exacte mesure intermédiaire qui sauvait tout.
Il fallait que madame Abeille sortît un peu beaucoup et de son âge et de sa franche nature pour figurer une Médicis de cinquante-cinq ans, machiavélique,
artificieuse, experte en toutes sortes de maléfices et
de noirceurs. Mais on était lancé à faire tout le
nécessaire ; et, pour la seule fois de sa vie, madame
Abeille parvint à se donner, je ne sais comment, l'air
presque dur et méchant. Je me rappelle encore le
brio avec lequel fut enlevée la jolie scène de taquine-
riés entre madame de Cossé, le page Arthur et la
duchesse de Guise. Soirée charmante et extraordinaire
dont on a longtemps parlé ! Vous voyez qu'on en
parle encore. Hélas ! combien ont disparu maintenant,
de ceux qui ont accompli cette témérité héroïque
d'une représentation mondaine de *Henri III* ! Combien
la cruelle Mort en a fauché ! Morte, la spirituelle et
originale princesse de Beauvau, après avoir consacré
les dernières années de sa vie à instruire les jeunes
filles de son village de Lorraine dans l'art de la tapis-
serie où elle était fée ! Mort le comte de Mornay ! Morts
Magnieu, Grabowski, Maurice Cottier ! Et il semble

e c'était hier! A peine nous sommes nés, à peine
us avons vibré quelques instants sous la douce
mière des cieux, et déjà nos yeux s'éteignent pour
ujours.

On ne pouvait pas s'attendre à ce que les rôles
pisodiques, à la Gaîté, fussent tenus avec autant de
istinction qu'ils l'avaient été à l'hôtel Sellière en 1862.
a Gaîté, évidemment, ne pouvait nous offrir une
atherine de Médicis, une madame de Cossé et une
arie, comme celles de la troupe du manège Sellière.
ème M. Romain, qui fait Saint-Mégrin et qui a pour-
ant la physionomie avantageuse, soutient mal la
omparaison avec le vicomte de Magnieu. Trois rôles
eulement sont tenus d'une façon remarquable : ce sont
es rôles de la duchesse de Guise, du roi et du Balafré.
Mademoiselle Dica Petit, qui joue la duchesse, rend
outes les nuances de son personnage, la passion
chaste, la rêverie voluptueuse, la gentillesse coquette,
les alternatives de faiblesse et de courage. Cependant,
au quatrième acte, elle n'exprime pas avec assez de
relief les tortures physiques, dont l'atrocité la contraint d'écrire à Saint-Mégrin son meurtrier billet
d'amour ; et ce défaut de puissance, en cet endroit,
rend un peu froide une scène, qui, mimée plus énergiquement et avec plus de sanglots, ne serait pas d'un
moindre effet aujourd'hui qu'au temps où *Henri III*
était dans sa nouveauté. — Un jeune comédien,
M. Duflos, dont le rôle de Henri III est le vrai début
devant le public parisien, y a montré qu'il possède

tous les dons naturels de l'acteur, l'aisance du port,
la souplesse des mouvements, une voix jeune, fraîche,
mordante. Son geste est sobre et son débit chaleureux.
Il a composé le personnage du roi avec assez de
vérité. Il lui a gardé l'attitude royale, l'air de race, la
mine spirituelle des Valois, que le vainqueur de
Jarnac et de Montcontour savait toujours reprendre,
à son gré, parmi ses jeux puérils ou infâmes, ses
corruptions, ses cruautés et ses religions de César
syrien. Ce que M. Duflos a moins réussi à nous faire
voir et que Dumas a cependant exprimé suffisamment
dans sa pièce, c'est toute cette dégénérescence et toute
cette dépravation de commande, tout cet assemblage
de superstitions sans piété, de chapelets à tête de mort
et de pénitences sans contrition, d'orgies sans fougue
sensuelle sincère, de caresses sans amitié, de concu-
piscences sans désirs qui composaient le caractère de
celui que Paul de Saint-Victor, dans un magnifique
chapitre de psychologie historique, a si justement
surnommé l'Héliogabale français [1]. Le ton concentré
et le geste sourd qu'affecte depuis plusieurs années
M. Dumaine l'ont bien servi pour rendre les parties
violentes et sauvages du rôle du duc de Guise. Mais
si l'on reconnaît dans le duc de Guise de M. Dumaine
l'ambitieux sans principe, le papiste étroit et vindi-
catif, qui voulut présider lui-même au meurtre de
Coligny, on n'y retrouve pas autant l'homme né pour

1. Paul de Saint-Victor, *Hommes et Dieux*. Calmann Lévy
édit., 1880.

ommander, le prétendu descendant de Charlemagne
ui était de si bonne mine « qu'auprès de lui les
utres princes paraissaient peuple et que les hugue-
ots étaient de la Ligue, quand ils se trouvaient en sa
résence ». Il est vrai que M. Dumaine alléguera à sa
écharge qu'Alexandre Dumas a oublié de mettre ce
uise-là dans le rôle.

C'est le 11 février 1829 qu'eut lieu, à la Comédie-
Française, la première représentation de *Henri III et
la Cour*, drame en cinq actes, en prose. On croit
communément que *Henri III* est la première œuvre
d'Alexandre Dumas. On se trompe. Alexandre Dumas
avait déjà produit deux vaudevilles, en collaboration,
la Chasse et l'Amour, pour l'Ambigu-Comique (septembre 1825), *la Noce et l'Enterrement* pour la Porte-
Saint-Martin (novembre 1826). Il eut longtemps la
faiblesse de rougir de ces deux bagatelles ; il aurait
bien voulu qu'on crût que *Henri III* était tout à fait
et à la lettre son début ; cela aurait eu plus de
couleur :

Mes pareils à deux fois ne se font pas connaître ;

et c'est ce qui explique l'erreur généralement répandue. De son propre aveu, d'ailleurs, la trilogie
en vers de *Christine*, quoiqu'elle n'ait été représentée que le 30 mars 1830 à l'Odéon, fut, elle aussi,
composée bien antérieurement à *Henri III*. En 1829,
Dumas avait vingt-six ans; c'est le bel âge, dans
toutes les branches de l'activité humaine, pour

déployer ce qu'on porte en soi ; c'est l'âge du Béarnai
à Cahors et de Bonaparte en Italie. Heureux ceu
qui, ayant le génie, obtiennent, à cet âge, le théâtr
où ils le mettront en lumière ! Dumas eut ce bonheur
Il le dut au flair littéraire du baron Taylor et au flai
artistique de mademoiselle Mars qui, parvenue alors
la cinquantaine, devina, dans le personnage de Cathe
rine de Clèves, un rôle où elle se renouvellerait à s
gloire. La pièce fut reçue d'acclamation par le comit
de lecture du Théâtre-Français. On en parla tou
aussitôt dans Paris comme de quelque chose de ne
et qui porterait coup. A la première représentatio
tout Paris était là. Le duc d'Orléans, qui compta
Dumas parmi les commis aux écritures de sa Maiso
occupait la première galerie avec sa famille et s
amis. Dans une loge, la Malibran, haletante d'adm
ration. Quand Firmin vint nommer l'auteur, ce f
une explosion d'enthousiasme, le duc d'Orléans
tenant debout et découvert pour écouter le nom
son employé. Quel beau commencement d'une vie litt
raire qui reste l'une des plus dignes d'envie de
siècle, malgré les fréquentes misères dont elle a é
troublée par l'imprévoyance, la prodigalité et
désordre !

On avait tout ensemble dans *Henri III et sa Cour*
poëte, un drame et un genre nouveaux. Il est facile
démêler dans *Henri III* le Dumas tout entier q
développera l'avenir. Le drame, noué autour de l'e
buscade amoureuse que le duc de Guise tend

l'amant de sa femme, était le plus simple, le plus clair, le plus passionné qu'on eût vu au théâtre depuis bien longtemps. Pour la première fois, une action dramatique se déroulait parmi des tableaux de mœurs rigoureusement historiques, et ces mœurs étaient prises sur le vif. Le second acte, où tout ne consiste que dans la représentation animée de Henri III, de sa cour, de ses favoris, de leur bravoure efféminée et insolente, des ambitions contradictoires de Guise et de Catherine de Médicis, produisit un effet de surprise charmant et foudroyant. C'est encore cet acte si pittoresque qui saisit aujourd'hui le plus vivement le public des petites places.

Alexandre Dumas, même dans *Henri III*, où il serre la vérité historique de plus près qu'en ses autres ouvrages prend avec elle un certain nombre de libertés. Il n'arrange pourtant à sa guise que les circonstances du drame particulier qui se développe au sein de l'histoire générale; celle-ci, il la transporte sur le théâtre, en sa réalité toute nue et toute palpitante. Le duc de Guise est réduit, pour les besoins du drame, au caractère et au tour d'humeur du premier venu d'entre les maris jaloux et maniaques; c'est un simple sire de Montsoreau. La duchesse de Guise participe encore moins de l'histoire. Elle n'est ni peu ni prou pénétrée de l'air de la cour des Valois. Si vous voulez la concentration en un type poétique, frappant de ressemblance, des belles et honnêtes dames françaises de la seconde partie du xvi⁰ siècle, prenez la Diane de Turgis de Mérimée. Encore, Diane de Turgis pourrait-elle passer pour un modèle de passion chaste, de fidélité et de réserve, auprès de ce que fut en sa jeunesse la vraie Catherine de Clèves, qui eut quelques autres amants que Saint-Mégrin et qui portait, dit-on, leurs images dans son livre d'heures. La Catherine de Clèves façonnée par Dumas n'est que le pendant de l'Adèle d'Hervey que le fatal Antony poignardera deux ans plus tard sur le théâtre de la Porte-Saint-Martin, parce qu'elle lui a résisté. Catherine de Clèves résiste aussi ; ce qui n'était guère l'habitude des ligueuses et des belles de l'escadron volant. C'est une créature tendre, mélancolique et rêveuse ; elle a lu *le Lac* et elle attend madame Sand. Ce n'est point, d'ailleurs, l'inspiration dramatique la moins heureuse de Dumas, dans sa pièce, que d'avoir mêlé ainsi à l'attrait original qu'offrait la peinture des mœurs des Valois l'attrait tout aussi neuf d'une passion toute moderne. Mais cette élaboration par le poète des deux principaux caractères tragiques, en vue de la tragédie, ne fausse pas le fond du tableau historique ; il laisse intacts tous les détails par où l'histoire ressort en relief, par où les temps éteints revivent sur le théâtre d'une vie dramatique intense.

Oui, la cour du dernier Valois revit sous nos yeux dans le mouvement étincelant et pétillant du drame ! La vie et le mouvement ; voilà ce qui force à dire qu'on eut enfin avec *Henri III et sa Cour* le drame historique, qu'on l'eut tout entier et complet, et qu'on ne l'avait pas auparavant ; voilà ce qui fait de la pièce de Dumas un genre, un système et une date ! Un autre déjà, dans une langue poétique splendide, avait vaticiné sur le drame historique et romantique; Hugo avait écrit *Cromwell* et la préface de *Cromwell* (1827). Avec aisance et comme en se jouant, Dumas avait créé le genre de drame sur lequel Hugo raisonnait. Le cerveau du jeune Jupiter s'était échauffé un instant; et le drame historique, comme Minerve, en était sorti tout équipé et tout armé. Mais peut-être était-ce Hugo avec *Cromwell* et sa préface qui avait fait l'office de Vulcain et de sa hache.

Nous ne voudrions, en effet, ni dire ni laisser croire que le drame de *Henri III* fut *proles sine matre creata*. Il n'y a guère de génération spontanée en littérature. Tout le mouvement des esprits et du théâtre tendait, en ce moment, à transporter chez nous le drame et le roman historiques, tels qu'ils florissaient ou avaient dès longtemps fleuri à l'étranger. Tout le mouvement des études y concourait par une conception plus poétique et plus romanesque de l'histoire elle-même. Citons quelques faits et quelques dates. Dès 1826, Alfred de Vigny avait donné son *Cinq-Mars*. En 1827 avait paru le *Précis de l'Histoire moderne* de Michelet qui ne fit pas grand bruit d'abord, mais qui pénétra en silence les jeunes générations. En 1822, M. Defauconpret avait commencé à traduire et à populariser Walter Scott; en 1822-1823, le libraire Ladvocat, avec le concours de Denis, de Barante, de Charles de Rémusat, de Benjamin Constant, etc., etc., avait publié la collection des *Chefs-d'œuvre des théâtres étrangers*; l'entreprise de Defauconpret et

celle de Ladvocat donnèrent probablement le branle
au génie du jeune Dumas et aussi à celui de Victor
Hugo. Les arts eux-mêmes s'en étaient mêlés. L'impression du Salon de 1824 sur les imaginations, la
littérature et la poésie, dépassa tout ce qu'on pourrait
se figurer aujourd'hui. La jeunesse ne s'entretenait plus
que du *Massacre de Scio* de Delacroix, du *Mazeppa* de
Boulanger, du *Job* de Saint-Èvre. Dumas et Frédéric
Soulié virent à ce salon le bas-relief de mademoiselle de
Fauveau représentant l'assassinat de Monaldeschi
et ils se dirent, chacun de son côté : « Et moi aussi, je
sculpterai ma Christine. » Depuis *Pinto*, « la comédie
historique » de Lemercier (1799), on s'élançait dans la
voie, on s'arrêtait, on s'interrompait, on se remettait à
l'œuvre, on cherchait, on tâtait le drame et la tragédie
historiques. On avait eu avec Raynouard *les États de
Blois* (1814) ; avec Casimir Delavigne, *les Vêpres siciliennes* (1819). Un écrivain hors ligne, qui possédait
un talent si calme, si correct, si pur et si classique
qu'on ne s'est presque jamais aperçu de ce qu'il
cachait d'originalité et de force de génie sous la par-
fection de son style, Vitet (je ne parle ici que du
Vitet littéraire, non du Vitet politique), Vitet avait
fouillé à fond le XVIᵉ siècle et en avait rapporté ses
Scènes historiques, *les Barricades* (1826) et *les États
de Blois* (1827). En mai 1829, trois mois après
la première représentation de *Henri III et sa Cour*,
il complète son œuvre par *la Mort de Henri III*.
C'était le XVIᵉ siècle, on le voit, qui attirait surtout
ceux qui cherchaient, ceux qui pressentaient

le drame et le roman historiques. En cette même
année 1829, au mois de septembre, Arnault fils donna
à l'Odéon une *Catherine de Médicis*, en vers, où il
mettait en scène, non seulement les hauts personnages de l'histoire, mais encore — et ce, au grand
scandale des académiques — le bijoutier Louchard,
l'ancien maître d'armes Bussy Le Clerc, le médecin
Miron, enfin des personnages indignes de la majesté
de la tragédie. En 1829, encore, Audin publia une
Histoire de la Saint-Barthélemy, visant à l'effet et au
pittoresque. En 1829, enfin, Mérimée fit paraître *la
Chronique de Charles IX*. — Mais alors, tout le
monde a donc inventé le drame historique! — Oui et
non Le drame historique et le roman historique
étaient chez nous dans l'air depuis près de trente ans.
Chacun les voyait flotter devant soi et les visait. Mais
c'est Dumas, avec *Henri III*, et Mérimée, avec *la
Chronique de Charles IX*, qui ont mis dans le plein.
   Pour se faire une idée du prix qui s'attacha tout de
suite à l'œuvre de Dumas, il n'y a qu'à lire la préface
mélancolique de *la Mort de Henri III* par Vitet.

   « Le premier mérite, dit Vitet, de nos scènes historiques était la nouveauté du genre. Or, cette nouveauté n'est-elle pas déjà presque fanée aujourd'hui?...
Le succès dont la scène française vient d'être témoin,
*en ouvrant enfin une libre carrière au drame histo-
rique*, semblerait devoir interdire désormais *des essais
aussi timides que les nôtres*. Et n'est-ce pas d'ailleurs
une témérité bien grande que de faire parler dans un

livre, c'est-à-dire en tête à tête avec le lecteur, ces mêmes personnages que chaque soir maintenant on peut voir agir sur la scène, animés et mis en relief par l'illusion des costumes et par le jeu des acteurs ? Enfin, le public, quelque bienveillant qu'il soit pour Henri III au théâtre, n'a-t-il pas déjà fait connaissance assez intime avec ce monarque pour n'avoir pas grande envie de s'en occuper encore?... »

Du coup, Vitet, le novateur de la veille, se sentait démodé à l'aurore de sa carrière. Il avait été le saint Jean précurseur du genre ; un autre en était le Messie. Et quel Messie ! Un jeune homme de même âge que lui, inconnu la veille, un expéditionnaire des bureaux de la Maison d'Orléans, un vaudevilliste, un demi-nègre qui n'avait pas seulement fait ses classes ! C'était à dégoûter pour toujours de faire d'abord de soi un savant, comme Vitet, et de remuer les sources, pendant deux ou trois ans, avant d'écrire quelque chose !

Car Alexandre Dumas n'était guère remonté aux sources. Il eût été bien embarrassé de dire où elles gisaient, les sources ! Il avait lu, par hasard, le règne de Henri III, dans Anquetil. C'est l'affaire de deux heures ; et tout aussitôt il s'était mis au travail. Son ouvrage fut conçu, composé, reçu à la Comédie, répété et joué en trois mois. Il n'y a pas à discuter aujourd'hui sur les mérites de l'œuvre. Il serait plus intéressant de saisir au vol et de suivre les procédés de composition de Dumas. Rien n'est plus enchaîné et plus fondu, rien ne se tient mieux que le drame de

Henri III, les diverses parties qui le composent, les divers incidents qui s'y succèdent. Rien n'offre plus le caractère de la parfaite spontanéité. Eh bien, on pourrait dire que l'œuvre n'est faite que de pièces de rapport ; on pourrait soutenir — et Granier de Cassagnac a soutenu, en 1832 ou 1833, en deux articles célèbres, — qu'il n'y a rien d'essentiel dans *Henri III et sa Cour* qui appartienne à Dumas. Le faux rendez-vous et le piège d'amour? il a été inventé par le sire de Montsoreau ; Dumas n'a eu que la peine de l'attribuer au duc de Guise. Le mouchoir perdu qui compromet la duchesse? Il est dans *Fiesque* de Schiller. Le message galant du page avec la clef? Également dans Schiller. Le gantelet de fer, dont le duc de Guise meurtrit le bras de Catherine de Clèves? Voyez *l'Abbé*, de Walter Scott. Le bras meurtri que la duchesse passe dans les anneaux de la porte de sa chambre pour arrêter les assassins? *L'Abbé, l'Abbé,* comme plus haut! *Vide suprà!* On a souvent signalé ces emprunts. On est allé plus loin. On a poussé la fausseté du point de vue critique jusqu'à reprocher à Dumas de n'avoir fait que piller les faits recueillis par Anquetil, c'est-à-dire d'avoir mis l'histoire en œuvre ! Cela est parbleu vrai! Hors ce qui est pris de Schiller et de Walter Scott, il ne reste pas un trait caractérisque dans la pièce qui ne vienne d'Anquetil. Tout le drame, absolument tout le drame, était déjà dans Anquetil et son *Esprit de la Ligue*. Il ne s'agissait que de l'en tirer.

(*Journal des Débats*, du 4 juin 1883.)

II

Reprenons-nous encore une fois sur *Henri III*.

M. Debruyère, qui partageait avec Larochelle la direction du théâtre de la Gaîté, est devenu, depuis le 1er mars, seul directeur par suite des arrangements qu'il a conclus avec la famille de son regretté coopérateur. *La Charbonnière* ne marchait plus. M. Debruyère a remis sur l'affiche *Henri III et sa Cour*, qui, repris au mois de mai de l'année dernière, avait fourni une assez bonne saison d'été avec M. Dumaine, dans le duc de Guise, madame Dica Petit dans la duchesse, M. Duflos dans Henri III. M. Volny remplace maintenant M. Duflos, et madame Léonide Leblanc, madame Dica Petit. Comédien aisé et apte, M. Volny a rendu avec facilité et avec nerf le personnage de Henri III, mais sans grande originalité d'empreinte. Du temps de Lireux à l'Odéon, Boileau, dans ce rôle, était frappant de vérité. Le principal intérêt de la représentation résidait dans la personne de madame Léonide Leblanc, j'allais presque dire dans ses débuts. Car cette artiste, si au fait de l'art et dont l'art seul tourmente la vie, en est réduite à débuter toujours. Elle se montre pour la première fois, je crois, dans le drame. Elle déploie dans le rôle de la duchesse beaucoup de sentiment, de tendresse, d'élégance, et tout ce qu'on y peut mettre de savoir. Il lui manque les éclats, ce qu'on appelait naguère le hoquet romantique. Le ton caressant de sa voix s'oppose à ce qu'elle le prenne.

En 1829, à la veille de la première représentation de *Henri III et sa Cour*, deux scènes préoccupaient particulièrement l'auteur, le baron Taylor, commissaire royal à la Comédie-Française, et MM. les comédiens. C'était la scène du second acte où Saint-Mégrin lance un pois chiche avec sa sarbacane contre la cuirasse du duc de Guise, et celle où le duc, écrasant de son gantelet de fer le bras de la duchesse, contraint celle-ci de tendre à Saint-Mégrin qu'elle aime le guet-apens où il doit périr. De la première de ces deux scènes, on s'inquiétait abominablement et sans compensation ; à supposer, en effet, qu'elle passât, ce n'était qu'un détail pittoresque qui ne pouvait avoir aucune influence marquée sur le succès final ; et comment eût-on osé affirmer qu'elle passerait? Le fait est que l'action de Saint-Mégrin prise en soi est fort vive et d'une invraisemblance intolérable si on laisse au spectateur le temps de réfléchir ; en tant que jeu de scène, elle a l'avantage d'exprimer, comme aucune autre circonstance empruntée à l'histoire réelle ne l'aurait exprimé aussi bien, l'état des relations qui existaient entre Guise d'une part, le roi et ses mignons de l'autre. Cette sarbacane et ce pois chiche, impertinents dans tous les sens du mot, sont si bien encadrés par tout le second acte, ils y glissent avec un tel *brio*, Firmin dans la mémorable soirée du 11 février 1829 enleva la scène avec tant de bonheur, qu'il n'y eut dans la salle ni murmure ni pensée de murmure.

Au contraire, mercredi, à la Gaîté, le public a paru visiblement esbrouffé. Sans la consécration que *Henri III et sa Cour* tient à présent du temps, on aurait réclamé.

La cinquième scène du troisième acte, celle du gantelet de fer, donnait en 1829 des soucis d'un autre genre. Le drame pivotait sur elle. Si elle échouait, le drame était perdu. Or, la scène réussirait-elle? Le public de la Comédie-Française supporterait-il un effet de brutalité aussi extraordinaire au théâtre que des chairs de femme meurtries et broyées sous, l'étau? Pensez qu'on n'en était pas encore en France à accepter le coussin sous lequel Othello étouffe Desdémone, si ce n'est mis en musique par Rossini. Là était un premier écueil. Il y en avait un second moins apparent et plus redoutable dans la disposition d'esprit, alors sourdement naissante chez les femmes, préparée et plus que préparée par Lamartine, Vigny et les premiers poèmes de Victor Hugo et qui allait bientôt s'épanouir dans la poésie et la littérature, avec *Antony, Marion Delorme, Hernani* et les romans de madame Sand. Ce nouvel état psychique consistait à ne plus concevoir l'amour que comme une vertu héroïque et surhumaine, comme une chaste apothéose du cœur. Le public, dès lors, admettrait-il qu'une femme qui aime se laissât contraindre par aucune torture physique à assassiner, ou peu s'en faut, de sa propre main et avec tant de perfidie, l'amant qui lui inspire une passion enthousiaste? On fut rassuré le lendemain. De la façon dont jouèrent

Mars et Joanni, la scène bouleversa la salle d'émotion. C'est ce bouleversement, pour en revenir au *Henri III* d'à présent, que ne produit pas madame Léonide Leblanc. Elle a les grâces et la sensibilité du genre tempéré; elle n'a pas le sanglot.

Quoique l'an dernier la reprise de *Henri III* ait été un événement littéraire, je ne crois pas que cette année la pièce résiste longtemps. C'est un type de drame qu'on a plaisir et profit à retrouver de loin en loin, mais qui ne saurait tenir quotidiennement l'affiche en 1884 quand déjà tous les amateurs de théâtre le sont allés revoir en 1883. Cependant puisque M. Debruyère nous en offre l'occasion, revenons un peu sur les commencements curieux de Dumas. On n'a pas à craindre d'ennuyer le public en lui parlant d'un homme qui, en France et en Europe, a compté des lecteurs par millions.

Quand je dis les commencements de Dumas, je ne pense qu'aux commencements littéraires, aux débuts de l'éblouissant thaumaturge sur la scène. L'éducation intellectuelle et morale de Dumas, qu'il nous a contée par le menu, pourrait former le sujet d'un intéressant chapitre de pédagogie et de psychologie. Elle s'est faite va comme je te pousse sous la direction du docteur Hasard, qui est, quand il s'y met, le plus habile, le plus approprié, le plus stimulant et le plus fécondant des maîtres. Je ne la veux pas aujourd'hui décrire ; ce sera pour une autre occasion.

L'été dernier, j'ai déjà fait remarquer au lecteur

que *Henri III et sa Cour* n'est pas, comme on le croit généralement, la première pièce de Dumas qui ait été représentée. Dumas avait composé antérieurement, en collaboration avec Rousseau et Adolphe de Leuven, *la Chasse et l'Amour*, vaudeville en un acte qui fut joué le 22 septembre 1825 sur le théâtre de l'Ambigu-Comique; et, en collaboration avec Lassagne et Vulpian, *la Noce et l'Enterrement*, vaudeville en trois tableaux qui fut joué le 21 novembre 1826 à la Porte-Saint-Martin. Je viens de m'amuser à lire ces deux vaudevilles; ils sont dans la moyenne du genre. Des refrains bon enfant, des mots faciles, de la philosophie populaire. C'est tout bonnement à faire frémir. Dumas, débutant à l'Ambigu à l'âge de vingt-deux ans, était en train de devenir un des satellites de Scribe et un émule de Cogniard frères.

Depuis deux années, il résidait à Paris et il occupait, comme l'on sait, une place de commis à douze cents francs dans la Maison et les bureaux du duc d'Orléans. A Villers-Cotterets, où il avait été « éduqué », un peu par tout le monde, ses études à bâtons rompus, et ses lectures, au fur et à mesure des livres quelconques qui lui tombaient sous la main, lui avaient donné un tour d'humeur tel, que, s'il se mettait à écrire, il pouvait s'embrancher aussi bien sur la petite pièce à couplets que sur le domaine de la grande imagination. Et, dès la première adolescence, c'était bien son idée d'écrire! Il avait dévoré quantité de petits vers et d'alexandrins classiques de la fin du XVIIIe siècle et de l'époque du premier empire. Il possédait sur le bout des doigts Demoustier:, le chevalier Berlin, le premier Legouvé, Lemierre. Plus tard, il s'est exprimé sur ces admirations de son jeune âge avec assez de dédain. Comme l'esprit littéraire n'a jamais été sa faculté éminente, il ne se gênait pas de placer dans un même paquet, avec les écrivains que nous venons de nommer, aimables ou distingués à divers degrés et de diverses façons, Parny, l'un des poètes le plus absolument poète de la littérature européenne, Parny, ce délice, dont il s'était imbibé sans plus ni moins de choix que des autres. Peut-être avait-il lu Parny trop jeune ; ce serait une raison de lui pardonner son blasphème. Ce qui, vers la vingtième année, était parvenu jusqu'à lui de plus animé d'une inspiration moderne, c'était le *Louis IX* d'Ancelot et *les Vêpres siciliennes* de Casimir Delavigne. Il ne connaissait rien alors de Gœthe, de Schiller, de Calderon, de Shakespeare, de Walter Scott. Il avait seulement lu *Jaccopo Ortis* d'Ugo Foscolo, transposition italienne de *Werther.* Un jour, cependant, il ressentit une commotion jusque-là inconnue. Un officier de hussards, qui avait fait la guerre en Allemagne, et qui s'était retiré et marié à Villers-Cotterets, s'avisa de lui traduire de vive voix la *Lénore* de Bürger. Que cela était loin des vers de Demoustiers ! Ce jour-là, le souffle était descendu sur lui. Va, jeune homme, tu seras poète, et tu nous conteras aussi tes ballades ! En attendant, c'était le vaudeville qui l'appelait, l'enveloppait et l'entraînait.

Un de ses camarades de Villers-Cotterets, plus âgé

que lui de deux ans, Adolphe de Leuven, que nous
avons tous connu directeur de l'Opéra-Comique avec
Camille du Locle et dont nous connaissons tous *les
Deux Voleurs* et *le Postillon de Longjumeau*, faisait
quelquefois des voyages à Paris. Comme il était de
bonne noblesse, fils d'un père à son aise et pourvu
d'excellentes références, il avait réussi, pendant ses
courts passages à travers la grand'ville, à se faufiler
dans un endroit fascinateur, le « Café du Roi », situé
en face de la Comédie, à l'angle de la rue Richelieu et
de la rue Saint-Honoré. Là, malgré son jeune âge,
il était devenu le familier de gens extrêmement
importants : Théaulon, Rochefort, Ferdinand Langlé,
Merle, Romieu, Jouy, tous vaudevillistes, Jouy
excepté, qui composait plutôt des tragédies en cinq
actes, en vers. Quand Leuven reparaissait à Villers-
Cotterets, il enflammait les dix-huit ans de Dumas de
ses récits ; il lui peignait les prestiges du « Café du
Roi », la belle existence des vaudevillistes et dramaturges du boulevard, qui gagnaient, tant qu'ils
voulaient, 5, 10, 15 et 20 francs de droits d'auteur
par soirée. Quel joli métier, et si facile ! Car un vaudeville, voire un mélodrame, ça se tournait en trois
déjeuners chez Philippe ou au « Cadran bleu ». Lui
et Dumas se mirent donc à fabriquer un vaudeville à
Villers-Cotterets même. La chose s'appelait *le Major
de Strasbourg*. On y voyait un major en demi-solde,
devenu laboureur, qui poussait la charrue tout en
lisant. Il y avait un comte et son fils qui s'approchaient
du major.

LE COMTE.

Que lit-il?

JULIEN.

C'est *Victoires et Conquêtes.*

LE COMTE

Tu vois, enfant, je ne me trompais pas:
Son cœur revole aux champs de l'Allemagne.
Il croit encor voir les Français vainqueurs.

JULIEN.

Mon père, il lit la dernière campagne;
Car de ses yeux je vois couler des pleurs.

Dumas était l'auteur de ce couplet. Il le cite en ses
Mémoires et il l'a ainsi sauvé du naufrage de son
Major. Dans la masse prodigieuse de volumes que nous
avons de lui, voilà les premières lignes! Elles
étonnèrent Villers-Cotterets. Dumas ne manqua pas
d'aller tout de suite montrer ses vers à son ami l'officier de hussards; pour un hussard lettré, mais revenu
de Leipzig avec une bonne balafre, il n'y avait pas de
Lénore qui tînt auprès de ce dialogue patriotique; il
le déclara superbe. A partir de ce moment, Dumas et
Leuven ne doutèrent plus de rien. Ils s'occupèrent à
dépecer Bouilly et Florian en vaudevilles et en drames.
Quand ils furent réunis à Paris deux ans après, ils se
dépêchèrent naturellement de soumettre cet amas de
chefs-d'œuvre aux sommités du « Café du Roi », qui
se moquèrent bien d'eux. Mais les deux amis avaient
foi dans leur vocation. Ils composèrent à Paris même
la Chasse et l'Amour, qu'un habitué du café se chargea

de présenter et fit recevoir à l'Ambigu. Les sept
premières scènes sont de Dumas. Malheureusement, la
plus jolie de la pièce, celle qui a le plus la tournure
scénique, est la onzième, qui appartient à Leuven.
De Leuven aussi sont les vers philosophiques :

> Un seul instant examinez le monde ;
> Vous ne verrez que chasseurs ici-bas...
> ....
> Un intrigant, rampant dans l'antichambre,
> Chasse un cordon, un regard, des faveurs...

Dumas y mettait plus de rondeur. Son chasseur
chantait :

> Car, pour mettre à bas un lièvre,
> Je suis un fameux lapin !

A l'Ambigu, le succès fut fort beau pour le temps.
Quarante représentations consécutives. A la Porte-
Saint-Martin, Dumas ne fut pas moins heureux avec
la Noce et l'Enterrement. On trouve dans cette pièce
une scène, assez franchement bouffonne ; celle d'un
veuf du Malabar, Français de naissance, qui, selon les
lois du pays, va être enterré tout vif après la mort de
sa femme. Les gens du gouverneur, chargés de procéder à la cérémonie, sont scandalisés qu'il ne se
laisse pas faire. Ils lui démontrent que, selon les saines
idées du glorieux Malabar, il n'est pas d'honneur plus
enviable que celui qu'il est près de recevoir. On a
probablement ici le premier germe d'une des saynètes
les plus originales et les plus répandues de M. Eugène

Chavette. Le personnage du maharajah Aboulifar, ballotté entre les deux Parisiens, Aromate et Flori-mond, nous paraît être le même qui est devenu depuis Schahabaham dans *l'Ours et le Pacha*. Il faut bien que cette pièce, avec son titre un peu lugubre, soit restée dans la mémoire des foyers et des coulisses, puisqu'un quart de siècle après, nous voyons surgir de nouveau les noms d'Aboulifar et de son industrieux factotum Ali Bajou, dans *le Caïd* de Thomas Sauvage (1849).

Après ce double succès, Alexandre Dumas était lancé. On ne souriait plus de ses ambitions littéraires dans les cafés compétents. La Porte-Saint-Martin lui rapportait dix francs par soirée ; les collaborateurs s'offraient à lui ; Porcher, qui, en ce temps-là, faisait le commerce des billets d'auteur, lui avait avancé d'un seul coup la somme de cinquante francs ; même il lui avait dit : « Tenez, soyez sage, travaillez bien, et *je vous ferai connaître Mélesville.* » Si la fatalité avait voulu que Dumas fût présenté à Mélesville avant le jour où il parcourut, par hasard, un volume d'Anquetil oublié sur le bureau de son chef de comp-tabilité, c'en était fait ; il devenait peut-être vaude-villiste à tout jamais. *Horresco referens!*

C'est Anquetil qui le sauva et lui montra, avec toute l'histoire à dépouiller, la vrai voie, la voie où il devait trouver, après le drame, le roman ; après *Henri III, la Dame de Monsoreau, la Reine Margot, les Mousquetaires, le Chevalier d'Harmental.*

« Feresse avait emporté la clef de l'armoire de

mon bureau où je mettais mon papier. Comme
j'avais encore quelques rapports à expédier, je mon-
tai à la comptabilité pour en emprunter quelques
feuilles. Un volume d'Anquetil se trouvait fortuite-
ment égaré sur un bureau; il était ouvert; j'y jetai
machinalement la vue, et j'y lus le passage relatif à
l'assassinat de Saint-Mégrin.

« Trois mois après *Henri III* était reçu au Théâtre-
Français. »

Que béni soit Anquetil!

J'ai indiqué, quelques pages plus haut, les divers
faits littéraires qui avaient agi certainement sur l'imagination du jeune Dumas. J'ai mentionné notamment
l'impression produite par le fameux Salon de 1824.
De 1823 à 1829, le modeste commis d'Orléans (je dis
modeste à cause de l'emploi) avait, non sans de
grandes difficultés de la part de ses chefs, complété,
ou plutôt élargi et fortifié son éducation littéraire. Il
avait beaucoup lu, assez bien lu, et lu ce qu'il fallait.
Avant de laisser tomber ses yeux sur le volume dépa-
reillé d'Anquetil, il avait composé sa *Christine;* il
l'avait présentée aux comédiens; il était donc déjà
débrouillé plus qu'à moitié du vaudeville, mais non
définitivement. Anquetil n'a pas tout fait; mais il a
fait le définitif. La première grande secousse avait
été la *Lénore* recueillie là-bas, dans le bourg natal,
de la bouche d'un soldat qui avait vu les pignons
romantiques des villes du Mein et les brumes balti-
ques; le second coup, la pleine illumination, ce fut le

règne de Henri III, conté par Anquetil, cet Anquetil, si terne, si morne, si superficiel. Mais, par un phénomène qui n'est pas rare en matière d'ouvrages historiques, le médiocre récit de l'auteur était arrangé de manière à montrer et à dévoiler au lecteur tout ce que l'historien lui-même n'avait pas vu ni pénétré. Le cerveau de Dumas s'embrasa en cette journée d'Anquetil. Il resta incandescent pour toujours, éruptible, intarissable, joyeux et naïf, ce cerveau tropical de demi-nègre de qui les inventions poétiques allaient tournoyer comme une perpétuelle bamboula, jusqu'à ce que s'abattit sur lui ce je ne sais quoi de stupide et d'impitoyable qui est si souvent la fin de tout notre esprit, de tout notre génie, de tous nos rêves, la paralysie cérébrale.

Nous n'avions jusqu'ici qu'une relation détaillée de la première représentation de *Henri III* en 1829 ; celle que donne Dumas lui-même dans ses *Mémoires*. Elle pouvait être suspecte. Nous en possédons, depuis cet hiver, une seconde, dans les *Souvenirs* de Séchan[1], l'un des témoins les plus précieux qui soient de l'histoire de la scène française entre 1825 et 1860. Dumas, dans ses *Mémoires*, n'a exagéré ni l'entraînement du public pour la première représentation, ni son propre succès, ni les effets de ce succès. La Malibran n'avait pu trouver de place qu'aux troi-

---

1. Ch. Séchan, *Souvenirs d'un homme de théâtre* (1831-1855), Paris, Calmann Lévy, 1883. — Malheureusement, ces souvenirs ne sont que de seconde main. Ils ont été recueillis et mis en ordre par M. Adolphe Badin.

sièmes loges; on l'apercevait penchée tout entière
hors de sa loge et se cramponnant de ses deux mains
à une colonne pour ne pas tomber. Victor Hugo et
Alfred de Vigny, déjà célèbres, n'avaient pu trouver
de place du tout; Dumas les recueillit dans la loge de
sa sœur. Le public trouva tout de suite Firmin exquis;
Firmin était alors âgé de trente ans. Dans la scène du
page qui ouvre le troisième acte, mademoiselle Mars
se déploya comme jamais; mais il y eut quelqu'un
qui à côté d'elle joua aussi bien qu'elle, à ce qu'il
paraît, cette scène charmante; c'est la jeune comédienne qui faisait le page et qui se nommait Louise
Despréaux. Ma génération a connu plus tard mademoiselle Despréaux sous le nom de madame Allan;
elle n'a jamais rien vu au théâtre d'aussi parfait. Au
premier acte, le public se montra un peu réservé;
cependant le mot du duc de Guise, qui termine et
coupe le premier acte : « Saint-Paul, qu'on me
cherche les mêmes hommes qui ont assassiné
Dugast... », ce mot, dit par Joanni, fit courir un
frémissement. On s'échauffa et on s'amusa beaucoup au second acte. Au troisième, la scène entre
le duc et la duchesse enleva la salle. « Il y eut, dit
Séchan, des cris de terreur et des tonnerres d'applaudissements. » A partir de ce moment jusqu'au
mot final de Guise : « Maintenant que nous avons
fini avec le valet, occupons-nous du maître! » ce fut
du délire. Une légende qui courait la ville le lendemain veut que le délire ait continué et atteint son
paroxysme après la chute du rideau et l'évacuation

de la salle, au foyer du public. C'est à ce moment que les enthousiastes de la nouvelle école auraient organisé autour du buste de Racine la fameuse farandole dont il a été si souvent parlé depuis. On criait : « Enfoncé *Racine!* » On poussa des cris féroces, voire un cri de mort, contre les poètes de l'Académie (Briffaut, Baour-Lormian, Parseval de Grand-Maison, Andrieux, Laya, Soumet, Campenon, Jouy, Guiraud, Alexandre Duval). Une voix — ce n'est pas celle de Granier de Cassagnac, qui s'en est un jour énergiquement défendu, parlant à ma personne, — une voix, restée inconnue, qualifia Racine de « polisson ». Et, selon la légende, recueillie par Séchan, qui est-ce qui aurait conduit ce sabbat? Le propre neveu d'Alexandre Duval (de l'Académie française), le spirituel, l'élégant, le délicat Amaury. Est-il donc vrai, ô Amaury? Avez-vous, dans votre frénésie pour Dumas, commis ce sacrilège contre Racine? Avez-vous ainsi traité le divin poète qui faisait parler les femmes comme votre crayon les dessine[1]?

Il est vrai que, depuis, Phèdre, Roxane, Hermione et Bérénice se sont bien relevées de la ronde iconoclaste, menée à minuit, à la lueur mourante des quinquets, le 11 février 1829.

(*Journal des Débats* du 10 mars 1884.)

1. En mars 1884, quand ces lignes ont paru pour la première fois, Amaury-Duval m'a fait l'honneur de m'écrire pour

3.

II

LE DRAME POPULAIRE DE CAPE ET D'ÉPÉE .
LA TOUR DE NESLE

On a repris, cette saison, trois des drames de cape
et d'épée qui, en leur nouveauté, ont été les plus populaires : *le Bossu*, au théâtre du Châtelet ; *la Belle
Gabrielle* et *la Tour de Nesle*, à la Gaîté. *Le Bossu*
est du mois de septembre 1862 ; *la Belle Gabrielle*,
date du mois de janvier 1857 ; *la Tour de Nesle*
remonte à l'an 1832. Des trois, le moins défraîchi est
encore le plus ancien.

I

Sous la Restauration et encore plus sous le roi
Louis-Philippe, l'invention, au théâtre et dans le
roman, a été prodigieuse. Scribe et Dumas, seule-

opposer une dénégation absolue, en ce qui le concerne, au
récit de Séchan. Amaury-Duval n'a point assisté et n'a pu
assister à la première représentation de *Henri III*. Le 11 février
1829, il était en rade de Navarin, comme membre de la commission de Morée. — On trouvera la lettre curieuse d'Amaury-
Duval dans le *Journal des Débats*, du 17 mars 1884.

ment, nous offrent à eux deux un miracle littéraire dont les trois derniers siècles n'ont pas même eu l'idée. Des auteurs féconds et prolixes, il y en a eu de tout temps. Des auteurs qui, composant incessamment pour la scène et l'inondant, aient mis une idée neuve dans chaque pièce et des péripéties inattendues dans chaque moitié d'acte, c'est ce qui ne s'est pas vu avant Dumas et Scribe. Ces deux grands créateurs n'étaient pas des écrivains ; ils n'écrivaient pas selon le sens littéraire du mot, du moins le second ; car, pour le premier, la remarque ne serait pas tout à fait juste ; quelquefois, dans son infatigable labeur, Dumas trouvait même le loisir d'écrire. Mais, en thèse générale, comment voulez-vous qu'on prenne la peine de dégrossir, d'émonder et de polir la matière qu'on met en œuvre, quand du cerveau toujours en gestation et en fraîcheur cette matière coule inépuisable et garde son prix, tout en restant brute? En s'attardant à de tels soins, on serait submergé.

Cependant Scribe et Dumas, qui forment une bibliothèque, ne représentent qu'une faible partie de la littérature théâtrale et romanesque de leur époque.

En dehors des cinq théâtres subventionnés, huit théâtres privilégiés fonctionnaient, huit hauts fourneaux dramatiques sont restés constamment allumés et alimentés sous le roi Louis-Philippe, trois pour le drame (Porte-Saint-Martin, Ambigu-Comique et Gaîté), trois pour la comédie bourgeoise, la comédie mêlée de couplets et la farce (Gymnase, Vaudeville, Palais-Royal), deux pour les saynètes populaires,

(Variétés et Folies-Dramatiques, sans parler des Funambules et du Petit-Lazari). Aucun d'eux n'a chômé un seul jour, bien qu'en ce temps-là une seule pièce ne suffit pas, comme aujourd'hui, à la consommation d'une année. Ç'a été une ébullition triomphante et un dégagement enflammé de sujets de toute sorte, comiques, dramatiques, bouffons, lugubres, insensés, terre à terre, guerriers, civils, familiers, épiques, dont l'action s'est prolongée jusque sur l'époque suivante, pourtant plus stérile ou moins en fermentation.

Que restera-t-il de toute cette production quasi-diluvienne de la muse théâtrale populaire dans le second quart du xix° siècle? Qu'en reste-t-il dès à présent? Il ne paraît pas, en ce moment, qu'il en reste guère. Ce sera tout autre chose dans cinquante ans d'ici, quand nos arrières-petits-fils se mettront à scruter la littérature française de 1820 à 1850, comme nous-mêmes nous fouillons et avons fouillé en tous sens le xvii° et le xviii° siècle. Une sélection aura lieu qui fera émerger quantité d'ouvrages ou portions d'ouvrages, qu'aujourd'hui nous négligeons et oublions, emportés que nous sommes par le torrent de la fabrication quotidienne ; ici une pièce entière, là un acte, ailleurs une scène. De même que Petitot et la maison Didot nous ont donné autrefois une collection des chefs-d'œuvre de la comédie française, de même que d'autres ont assemblé et édité le meilleur du théâtre de la foire, on publiera certainement au siècle prochain un recueil choisi du théâtre populaire dramatique et comique sous le règne de Louis-Philippe. *L'Abbaye de Castro* y côtoiera *la Fille de l'Air*. On y lira *le Chevreuil* à côté du *Chef-d'œuvre inconnu*, et *un Bal du grand monde* à côté de *Périnet Leclerc*.

Seulement, le travail préparatoire nécessaire sera gigantesque, pour séparer le bon grain d'avec l'ivraie. Il y faudra plus que la patience d'un bénédictin ou celle d'un Benoist revoyant, lettre par lettre, les vingt textes des manuscrits de Virgile ; il y faudra un courage de lecture, capable de surmonter le dégoût de tout ce qu'il y a de plus trivial et la fatigue de tout ce qu'il y a de plus extravagant. Il y faudra plus aussi que la divination de Sainte-Beuve. Aux époques littéraires que Sainte-Beuve a parcourues, envahies et occupées, pour en rapporter le butin choisi et immense des *Causeries du lundi*, l'expression et la forme étaient le premier souci de quiconque écrivait, depuis le malheureux compilateur à qui le libraire payait un in-folio cent écus, jusqu'au poète gentilhomme qui, n'écrivait en toute sa vie qu'un madrigal, mais achevé ; or, la forme est un appel qui réveille le sens languissant du critique et le guide et l'entraîne vers la découverte du fond. On n'aura pas, pour se soutenir et se diriger dans l'œuvre laborieuse que nous supposons, cet émoustillement subtil et ce vif courant conducteur de la forme. Point de style, nous l'avons dit, en ces deux mille pièces desquelles on se proposera de recueillir et de sauver une centaine, qui possèdent le pathétique du fond, la verve bouffonne, l'attrait de ballade et de *romancero*. A la puissance du travail

devra s'ajouter la puissance du tempérament littéraire
et une généreuse expansion du goût qui en dédaignera
les délicatesses habituelles. Mais, l'ouvrage une fois
achevé, la moisson faite et les fruits mis en grange,
on ne plaindra pas sa peine. On comprendra et on
verra combien il eût été dommage de laisser se perdre
et périr, de l'invention française et du génie au jour
le jour, ce qu'on aura essayé d'en rappeler à la vie.

II

Dans le recueil dont nous esquissons l'idée, le drame
populaire de cape et d'épée dont *la Tour de Nesle* a
été l'un des types retentissants tiendra une large
place. Le genre est né entre 1820 et 1830. Après 1830,
il a débordé avec le roman d'aventures, qui ne devait
lui-même atteindre son point de perfection qu'à la
veille de la révolution de Février. La France, en 1820,
n'était plus maîtresse du continent. La période de
vingt ans venait de finir, pendant lesquels, encore
une fois, elle avait donné à travers l'Europe de ces
grands coups d'épée à la Roland, qui tranchent les
cimes des montagnes. Il était mort, consumé d'une rage
impuissante, sur son roc de l'Atlantique, l'enchanteur
éblouissant et sans repos qui, possédé de la fureur
vers l'Est — *Dräng nach Osten*, — avait ramassé la
nation comme en un seul régiment de marche et avait
essayé deux fois de la ramener, tambour battant, musique en tête, d'abord par le chemin d'Égypte et de

Syrie, ensuite par le chemin du steppe moscovite, vers Golconde et Lahore, le beau rêve français du siècle précédent. Les destins étaient maintenant consommés. Entre nos désirs ethniques et l'Orient aux mille splendeurs se plaçaient, pour les amortir et les comprimer, l'épaisse masse russe et la masse allemande, plus épaisse et plus impénétrable encore. Entre nos désirs ethniques et tout le vaste univers se plaçait, sur les mers, pour les borner et les refouler, la flotte anglaise qui nous avait été invincible. Que faire? Plus rien à faire, hélas! que nous replier et bouillonner sur nous-mêmes, et tromper notre soif de tumultes galliques par des batailles de rue et des brisements de trônes! Puis, comme on ne peut pas aller chaque lundi aux barricades ni faire une révolution chaque année, nous avons appelé à nous l'Imagination et sa corne d'abondance, inépuisable en beaux contes. Elle, du moins, rien ne la borne ni ne la refoule. Elle est l'invincible et éternel conquérant. Ainsi, réduite à l'inaction par le déroulement de l'histoire, la nation française, de 1825 à 1845, s'est mise à *imaginer* ce qu'elle ne pouvait plus accomplir. Ne vivant plus les grandes aventures, elle les a voulu lire et écouter. Elle a donné dans ses cabinets de lecture et ses salles de spectacle les coup₂ d'estoc et de taille invraisemblables qu'elle ne donnait plus à travers le monde; elle a été dans la poésie le Bayard, le du Guesclin, le Lassale, le Labourdonnaye, le Bussy-Castelnau, le Lannes, le Murat et le Ney, qu'elle avait cessé d'être dans la réalité. Alors ont surgi et le roman d'aventures et le drame de cape

et d'épée. Alors, comme le capitaine Bonaparte
n'était plus, s'est élevé, sur l'horizon du boulevard, le
capitaine Buridan.

Un fier gaillard, celui-là! Un routier et un malan-
drin de la bonne façon! Il fut acclamé parce qu'il était
attendu. Il avait été fabriqué à souhait et de l'étoffe à
ce moment la plus demandée. Tout en lui répondait
au volcanisme, au titanisme et au révolutionnarisme
du lendemain de 1830. Il en représentait toutes les
ébullitions politiques, morales et psychologiques. Il
avait fait les guerres. Il arrivait on ne sait d'où, de
Bourgogne et des Flandres; mystérieux, fatal, toujours
en verve, sachant les secrets des puissants et par
là irrésistible. Qu'avait-on besoin de chercher qui il
était? Ses pareils à deux fois... Il entre au cabaret
d'Orsini, flamberge au vent : « Dix manants contre
un gentilhomme; c'est cinq de trop! » Et, tout de
suite, un tonnerre d'enthousiasme l'accueille; surtout,
chose notable, de là-haut, des cintres, de parmi les
manants. Que fait au peuple de 1830 ce coup de bou-
toir contre le peuple! Quelque chose d'électrique l'a
averti dès le premier mot que ce Buridan serait son
homme. Il l'est en effet. Il émerge, après tout, du fin
fond de la foule, officier de fortune et rien de plus.
Et comme les cintres, les spectateurs descendus de
Charonne et de Ménilmontant, les gens de la grande
populace et ceux de la sainte canaille voient bien
qu'ils ne se sont pas trompés et qu'il fallait lui faire
crédit de son outrage aux manants, lorsqu'à partir
du second acte, le capitaine Buridan se met à secouer

avec un brio de sans-gêne indicible la poussière de
ses pieds sur le bandeau des rois, lorsqu'il manipule
les reines, les princesses du sang, les ducs souverains,
les grands seigneurs, les premiers ministres, tout ce
qu'il y a de plus sacré au monde, absolument comme
un joueur de bilboquet manipule et sa boule et sa
quille ! C'est ainsi que lui-même, le manant de Paris,
vient de traiter, berner et faire sauter dans le songe
foudroyant des Trois Glorieuses la couronne des rois
de France.

Je me demande comment il a pu arriver qu'on prît
l'honnête Gaillardet pour l'auteur de *la Tour de
Nesle*. L'affiche le dit; les arrêts des cours et tribu-
naux le confirment. Pour moi, la cour de cassation
en corps aurait beau me déclarer que *la Tour de Nesle*
appartient à Gaillardet; je répondrais : *Dumas fecit*. La
griffe du grand Dumas est empreinte sur toute la personne de Buridan. Celui-ci est sorti et il ne peut être
sorti que de l'atelier où devaient être forgés après lui le
chevalier d'Harmental, le chevalier de Maison-Rouge,
Bussy, Artagnan et Porthos. Le capitaine Buridan
n'est pas, dans la légion des héros de cape et d'épée,
celui qui est venu le premier. Il a eu un précurseur :
Hernani, le bandit d'Aragon. Il a aussi engendré un
fils, Ruy Blas, qui sort, comme Buridan, du fond d'un
trou pour devenir favori d'une reine et, par la faveur
secrète de la reine, défaiseur de ministres et maître
tout-puissant d'un royaume. Mais qu'Hernani et
Ruy Blas, ces deux diseurs de beaux vers et de belle
passion, sont donc pâles à côté de Buridan ! Qu'ils

sont loin de l'allure et du flamboiement du capitan de
Dumas, qui se joue parmi les horreurs comme en son
élément, et qui se fait tout pardonner par la bravoure de
son audace ! Ce n'est pas Buridan qui languirait autour
de sa reine; il la commande avec une confiance satanique dans son obéissance. Ce n'est pas lui qui se laisserait amuser par un don Salluste; il envoie le pauvre
Enguerrand de Marigny à la potence sans lui vouloir
aucun mal, pour rien, uniquement pour produire son
effet et parce qu'il a besoin de sa place. La chose est
pourtant bien leste et odieuse. Que voulez-vous !
Enguerrand est premier ministre; un premier ministre
a toujours fait quelque chose par où il mérite d'être
pendu; c'est du moins la manière de voir des cintres.
Buridan le sait; il parle et agit pour eux. A Mont-
faucon, Marigny ! Et les cintres trépigneront de joie.
« Le ministre a fait élever le gibet; il est juste qu'il
l'essaye. » Tant pis si cette belle raison ne vous suffit
pas ! Des crimes, d'ailleurs, en veux-tu? En voilà !
L'adultère relevé de l'inceste, du parricide et de l'in-
fanticide ! En 1830, il fallait faire bonne mesure en
matière de violation de mariage; la conception tita-
nesque de la nature humaine l'exigeait. C'était le
moment d'Angèle, d'Antony, d'Indiana. Mais qu'Indiana aussi, et Angèle et Antony font donc pitié à
côté du page Lyonnet de Bournonville, et de la douce
et gentille princesse de seize ans, Marguerite! Le
drame est mené si haut la main et avec une telle
vigueur, qu'on ne songe pas à s'horrifier de tant de
forfaits au delà de ce qu'il faut pour ressentir l'a-

gréable émotion d'une terreur dramatique à dose
tempérée. Là encore est la marque de Dumas! Une
bonhomie littéraire pantagruélique qui ose tout aisément et victorieusement! Une gageure de scélératesse!
Une gasconnade patriarcale de crimes! Du pur Dumas,
je vous assure!

Et le style? car, dans *la Tour de Nesle*, il y a un
style, tout en gestes, en poses, en effets de buste et de
rapière, en coups de dague rapides, en sanglots ciselés
et savamment alternés comme les *concetti* du chevalier Marini, en apostrophes brusques et néanmoins
subtilement tournées comme un marivaudage de
place publique et de taverne. Ce style sent son Dumas
d'une lieue. C'est un style trouvé et que je n'hésite
pas à juger admirable si je me place sous l'optique
du genre. Tout en paraît flétri aujourd'hui, parce que
tout en a été trop répété et en a trop sonné, parce
que le succès en a été, de 1832 à 1848, trop continu,
trop populaire, trop universel. C'est ainsi que les
explosions les plus passionnées et les élégies les plus
tendres de la musique italienne nous sont devenues
triviales, après que, pendant plus d'un quart de
siècle, les musiques militaires et les orgues de Barbarie
nous en ont saturé les oreilles. Les acteurs d'à présent
prononcent sans foi et les spectateurs ne peuvent plus
entendre sans sourire les phrases fameuses : « La
belle nuit pour une orgie à la tour! — Avez-vous
remarqué ces voix si douces et ces regards si faux?
Oh! ce sont de grandes dames, de très grandes dames.
— Il est trois heures. Tout est tranquille. Parisiens,

dormez! — Oh! Marguerite! Marguerite! à qui faut-
il des nuits bien sombres au dehors, bien éclairées au
dedans! — C'était une noble tête de vieillard... »
Mais supposez que vous entendiez tout cela pour la
première fois! Ce style est lapidaire et théâtral au
plus haut degré; il s'inscrit dans les fibres et les nerfs
du spectateur.

III

Il n'y a, au surplus, qu'à placer à côté de *la Tour
de Nesle* les deux drames, d'ailleurs bien construits,
de *la Belle Gabrielle* et du *Bossu* pour s'expliquer,
par la comparaison, comment *la Tour de Nesle* a
laissé et laissera une trace si profonde dans l'histoire
du théâtre. Rien de saillant ni de pittoresque dans le
Bossu, si ce n'est le type de Cocardasse agrémenté de
son *famulus* Passepoil. Tout le reste, l'aventure et les
personnages, est insignifiant. C'est le thème banal
d'un essai de suppression d'enfant qu'on a vingt fois
traité, sans même prendre garde de le varier par la
différence des péripéties; on n'a fait porter les variations que sur les époques et les costumes. M. Paul
Féval a placé son histoire en France, sous le Régent,
qui apparaît en personne, dans la seconde moitié du
drame. Il aurait pu tout aussi bien la placer à Londres
au temps de Jack Sheppard, ou à Paris, avant-hier.
Il n'y a presque rien dans *le Bossu* qui soit caractéristique de la Régence et du Régent.

Rien ne rappelle non plus beaucoup le vrai Henri IV dans le drame de M. Maquet, écrivain, pourtant, d'une instruction pénétrante, qui vient de publier un livre à lire sur *le Paris de Louis XIV*. Le tableau scénique qui représente l'entrée du roi dans Paris a fait l'effet au public d'être très historique par la raison qu'il est la reproduction vivante du tableau de Gérard. Mais justement l'œuvre de Gérard rend assez mal la véritable entrée des troupes royales, qui se fit au petit jour, par surprise et par trahison, non sans de grandes inquiétudes. L'occupation de Paris par Henri IV, telle qu'elle eut lieu réellement, même à l'heure déjà plus dégagée de l'arrivée devant Notre-Dame, ressemble bien plus au *nox per diversa inquies* de Tacite qu'à ce radieux triomphe que nous a peint Gérard. Et puis est-il possible de voir et de supporter sur la scène un Henri IV avec Gabrielle d'Estrées, si le Béarnais n'y parle pas sa langue amoureuse si franche? C'eût été le moins que M. Maquet tentât de nous retracer quelque chose comme l'adorable et plantureux entretien d'amour de Henri V d'Angleterre avec Catherine de France, dans Shakespeare. Voilà tout ensemble et le réalisme et la dramaturgie de l'histoire! M. Maquet a malheureusement négligé de s'inspirer d'un tel modèle. Tout ce qu'on peut dire de mieux sur *la Belle Gabrielle*, c'est que le drame de cape et d'épée que jouent entre eux, à côté des personnages historiques, les personnages inventés, Espérance, Pontis et La Ramée, a le mouvement et l'intérêt, mais peu de couleur. Avec *la Belle Gabrielle*,

nous touchons à la décadence du genre inauguré par
le capitaine Buridan; nous y entrons plus avant avec
le Bossu.

Au moment, d'ailleurs, de notre histoire contemporaine qui a vu la première représentation de *la Belle
Gabrielle*, les chansons de gestes redeviennent fades
auprès de la réalité. Déjà les petits tapins de France
ont recommencé à battre la charge; déjà les clairons
ont de nouveau sonné la diane pour les lointains
voyages; l'alouette de Brennus a repris son vol. Nous
sommes au lendemain de Malakoff et à la veille de
Magenta.

(*Revue Bleue* du 10 février 1883.)

III

L'ÉTAT D'ESPRIT DE 1830

ANTONY

Vendredi, l'Odéon a repris l'*Antony* du premier
Dumas. L'effet de la soirée a été indécis. Il faut
attendre l'impression du gros du public, qui ne
se déclarera qu'aujourd'hui. Ce qui ne saurait faire
doute, c'est que l'Odéon, en reprenant *Antony*, a
comme toujours, rempli judicieusement et vaillam-

ment son devoir et fait son métier de théâtre français. Par la qualité littéraire comme par l'importance historique, *Antony* est pièce de répertoire ; il méritait d'être replacé sous les yeux de la génération actuelle. Dans *Antony*, comme plus tard dans *la Tour de Nesle* et dans *Kean*, le facile Dumas a travaillé à mettre un style ; d'un bout à l'autre, la pièce est écrite. On sait que Dumas a regretté toute sa vie de ne point savoir manier en artiste supérieur la langue du vers. — Ah ! disait-il souvent, si je faisais le vers comme Victor ! Ou si Victor faisait le drame comme moi ! — Le personnage et le drame d'*Antony* eussent, en effet, exigé le vers. Dumas a jeté du moins sur l'œuvre la prose la meilleure en somme qu'il ait parlée au théâtre.

Le drame d'*Antony*, joué pour la première fois le 3 mai 1831 au théâtre de la Porte-Saint-Martin, où il avait été reçu après beaucoup de tribulations, appartient au *Sturm und Drangperiode* de la génération de 1830 et de l'auteur lui-même. *Antony*, comme *Henri III*, fait date. Ce paroxysme de révolte sociale, exprimé par le double paroxysme de la bâtardise et de la passion naturelle, excita une frénésie d'admiration au lendemain de 1830. C'était le temps où l'insurrection quotidienne formait la loi et la coutume du pavé de Paris ; où de jeunes Brutus, brandissant le poignard aux Vendanges de Bourgogne, vouaient publiquement à la mort Louis-Philippe, traître et roi des épiciers ; où madame Sand s'habillait en homme pour protester contre la tyrannie de la nature qui s'était permis de lui assigner son sexe; où les ingénieurs fondaient des religions; où Michel Chevalier portait la tunique bleue de disciple à Ménilmontant; où Gannot était le Père Éternel; où Hetzel éditait pieusement et à ses frais les Apocalypses de « Celui qui fut Caillaux » et qui venait de passer Dieu adjoint de « Celui qui avait été Gannot » ! *Antony* fit l'effet sur les imaginations de l'époque d'un caisson de cartouches vidé dans un vaste brasier. Vendredi, à l'Odéon, on est resté sensiblement froid. On n'a plus la clef, aujourd'hui, des déclarations d'amour de ce temps-là: « Tu es à moi comme l'homme est au malheur. » Quand nous demandons d'aventure à un amoureux s'il a aimé et combien de fois, il répond rarement : « Demandez à un cadavre combien de fois il a vécu. » Si elle est là, elle, et s'il est auprès d'elle, lui, dans son petit salon, et qu'on annonce une visite, certainement il est contrarié de l'interruption du tête-à-tête, mais il ne marque pas son importunité en s'écriant : « Malédiction sur le monde qui vient me chercher jusqu'ici ! » Nous ne sommes plus au diapason.

Le caractère byronien, satanique, titanique, génial et fatal d'Antony donne sa marque au drame et en est le levain. Ce caractère résumait en 1831 des formes de sentiment à la mode qui sont ce qui exaltait le plus alors les jeunes générations. Il nous représente aujourd'hui des formes de sentiment démodées qui sont ce qui a le plus contribué, vendredi, à refroidir et à déconcerter le public. Heureusement le caractère d'Antony, qui garde d'ailleurs son prix pour l'historien des mœurs et pour l'historien littéraire, se meut dans un drame vrai et d'un intérêt poignant, où la vigueur de l'exécution répond à la simplicité et à la largeur de la conception fondamentale. M. Alexandre Dumas a condensé dans un espace de trois mois tous les moments tragiques d'une passion que la vie disperse, d'ordinaire, sur plusieurs années : d'abord l'entraînement insensible, puis la résistance aux désirs du cœur, puis la violence égoïste et effrénée, l'abandon de soi-même, le remords, la révélation soudaine de la réalité d'une situation si effroyable qu'on n'y peut sortir du crime que par la mort. Si ce n'est pas là une tragédie de la grande manière, qu'est-ce que la tragédie ?

Dans un post-scriptum qu'il a ajouté à sa pièce en la publiant, Alexandre Dumas en 1831 disait lui-même que son drame « n'était qu'une scène d'amour en cinq actes, un développement pur et simple de passion, joué par deux personnages, entre quatre paravents, sans action et sans mouvements ». Il ne rendait pas ainsi justice absolue à son drame, ou plutôt, comme ce n'était guère son défaut de faiblir dans l'apologie de ses propres œuvres et de sa personne, il définissait incomplètement le caractère esthétique d'*Antony*. Le drame d'*Antony* est, d'une part, un drame psychologique, dont toutes les phases sont indiquées un peu brusquement, mais avec justesse, à coups distincts, avec une brutalité brûlante. A ce titre *Antony* tient de la méthode du

xviie siècle et de celle des tragiques grecs que
Dumas savait admirer et comprendre. D'autre part,
Antony offre l'espèce de mouvement et les explosions
qui sont dans la nature de Shakespeare, du théâtre
allemand et du théâtre espagnol. Faites subir au
drame, par la pensée, l'opération que Firmin et Mademoiselle Mars eussent voulu obtenir de l'auteur avant
de jouer *Antony* : retranchez le second acte et le quatrième, vous serez surpris de la rapidité haletante de
l'action, du choix et de l'ordre des incidents en saillie,
du jeu vif des scènes, lorsqu'au premier acte on
entend de la salle le tumulte des chevaux emportés,
lorsque Antony est déposé à demi mort, pâle et san-
glant, sur le canapé d'Adèle, lorsque, par une inspiration de désespoir amoureux, il arrache son appareil,
lorsqu'au troisième acte, qui, dans notre hypothèse,
est devenu le second, il prépare le viol avec un délire
calculateur, lorsque enfin au dernier acte la mère
coupable s'arrête frémissante à la pensée de sa fille,
lorsque la porte de la chambre à coucher est assaillie
par le mari et qu'Antony frappe le sein qu'il aime et
lance le sombre cri : « Elle me résistait, je l'ai assas-
sinée ! » dont la force de projection ne laisse le temps
au spectateur de reconnaître ni l'extravagance ni le
féroce ridicule. C'est le mouvement, tout cela, c'est
le mouvement romantique dans sa pleine et superbe
volée. Le troisième acte, pour citer celui-là en particulier, qui ne consiste qu'en un règlement de chambres et de relais entre Adèle d'Hervey et l'hôtesse
d'une auberge de village, entre celle-ci et Antony,

court comme un frisson à travers les vulgaires
détails.

De plus, la pièce a beau être antisociale ; par une
secrète logique de son développement interne elle se
revêt vers la fin de moralité. Les perspectives du
dénouement, quand on les envisage avec réflexion,
font rejaillir sur tout ce qui a précédé dans le drame
un reflux de morale lugubre et saisissante. La
morale ! En composant *Antony*, Dumas n'y avait
guère songé. Il avait voulu écrire l'apothéose sans
réserve de l'amant et consacrer le droit sans frein de
l'amour. Quand il entendit cependant les clameurs
des moralistes contre l'œuvre, il s'avisa de soutenir
qu'il ressortait des malheurs d'Adèle d'Hervey une
salutaire leçon. Il n'avait pas tort. Reprenez, par la
pensée encore, les trois actes que nous venons
d'abstraire du reste, ne voyez-vous pas quel titre
inattendu il faut leur donner ? Est-ce *Antony*? N'est-
ce pas plutôt *le Supplice d'une femme*?

Si Firmin et mademoiselle Mars souhaitaient que la
pièce fût réduite en trois actes, c'est qu'ils y trouvaient
l'avantage de retrancher du rôle d'Antony tout ce qui
les choquait, mais qui, précisément, était selon le goût
et le torrent du jour. Dumas ne voulut point passer
sous le joug. Il est bien entendu qu'il ne le devait ni
ne le pouvait. C'est pour la commodité de nos explications que nous avons supposé tout à l'heure un *Antony*
réduit à trois actes. L'y réduire en réalité, ôter d'*Antony* tout ce qui est le développement du caractère
d'Antony, c'eût été supprimer la pièce sous prétexte

de l'amender. Dumas reconnut avec horreur qu'on allait faire de son Antony un jeune premier quelconque du théâtre de Madame. Il retira sa pièce d'entre les mains des sociétaires et il la présenta à la Porte-Saint-Martin [1]. Il y rencontra les deux interprètes qu'exigeait *Antony*, madame Dorval et Bocage, que le drame d'*Antony* consacra l'un et l'autre pour vingt ans porte-étendard du romantisme et de la tragédie bourgeoise. Ce qui fait peut-être encore plus défaut aujourd'hui à la pièce que cette concordance entre le personnage principal d'un drame et la manière de sentir du public sans laquelle l'émotion théâtrale ne se dégage pas, c'est justement des interprètes comme Bocage et madame Dorval.

Si les artistes distingués qui jouent maintenant la pièce, tout en adaptant à l'état présent des esprits le *pathos* de l'an 1830, se laissaient plus aller à son courant, ils pourraient créer au moins momentanément la concordance nécessaire entre le public et l'œuvre... Je rends toute justice à l'excellente troupe de l'Odéon. Je prise et loue l'effort d'assouplissement de soi-même au personnage d'Antony, qu'a accompli M. Paul Mounet, et l'intelligence qu'a déployée mademoiselle Tessandier dans le rôle d'Adèle d'Hervey. Ils

---

1. *Mémoires d'Alexandre Dumas* (Collection Michel Lévy à 1 franc le volume; 10 volumes). — Ce recueil d'anecdotes, amusant et abondant quoique diffus, s'arrête beaucoup trop tôt, à la fin de l'année 1832. — On y trouvera toute l'histoire d'*Antony* aux VII⁰ et VIII⁰ volumes; chapitres CLXXV et CLXXVI, chapitres CXCVIII à CCIII.

ne se sont pas encore assez donné la fièvre ni l'un ni l'autre. Ils ont eu peur de l'avoir trop. M. Paul Mounet cependant a fort approché par son extérieur du type absolu d'Antony, s'il n'en a pas atteint le ton et l'accent. On admire chez lui la pâleur et l'air de la physionomie, le geste, le costume qui le fait ressembler à un dessin de Tony Johannot. Il a bien des moments qui sont frappants et beaux, par exemple quand on l'apporte mourant chez Adèle d'Hervey, quand, au bal de la vicomtesse de Lacy il demande à madame de Camps si elle n'a pas dans les salons un frère ou un parent qu'il puisse appeler en duel, quand il se jette sur Adèle dans l'auberge isolée. Tout le monde, au surplus, est frappé des progrès que réalise M. Paul Mounet d'un rôle à l'autre. Que M. Mounet ne s'effraye donc pas des difficultés de son rôle! qu'il n'en écarte pas les traits signalétiques! qu'au lieu de chercher à en dissimuler la partie déclamatoire, il l'aborde de plus en plus haut le front! qu'il ne craigne pas de marquer avec furie même la simple importunité : « Malédiction sur le monde qui, etc... » Plus furieusement dites, les phrases de cette sorte paraîtront moins étonnantes.

Il n'y a réellement que deux rôles dans *Antony*, les autres sont d'épisode et d'encadrement. Ceux-ci sont bien tenus. Toutefois, M. Duflos ne met pas assez de souplesse dans le sien : il compose trop. Un acteur doit combiner; on ne doit pas s'apercevoir qu'il combine. En revanche, mademoiselle Jeanne Malvau ne laisse rien à désirer dans le rôle agréable de Clara. Elle porte à ravir les modes du temps. Elle **y**

4.

est à l'aise. Le siècle d'aujourd'hui appartient aux blondes ; la beauté brune, à la façon de mademoiselle Jeanne Malvau, sera toujours plus ou moins 1830 de sentiment et d'allures. J'ai quelquefois reproché de la dureté à mademoiselle Malvau ; elle s'en débarrasse. Mademoiselle Malvau ne se fie pas seulement sur l'attrait de son visage, quoiqu'une beauté comme la sienne, qui est à la fois régulière et originale, qui a le relief sans que la délicatesse des lignes en souffre, soit un grand avantage pour le théâtre ; elle s'efforce, elle travaille, elle avance, comme M. Paul Mounet, à pas sûrs.

(*Journal des Débats* du 21 avril 1884.)

VICTOR HUGO

I

LE DRAME DANS VICTOR HUGO; LA POÉSIE ET LA LANGUE

LE ROI S'AMUSE

J'ai entendu conter ces jours derniers à M. John Lemoinne l'ébullition de la classe de quatrième, à Stanislas, le lendemain de la première d'*Hernani*. Le professeur de quatrième était un classique intransigeant. Il avait pris avec sollicitude son billet pour *Hernani*, et il était parti pour la première, muni de sa plus grosse clef. Ses élèves l'attendaient avec une impatience bien naturelle. Il arriva en classe, suffoqué. « Vous ne le croiriez jamais, s'écria-t-il en plaçant sa toque sur sa chaire. — Quoi? quoi? hurlait la gent écolière. — Non! vous ne le croiriez pas... Ce n'est pas la peine que je vous le dise... ainsi!... Je vais vous le dire tout de même... Ne le croyez pas

si vous voulez!... Savez-vous quel est le premier vers
de la pièce? Le voici :

> Serait-ce déjà lui? C'est bien à l'escalier
> Dérobé...

Ça, un vers de tragédie ! Ah! ah!... « Dérobé ! » Que
enjambement! « Dérobé! dérobé!... » Messieurs, nous
allons lire ensemble un beau passage d'*Achille à
Scyros*, poème par Luce de Lancival. »

Le temps de ces haines littéraires est passé. Ces
colères burlesques n'ont pas laissé d'écho dans la
génération présente. M. Victor Hugo est établi dans
sa gloire. On ne la conteste plus. Mais, d'autre part,
on ne se laisse plus imposer par elle. Mercredi dernier, 22 novembre, Paris était venu au *Roi s'amuse*
pour acclamer le poète et le drame; l'acclamation a
expiré sur les lèvres; on est resté de glace. Le public
n'a pas une seule fois vibré.

C'est que la pièce est, en effet, sans émotion.

I

M. Victor Hugo possède à un haut degré le don
des accessoires et de l'appareil du drame. Il ne possède pas le don du drame même. Shakespeare et
Racine représentent les deux extrêmes du drame
moderne; M. Victor Hugo est aussi éloigné de l'un que
de l'autre, ce qui ne veut pas dire qu'il soit entre les

deux. L'entre-deux est assez bien représenté chez nous par Ponsard, qui a réussi à faire entrer l'allure de Shakespeare dans le cadre de la tragédie classique. Qu'est-ce que le drame shakespearien? C'est une succession d'actes et d'événements qui se déroulent immédiatement et crûment sous les yeux mêmes du spectateur, et qui naissent logiquement d'une situation fondamentale et du choc de passions dominantes et contradictoires. Il y a dans *Othello* un nombre infini d'incidents infiniment divers. Ils concourent tous vers le même but. Ils enveloppent tous, sous la variété de leurs formes, comme une éclosion inévitable, la fureur finale du More et le destin tragique de la patricienne de Venise. Qu'est-ce que le drame racinien? C'est l'analyse minutieuse des mouvements de l'âme, pour trois ou quatre personnages principaux, dans la crise capitale de leur passion dominatrice ou de leur vie. Le spectateur n'assiste pas aux événements qui la préparent; il n'assiste pas davantage aux actions qui la dénouent. Les uns se sont passés bien longtemps avant le moment du drame; les autres sont perpétrées le plus souvent dans la coulisse. Mais leur réflexion sur le cœur de chaque personnage en scène est présente, vivante et poignante; et ce cœur s'ouvre et palpite jusqu'en ses replis cachés devant le spectateur, qui perçoit à l'instant même l'effet nécessaire des événements et l'explication indubitable des actes. Non seulement, quoi qu'ait dit M. Taine, la tragédie classique, pourvu que ce soit Racine, Corneille, ou à tout le moins

Voltaire qui la manie, est une action et un drame;
mais encore c'est le drame sous sa forme la plus concentrée et par conséquent la plus saisissante. Quelle
que soit, d'ailleurs, la différence de figure du drame
racinien et du drame shakespearien, quelque abîme
qui sépare dans l'un et l'autre drame les procédés de
composition, les mœurs, la conception historique et
poétique, il n'est pas moins vrai que la nature du
pathétique et sa genèse restent les mêmes. Moi, spectateur, je ne suis pas affecté d'*Othello*, en somme,
autrement que de *Phèdre*. Dans l'un et l'autre cas,
j'ai devant moi une situation que je saisis sans effort,
des tempéraments qui sont dans la nature et dans
l'histoire et qui n'ont pas été arbitrairement forgés
par le poète en sa fabrique cérébrale; des p~ ~ons
puissantes, ici plus brutales et plus nues, là d ~ées
d'un vêtement plus raffiné, simples pourtant e qui
sont celles de tous les êtres créés, du lion courageux
et du faon timide comme de l'homme lui-même. Le
poète a subi le premier, sincèrement et naïvement,
l'émotion tragique qu'il cherche à me communiquer;
il a pleuré, il s'est indigné, il a tremblé avant de pré-
tendre me faire m'indigner ou pleurer ou trembler.
La forme du drame est ce qu'on voudra. La forme
mise à part, le poète ne s'est rien permis, pour le
fonds de l'âme, d'artificiel et d'arbitraire.

Qu'est-ce que le drame de M. Victor Hugo? C'est
une succession de thèmes philosophiques et historiques, où manque presque toujours la psychologie de
l'individu comme celle des situations sociales, mais

qui sont traités avec une éloquence poétique. C'est
du drame de M. Victor Hugo, et non du drame français au XVII⁰ siècle, qu'on doit dire que tout s'y passe
en discours et en déclamations. On sourit aujourd'hui
quand on songe de quelles épigrammes acérées le
cénacle, en 1830, poursuivait le système des tirades
de l'ancienne tragédie et l'institution antique et
vénérable du confident. C'était bien la peine de tant
se moquer du confident de tragédie pour le rempla-
cer par le monologue interminable, procédé qui
n'exige pas, de la part du poète, un plus grand effort
d'imagination et qui est beaucoup moins vraisemblable. C'était bien la peine de regarder à la loupe
la rhétorique si discrète de Racine et de la dénoncer
avec fracas, pour nous apporter à la place les anti-
thèses patiemment construites, les périodes d'une
complication implacable et préméditée, les énumé-
rations colossales! ✗

Dans les tragédies ou drames en vers de M. Victor
Hugo, on ne sent pas un déroulement progressif de
l'action. Le nœud se donne des airs de nœud gor-
dien; il est en réalité le plus lâche du monde; les
incidents sont forcés, inattendus, souvent baroques,
toujours trop brusques; tout cela ne fait pas une
péripétie. Les costumes, les gestes et les attitudes
remplacent les caractères: les passions sont incer-
taines; le poète, qui peint à fresque, ne prend pas
même la peine de dessiner nettement les positions
réciproques. Quoi de plus inconsistant qu'Hernani,
ce bandit aragonais qui ne parle que de meurtre et

d'échafaud, qui joue l'Erinnye attachée aux pas de
don Carlos — *De ta suite, j'en suis!...* — qui veut
sans cesse le tuer, le tient sans cesse au bout de son
poignard et ne le tue jamais! Quoi de plus incom-
préhensible que Ruy Blas, qui, étant favori de la
reine et premier ministre dans un État despotique,
souffre d'être menacé et perdu par un scélérat qu'il
a vingt moyens de faire taire? Le drame s'effondre
si l'on ne fait pas l'effort très difficile de supposer
que ce Ruy Blas, amoureux, ambitieux et patriote,
est paralysé jusqu'à l'idiotisme subit par l'idée qu'il
a été laquais! L'a-t-il été, seulement? Était-ce être
laquais, dans ce temps-là, qu'être attaché à la maison d'un grand seigneur en qualité de valet de
chambre secrétaire? Admettons que Ruy Blas ait été
laquais. Il ne l'a été que d'une façon accidentelle ; et
ce ne serait pas la peine d'en parler tant s'il n'éprouvait le besoin irrésistible d'être un homme fatal. Je
ne sais si c'est M. Victor Hugo qui a inventé l'homme
fatal. Je suis porté à le croire : *Hernani* est venu
avant *Antony*. Toujours est-il que, s'il n'a pas créé
l'homme fatal, il l'a popularisé. C'est son héros
favori. C'est lui, c'est ce maudit de la nature et de
la société, c'est ce révolté élégiaque, pittoresque ou
furieux contre la société et la nature, que M. Victor
Hugo a installé dans tous ses drames. Hernani, Triboulet, Ruy Blas, Didier, Othbert jouent tous le personnage de l'homme fatal. En créant l'homme fatal
cependant, M. Victor Hugo a plutôt créé un travers
qu'un caractère. Othbert, Didier, Ruy Blas, Hernani,

Triboulet lui-même sont des êtres faibles, titanesques seulement dans leur langage, à qui les rébellions fécondes sont inconnues.

Mais ce qui fait surtout défaut dans le drame de M. Victor Hugo, c'est la passion sincère et l'émotion jaillissante. Il y supplée par l'appareil théâtral. Ses drames sont, avant tout, des spectacles. Il y aurait beaucoup à dire sur ce chapitre. Nous ne contestons pas tout ce que M. Victor Hugo, par le soin du costume et l'activité de la mise en scène, a ajouté au drame de cliquetis et de mouvement. Il faut pourtant quelque autre chose. Les cercueils de *Lucrèce Borgia*, le cortège lugubre de *Marie Tudor*, le sac sinistre du *Roi s'amuse*, la litière écarlate du cardinal dans *Marion Delorme*, nous communiquent tout d'abord un choc rapide de terreur ou bien plutôt de surprise. Mais la Harpe l'a dit : « Malheur à qui ne cherche qu'à étonner ; car on n'étonne pas deux fois ! » On est resté insensible l'autre jour devant le sac où s'enveloppe le cadavre de Blanche : c'est que le sac était prévu, connu et escompté.

II

S'il n'y a dans le drame hugolesque ni action dramatique, ni émotion dramatique, ni caractère dramatique, il n'y a donc rien? Il y a, au contraire, beaucoup. Il y a un grand écrivain qui y développe la langue créée par lui. Il y a un grand poète qui y déroule sa poésie. Il y a une âme-peuple touchée d'un rayon du soleil de 1830, qui s'y exprime et y resplendit. Il y a un Titan révolté, celui-là réel et vrai; il y a une muse déchaînée de la colère tribunitienne, qui, sous le coup des événements, fera un jour retentir les *Châtiments*, et qui, jusque-là, s'épanche en des fictions contre tout le bas, tout le vil, tout le méchant, tout le grotesque des gouvernements de despotisme et de décadence. Et il y a aussi les ondines rêveuses et les sylphes vaporeux, la harpe, pleine de grâce, et la lyre, pleine de frissons étranges, du romantisme. Partout où l'œuvre théâtrale exprime avec saillie le poète, le tribun, l'écrivain, elle se relève; elle n'en devient pas pour cela un drame; elle devient n'importe quoi de tressaillant et de musical qui subjugue et qui charme.

La langue de M. Victor Hugo, qui est ce qu'on a le plus contesté en lui, restera sa gloire dans la postérité comme elle est sa conquête. Il fallait que cette langue fût. A la fin du premier empire, la belle langue française était devenue, entre les mains des derniers épigones du genre classique, semblable à une cavale autrefois noble, qui est maintenant épuisée et efflanquée. M. Victor Hugo a monté la cavale, il l'a piquée de l'éperon et il lui a donné un mors aux dents superbe. Ou bien, si l'on veut, il l'a désarticulée, démembrée, désossée, massacrée; il l'a jetée toute vive dans la chaudière bouillante, comme fit Médée pour Éson, et il l'a tirée de là rajeunie. La langue française a recouvré, avec lui et par lui, la puissance

de coloris et l'heureuse brutalité de l'expression ora-
toire qu'elle avait perdues après Bossuet ; elle s'est
enflée, comme jamais, de colère et d'orgueil ; et cela,
quoi qu'on ait dit, selon la loi rationnelle d'évolution
qui était en elle. A beaucoup d'égards, M. Victor
Hugo doit être tenu pour un formidable perturbateur
de l'esprit français, non de la langue elle-même. Il a
créé à profusion des formes, des couleurs, des rythmes
et des sons. Il a été peintre avec le mot et musicien
avec le vers.

~ Sa belle enfance de fils de soldat, la plus heureuse
qu'on puisse rêver, la plus féconde pour un poète, l'a
promené, de sa naissance à sa douzième année, à travers la France, l'Italie et l'Espagne, parmi les gestes
grandioses de l'épopée impériale. C'est alors qu'il a
amassé à son insu son premier trésor d'impressions,
de couleurs et de lumières. L'Espagne surtout, en
bien comme en mal, s'est marquée fortement en lui ;
sa poésie a bien souvent, trop souvent, la magnificence
aride de la sierra castillane. Il a acquis pour toujours,
dans cette odyssée de l'enfance, le sens de la couleur
locale et celui de la couleur historique. Quelles que
puissent être les erreurs historiques matérielles qu'on
trouve dans ses drames, l'impression générale du
moment historique y est presque toujours juste ; la
divination de l'histoire y est presque toujours
sûre et exacte. Nous sommes bien, avec *Lucrèce
Borgia*, dans l'Italie des tyrans du moyen âge ;
avec *Hernani* et *Ruy Blas*, dans l'Espagne du
XVIᵉ siècle et dans celle du XVIIᵉ siècle ; avec *Marion*

Delorme, dans la France de Louis XIII. La magie de la résurrection historique par la poésie, malgré l'excès, malgré le débordement des particularités fausses, pédantesques, arbitraires, est poussée dans *les Burgraves* à un point de puissance incroyable. On y tient, dans l'étroit espace d'un burg, l'Allemagne profonde et touffue du XII⁰ siècle. Un vent frais du Danube allemand et du Rhin court à travers ces pages. Que disons-nous? le Danube lui-même y semble couler avec son ampleur de grâce ; le Rhin, avec son mystère tranquille et son âpre douceur. Remarquons, en passant, qu'ici c'est peut-être la race qui agissait en M. Victor Hugo. Son père était de Lorraine, son nom de famille Hugo est allemand; les prénoms de son père, *Léopold-Sigisbert*, sont encore plus caractéristiques dans le même sens. L'Espagne est l'un des grands facteurs de la poésie hugolesque ; l'Allemagne en est un autre.

Aussi M. Victor Hugo a pour véritable empire la ballade, le romancero, l'épopée. Il a le don de l'épopée autant qu'il a peu celui du drame. Il l'a à un degré unique dans notre littérature. Sa langue, comme sa forme d'imagination, est épique. Comment se fait-il qu'ayant été seul ou presque seul épique dans la France des temps modernes, il n'ait pas donné à la littérature française l'épopée qui lui manque? Ce n'est pas le lieu d'en chercher les raisons. M. Victor Hugo ne laissera, dans le genre qui était le sien, que les splendides fragments de *la Légende des siècles* et des *Quatre-Vents de l'Esprit*. Mais tout ce qu'il a

écrit qui n'était pas purement lyrique s'est tourné
de soi-même au ton de l'épopée. C'est la loi qui
domine son théâtre. Hernani, Carlos, don César,
Barberousse, Magnus, Othbert, Régina, la reine d'Espagne, qui ne sont pas des personnages de drame,
sont en revanche des héros d'épopée, de romancero et de ballade. Les drames où ils se meuvent
impliquent une ballade ou un poème épique dia-
logués. Quand la langue n'y fléchit pas, quand le
vers ne s'y perd pas dans la diffusion, comme généralement la sensation historique s'y trouve avec la
sensation épique, nous sommes enveloppés de sublime ;
nous sommes enlevés dans le courant des siècles et
de leur légende. C'est le grand effet que produisent
sur nous, par endroits, *Hernani*, *Ruy Blas* et surtout
les Burgraves, la plus belle œuvre peut-être (intrigue
dramatique mise à part) qui soit sortie des mains du
poète.

III

Tout autre malheureusement est *le Roi s'amuse*.
Les défauts ordinaires du système théâtral de
M. Victor Hugo et de son talent s'y montrent comme
ailleurs. Ils ne sont pas rachetés comme ailleurs par
les éclats de son génie.

On ne rencontre que bien peu, dans *le Roi s'amuse*,
de ces explosions de beaux vers et de poésie ou grande
ou poignante qui nous ravissent dans le théâtre de
M. Victor Hugo. On ne peut citer que la prise à partie

du roi par Saint-Vallier, au premier acte, et le monologue de Triboulet au cinquième ; encore ce dernier
morceau est-il çà et là un peu phraseux et vagabond.
L'un et l'autre morceaux, pour des causes différentes,
ont manqué leur effet. La scène où paraît Saint-Vallier
fait bien comprendre la différence des conditions de
l'épopée, qui se lit, et du drame, qui se voit. A la
lecture, Saint-Vallier arrive et débite ses imprécations :
elles sont belles, et nous n'en demandons pas davantage, quoique rien ne nous ait préparés à son arrivée.
Au théâtre, sa venue, qu'on ne nous a pas fait
pressentir, nous déroute. Nous nous demandons d'où
il sort, ce qu'il est, ce qu'il vient faire ; pourquoi il
surgit à ce moment-là et non à un autre ; et c'en est
fait de la tirade. Il en est du détail des vers comme
de l'ensemble du morceau. L'expression épique
n'est pas toujours l'expression théâtrale. Tout le
monde sait par cœur les deux vers :

> Et vous avez flétri, déshonoré, brisé,
> *Diane de Poitiers, comtesse de Brézé.*

A la lecture, le second vers est saisissant : mettez-le
dans *la Légende des siècles* ; il restera ce qu'il est,
décoratif et de belle allure. Au théâtre, une idée nous
prend tout de suite. Que fait à l'affaire qu'elle soit
comtesse de Brézé? Le *comtesse de Brézé* ne relève
plus l'imprécation de Saint-Vallier ; il l'affaiblit.

La puissante couleur historique fait ici complètement défaut. L'impression générale est fausse, et
non plus seulement le détail matériel. Nous ne recon-

naissons pas la Renaissance et le XVIe siècle. Nous ne
reconnaissons pas les robustes châtelains du Périgord
et du Dauphiné, gens de guerre et non de cour, avides
de bons coups d'épée et d'aventures, qui, n'ayant
plus, comme leurs pères, à se défendre contre l'Anglais,
se ruèrent sur l'Italie avec leur *furia* joyeuse. Les
gentilshommes qu'on nous montre sont des courtisans
du temps de l'Œil-de-Bœuf, mais dépouillés de leur
vernis de politesse et de galanterie. Nous reconnaissons encore moins François Ier, prince aimable et
spirituel entre tous. Celui qu'on nous montre sous ce
nom est le plus indistinct des personnages. Il pourrait
être tout aussi bien Henri VIII, Sultan Saladin dans
son jardin, Jeanne de Naples ; un librettiste italien a
pu le prendre tel quel et en faire sans difficulté un
duc de Mantoue, régnant je ne sais quand. J'entends
bien que le poète n'est nullement obligé de respecter
le caractère réel du personnage historique qu'il introduit dans son poème. Parbleu ! le Richelieu des *Trois
Mousquetaires* est un bien drôle de polichinelle, et je
vous assure qu'il m'importe peu, mais parce que l'auteur ne le met pas en vedette et ne me laisse respirer
pour personne que pour Artagnan, Porthos et Aramis.
J'entends bien que M. Victor Hugo a voulu peindre,
selon le titre, le roi qui s'amuse et tout le désordre
et toutes les catastrophes qui sortent d'un amusement royal, et qu'ainsi son droit d'auteur dramatique était, si cela lui convenait, de réunir dans la
personne de François Ier toutes les manières royales
de s'amuser en aimant, la manière libertine d'Henri IV

devenu barbon, la manière despotique de Louis XIV, la
manière blasée et dépravée du Régent, la manière
curieuse et sans dignité de Louis XV. Mais alors,
dressant un type plus que peignant un roi déterminé,
il eût bien fait de reléguer son roi qui s'amuse dans le
lointain des temps et des lieux, de le faire prince d'An-
tioche ou d'Arménie au temps de Gengis-Khan, de
nous mettre en pleine légende, comme nous y sommes
dans *Hernani*, *Ruy Blas* et *les Burgraves*. M. Victor
Hugo nous place au contraire, de parti pris, à l'un des
points les plus modernes et les plus lumineux de l'histoire. Ce serait le moins qu'à défaut du drame, nous
ayons le spectacle vrai d'un siècle et la vision vraie
des héros de ce siècle.

Le drame y est bien; mais il ne porte pas. Scribe
trouvait que dans *le Roi s'amuse* le drame était bien
conçu et bien construit, et Scribe s'y connaissait. Le
drame est bien construit certainement, en comparaison
d'*Hernani* et de *Ruy Blas*. Le drame est supérieurement
conçu, je ne le nie pas, en comparaison des *Burgraves*,
dont l'affabulation vulgaire et compliquée donnerait
la nostalgie de *Gaspardo le Pêcheur* et du *Sonneur de
Saint-Paul*. Il est aussi bien conçu et aussi bien construit qu'il vous plaira. Il offre tous les agréments
obligés : un enlèvement, une fille séduite, un complot contre la vie du prince, un abominable quiproquo
de meurtre accompli dans la nuit orageuse :

> Une tempête au ciel; un meurtre sur la terre.

Et, avec tout cela, il fait long feu ! Nous n'avons pas

sur tant de malheurs le plus petit moment d'angoisse
ou de pitié. Pourquoi? Ah! pourquoi? C'est là le
secret. Pourquoi l'opium fait-il dormir? Parce qu'il
a une vertu dormitive. Pourquoi un drame si bien
construit ne nous communique-t-il pas l'émotion dramatique? Parce que l'auteur n'a pas dans son génie
de savoir nous la communiquer. Il n'y a pas d'autre
raison.

Il y en a bien une autre : c'est que Triboulet, qui
est le personnage principal, n'a ni ne peut avoir de
puissance d'action sur le spectateur. Il ne vit pas; il
ne palpite pas; il ne saigne pas. Il ne fait que des
phrases sur lui-même et ses malheurs, et rarement à
propos. Que ses plaisanteries sont massives au premier acte! Qu'elles répondent peu à l'idée d'un Ésope
de cour qui enveloppe la leçon dans l'épigramme et
la sagesse dans la farce! Et il rit, après ce qu'il a dit;
le roi rit ; les courtisans rient ; ils rient tous : il n'y a
que le public qui ne rit pas.

IV

La pièce ne pouvait se soutenir par elle-même ;
l'interprétation n'a pas eu ce qu'il fallait pour en
pallier l'insuccès.

MM. les comédiens, particulièrement MM. les comédiens ordinaires de la République, sont dans une voie
très heureuse pour eux en tant qu'hommes et

gentlemen ; ils ne sont pas dans une aussi bonne voie
en tant que comédiens. Depuis vingt-cinq ans, sortis
enfin tout à fait de l'espèce de couvent de Bohême où
l'opinion les parquait, ils ont obtenu tous les genres
de satisfaction séculière qu'ils pouvaient souhaiter.
Une belle dame, au xviiᵉ siècle, tâchait à dissimuler
de son mieux qu'elle n'avait pas su résister à Baron.
Au xviiiᵉ, elle avouait Jélyotte, mais seulement à deux
ou trois amies des plus particulières. Elle s'affiche
aujourd'hui franchement pour le ténor et pour le
jeune premier à la mode. Ceux des membres de la
Comédie-Française qui ont de la 'enue dans leur vie
— et c'est tous ou presque tous — reçoivent de plus
en plus des mœurs droit complet de bourgeoisie. Ils
ont voulu être du monde : ils en sont. Ils ont voulu
être quelque chose dans l'instruction publique: ils y
sont officiers. Ils ont voulu la croix : ils l'ont. Ils
possèdent maison d'habitation rue Jouffroy et maison
de rapport boulevard Pereire. Ils établissent bien
leurs filles et ils marient bien leurs fils. Nous n'aurions
qu'à nous applaudir pour eux de leur nouvel état
social et de leurs solides qualités de propriétaires,
nous n'aurions qu'à les féliciter très sincèrement de
leurs vertus de famille, s'ils ne devenaient petit à
petit aussi solennels et aussi guindés à la scène qu'ils
sont rangés à la ville. Qu'on les mette de l'Académie
française et du Sénat inamovible, si l'on veut; je ne
m'y oppose pas; ils feront là aussi bonne figure que
plus d'un que je sais. Mais, diantre! qu'ils n'oublient
pas que leur première gloire est d'amuser le public et

de le tenir sous le charme du rire ou de l'émotion! Qu'au moins, à partir de six heures du soir, ils daignent redevenir comédiens sans arrière-pensée!

Ils ne jouent plus. Ils pontifient, ils exercent un sacerdoce, ils sont tous, comme l'a désiré M. Legouvé, des madones de l'art, même les hommes, même en faisant Sbrigani ou Petit-Jean. Que diable voulez-vous que M. Got, qui est maître de conférences à l'École normale, se livre à des excès de verve mimique, au premier acte du *Roi s'amuse*, et tâche à répandre ainsi sur le personnage de Triboulet un peu de la fantaisie bouffonne que le poète n'a pas réussi à y mettre! Bon, cela, pour Lassouche ou Baron *minor*! Le drame romantique exige de l'acteur des rugissements, des ironies tourmentées, des sanglots, des hoquets; et, comme la poésie de M. Victor Hugo n'a rien à démêler avec le goût, du moins avec les timidités ordinaires du goût, on ne doit pas craindre, quand on dit ses vers, de déclamer avec éclat, au besoin, avec vulgarité, de mettre tout au vent, flamberge, imagination et cœur. Mais bon pour Mélingue et son école, ces façons-là! Nous, à la Comédie-Française, nous sommes des notaires de l'art. Nous jouons en dedans et discrètement, comme on cause dans une soirée de contrat. Nous instrumentons avec gravité.

La façon dont M. Got débite le monologue du cinquième acte, le pied sur le cadavre empaqueté qu'il croit celui du roi, accuse bien particulièrement le travers fâcheux et funeste que nous signalons aux

amis de l'art. Il y a certainement dans ce monologue
des faiblesses dont la première est la longueur. *Qui
ne sut se borner...* Mais le souffle en est superbe ; il
est traversé de grands vers; surtout il est en situation.
M. Victor Hugo y a semé plus de psychologie dramatique qu'il n'en a d'ordinaire. Il a peint le genre
d'orgueil qui fait les régicides. Il a donné au langage
de Triboulet tous les tons qu'il doit prendre. Ainsi
doivent parler, ainsi doivent sentir et le père qui
venge sa fille et le misérable avorton, outré des
injustices de la nature, qui est venu à bout d'un bel
homme, et le bouffon méprisé qui change les destinées du monde par un facile assassinat, et la plèbe
esclave qui se croit souveraine quand elle met les
pieds sur le cadavre d'un roi. M. Got ne s'est attaché
à rendre rien de tout cela. Il a conçu la chose tout
autrement : François 1er vient de mourir ; il n'importe
de quelle façon ; on l'a mené à Saint-Denis ; la cour
est assemblée autour du catafalque. M. Got est
monté en chaire en sa qualité d'évêque de Meaux
pour prononcer l'oraison funèbre ; après les premières
rubriques d'étiquette et de style, le voilà enfin arrivé
au bel endroit de rigueur sur la terrible vanité des
grandeurs humaines ; il le prêche avec toute la décence
convenable et beaucoup de philosophie. Très bien,
ma foi, très bien pour un orateur d'Église ou un
rabbin !

A cela s'ajoute que MM. les comédiens ordinaires
ne jouent plus guère ou ne jouent surtout, comme les
théâtres de genre, que des pièces en prose à deux

cents représentations. Une prose qui remplit ainsi la
salle sans discontinuer pendant une année ou deux
est certainement une prose précieuse. Elle n'est pas
toujours d'autant de choix que de prix. Les meilleurs comédiens courent un sérieux danger à faire
valoir par leur talent et à soutenir, cent et deux cents
fois de suite, le genre de chefs-d'œuvre que les directeurs de province appellent des nouveautés. Lorsque
ensuite ils reviennent à la langue des vers, à la poésie,
à ce qui est le grand et le beau, ils y arrivent fourbus
et déconcertés. Ils amortissent Molière ; ils alourdis-
sent Beaumarchais ; ils éteignent Marivaux ; ils font
faillite et donnent leur démission à la seule idée
d'aborder le divin romanesque du rôle de Clorinde.
Ils ne sauraient plus faire sonner le Corneille ni le
Piron ; et, si demain on donnait *les Burgraves*, peut-
être s'apercevrait-on, bien plus clairement encore
qu'avec *le Roi s'amuse*, qu'ils ne savent plus déployer
l'épopée hugolesque. Il est temps de jeter le cri
d'alarme.

Cependant, soyons juste ! Dans *le Roi s'amuse*, la
rafale des deux derniers actes est supérieurement
rendue. Il n'y a pas à dire : la rafale est vivante.
Pour jouer la pluie, on ne trouvera pas mieux que
la Comédie-Française. Allez voir cela ; vous ne
regretterez pas votre demi-louis. Quand on sort du
théâtre, par ce temps de déluge, à minuit et demi, et
qu'on retrouve la pluie dans la rue et qu'on peut
faire la comparaison, la pluie du ciel ne tient pas
contre la pluie qu'on a écoutée tomber sur la scène.

Celle-ci est une pluie au moins, et digne de la capitale
de l'univers. L'autre, la pluie de la rue, n'est qu'une
simple pluie de banlieue, faite tout au plus pour les
naturels de Charentonneau. Allez voir cela, vous dis-
je. Il existe un grand artiste à la Comédie-Française :
c'est le machiniste.

(*Revue Bleue*, 2 décembre 1882.)

II

SA MISSION POÉTIQUE

Victor Hugo est mort !

Il est impossible de traiter aujourd'hui, dans ce
feuilleton théâtral, d'un autre objet que de Victor
Hugo, et il serait pourtant difficile, à moins qu'on ne
veuille s'exposer à aborder des controverses peu
convenables en ce moment de deuil, de juger au point
de vue de leur valeur absolue des drames et des théories
dramatiques qui ont allumé tant de disputes. La difficulté s'accroîtrait encore pour moi de ce fait que j'ai
été longtemps réfractaire à Victor Hugo et que je
suis trop vieux maintenant pour me convertir à lui
sans réserve. Ce qui est possible, ce qui est un sujet

d'instruction et de réflexion et ce qui laissera intact le poète dramatique, c'est d'essayer de dégager de son théâtre les tendances sociales et philosophiques qu'il exprime, c'est d'envisager ses drames dans leur relation avec l'époque et la nature de génie qui les a produits [1].

L'ivresse des siècles animait Hugo ; il a aimé à les ressusciter et à les chanter. Avec l'ivresse des siècles, il a eu le culte profond des foules, dont sa longue idolâtrie pour Napoléon, qu'il concevait comme une incarnation triomphale du peuple, comme le magicien évocateur des temps nouveaux de la France et de l'Europe, a été l'une des formes. Le retentissement en l'âme de Victor Hugo des foules et de leurs passions, qui ne sera jamais au même degré, je le crains, un retentissement du talent de Victor Hugo au sein des foules, la religion napoléonienne, la faculté de voir l'histoire et de la rendre, voilà les trois phénomènes psychiques qui forment la base de son théâtre où l'histoire revit et se meut, où circulent les effluves les plus ardents de la démocratie et de la démagogie, où tout chante un empereur. Mais le ferment démocratique est le premier et le plus persistant. De la préconisation constante du peuple et de la

1. Entre les éditions diverses du *Théâtre de Victor Hugo*, on peut recommander, pour les bibliothèques, l'édition Hachette, en quatre volumes, petit in-8°. Elle contient le théâtre complet, y compris *Cromwell* et *la Esméralda*, avec les préfaces et les notes de l'auteur. Un supplément, qui termine le quatrième volume, contient le nom des artistes de la création pour chaque pièce.

multitude, des complicités superbes et violentes du
poète avec les révoltes de l'àme populaire contre tout
ce qui est classification sociale inflexible, bureaucratie
déprimante, ordre desséchant, pouvoir indigne, Victor
Hugo a tiré l'unité morale de sa vie et de ses œuvres.
Pensionnaire de Louis XVIII et de Charles X, pair de
France de Louis-Philippe, hérault d'armes et promo-
teur pendant l'année 1848, du prince Louis-Napoléon,
peu importe, Victor Hugo n'a pas cessé d'exalter parmi
ces phases diverses l'en-bas contre l'en-haut. J'admire
les gens qui crient à la palinodie, et qui prétendent
sérieusement que la démocratie, qu'il a soutenue et
poussée jusqu'à l'apologie de la Commune de 1871 ou
à peu près, est une opinion de circonstance qu'il s'est
fabriquée arbitrairement après des mécomptes per-
sonnels d'ambition, au lendemain de l'élection présidentielle du 10 décembre 1848. Ils n'ont donc jamais
lu *Hernani*, qui a été écrit par le pensionnaire de
Charles X ! Ils n'ont donc jamais lu *le Roi s'amuse* et
Ruy Blas, qui ont été composés par le futur pair de
Louis-Philippe! Ils n'ont donc jamais lu l'oraison
prononcée le 19 décembre 1832 au tribunal de
commerce, où gronde une colère toute tribunitienne,
où le poète fait presque appel aux barricades contre
le roi des barricades !

Malheureusement, Victor Hugo lui-même est venu
au secours de ses adversaires et de ses accusateurs. Il
a accepté, pour s'en glorifier, le point de vue superficiel de sa subite et brutale transformation de monarchiste en démocrate. Il l'a accrédité et consacré dans

la fameuse préface des *Odes et Ballades*, datée de juillet 1853 et lancée au monde de la solitude de Jersey. Jamais le genre d'illusion grammaticale et philosophique, particulier à Victor Hugo, qui lui a fait prendre cent et cent fois les oppositions de mots pour des chocs d'idées et les symétries de faits histo- riques, balancés les uns par les autres, pour des théories concluantes, ne lui a inspiré une page plus singulière et plus inattendue.

« L'histoire s'extasie volontiers sur Michel Ney qui, né tonnelier, devint maréchal de France, et sur Murat qui, né garçon d'écurie, devint roi... De toutes les échelles qui mènent de l'ombre à la lumière, la plus méritoire et la plus difficile, c'est celle-ci : *Être né aristocrate et royaliste et devenir démocrate...* S'il est vrai que Murat aurait pu montrer avec quelque orgueil son fouet de postillon à côté de son sceptre de roi et dire : « Je suis parti de là », c'est avec un orgueil plus légitime certes et avec une conscience plus satisfaite qu'on peut montrer ces odes royalistes d'enfant et d'adolescent à côté des poèmes et des livres démocratiques de l'homme fait. »

Cette belle explication a le tort de reposer sur des faits inexacts et de ne rien expliquer du tout. Victor Hugo n'était plus ni enfant ni adolescent en 1825 lorsqu'il a chanté le sacre de Charles X; il avait vingt-trois ans; c'est l'âge où un sous-lieutenant de Napoléon avait déjà pris Berlin, Vienne et Moscou, où un Américain de nos jours a déjà fondé et liquidé

deux ou trois maisons de commerce. D'autre part,
Victor Hugo n'était pas encore un homme fait, ce
qui s'appelle définitivement fait, en 1829, lorsqu'il a
composé *Hernani* et *Marion Delorme*, deux œuvres
d'un royalisme douteux et d'un aristocratisme au
moins fort mélangé; il avait vingt-sept ans; c'est
un âge où l'on serait excusable de continuer à chercher sa voie ; entre vingt-trois ans (*le Sacre*) et vingt-
sept ans (*Marion Delorme*), il n'y a pas des abîmes
d'années. La question d'âge est ici invoquée à tort
pour une apologie hors de propos. Ce qui explique
tout, radicalement et simplement, c'est que Victor
Hugo n'est pas plus né aristocrate que royaliste. Il
n'est pas né aristocrate en ce sens qu'il descendrait,
comme il l'a dit et comme il l'a cru, d'un certain
Georges Hugo, capitaine des gardes du duc de
Lorraine, anobli en 1531, père ou grand'père lui-
même d'un évêque de Ptolémaïs; cette généalogie
romantique a été démontrée imaginaire[1]; le père de
Victor, Léopold-Sigisbert, officier de Bonaparte, ne
s'en est jamais targué. Léopold-Sigisbert devint à la
force du poignet général et comte de Cisuentès; mais

---

1. *Victor Hugo avant* 1830, par Edmond Biré. — Je signale
ce livre. L'abondance, la précision et la sûreté des recherches
en font un livre capital pour l'étude et l'intelligence de Victor
Hugo. L'ouvrage trahit des préoccupations de polémiste catholique et monarchique. Mais il est aisé de mettre à part les
préoccupations de l'auteur et de s'en tenir aux faits qu'il a recueillis avec une patience et une sagacité dignes des plus grands
éloges. — Paris, Jules Gervais, éditeur : Nantes, Émile Gri-
maud, éditeur, 1883.

il était de souche et de tempérament populaires ; son
fils Victor, « né aristocrate », ne fut pas traité par
lui aristocratiquement; il le fit bel et bien immatri-
culer en qualité d'enfant de troupe sur les contrôles
de Royal-Corse, régiment français au service de
Murat, roi de Naples. De l'enfant de troupe, Victor
Hugo a mené réellement l'existence, au moins en
partie, et à son grand profit. Si l'on voulait chercher
et fixer rigoureusement la source où s'alimenta sa
belle imagination, on la trouverait dans son odyssée
enchanteresse de fils de soldat à travers les routes
de France, d'Italie et d'Espagne [1]. Victor Hugo n'est
pas né non plus aristocrate en ce sens qu'on puisse
trouver trace, dans ses premiers écrits, d'une conception quelconque de gouvernement oligarchique.
Encore moins a-t-il été aristocrate en ce sens qu'à
aucune époque il aurait jamais affecté des manières
de grand seigneur, des goûts de haute existence, le
dédain des petits; sa vie, dont le train a toujours été
plus modeste que sa fortune, ne nous montre en
aucun moment un étalage de marquisat, comme celle
d'Eugène Sue, ou un étalage de magnificence patricienne, comme celle de Lamartine. La vérité donc,
l'exacte et profonde vérité, plus honorable pour
Hugo que les métaphores tirées « de l'ombre et de
la lumière » dont il embellit l'histoire de ses méta-
morphoses, c'est qu'il n'a pu accomplir le progrès

1. Lire à ce sujet, mais avec précaution, les *Mémoires*
d'Alexandre Dumas, V[e] série, chap. cxxvi à cxxix, Paris,
Calmann Lévy (Collection à 1 fr. le volume).

dont il se vante, de l'oligarchie et du pur royalisme
à la démocratie, attendu qu'il n'a pas eu du tout pour
point de départ l'oligarchisme et que le royalisme
de sa jeunesse, pour fervent qu'il ait pu le sentir
entre les années 1818 et 1825, n'avait point le caractère réfléchi d'une doctrine politique. Ce royalisme
était la première efflorescence de la puissante faculté
historique qui fait partie de son génie. Vous retrouverez les échos de ce royalisme d'historien et de
poète jusque dans *la Légende des Siècles*, qu'il écrivit
plusieurs années après que sa conversion à la République l'avait fait enfin passer, selon sa bizarre formule, de l'état de simple tourlourou de la pensée,
monarchiste et par conséquent un peu crétin, au
grade de maréchal de France des intelligences. Tel
le démocrate Victor Hugo s'est épanoui de 1851 à
1875, tel il était en germe dès le temps de la Restauration.

Les odes royalistes et vendéennes, *les Vierges de
Verdun, Quiberon, la Naissance du duc de Bordeaux,
le Sacre*, les attentions flatteuses dont le poète était
l'objet de la part du faubourg Saint-Germain et d'une
aristocratie qui gardait encore en 1820 quelques-
uns des caractères par où se justifient et s'imposent
les aristocraties, la faveur vraiment royale dont
Louis XVIII et Charles X soutinrent ses premiers pas,
rien de tout cela n'empêchait que la rupture de Victor
Hugo avec le gouvernement de la Restauration ne fût
inévitable. Elle s'accomplit à l'occasion de *Marion
Delorme*. Elle aurait pu s'accomplir à propos de *Her-*

nani. Il se produisit sur cette dernière pièce un soulè-
vement du vieux parti classique qui monta jusqu'au
trône. Ce tapage tout littéraire eut pour effet de troubler l'attention de Charles X et de ses ministres, et de
la tromper sur les tendances morales, encore vagues,
de ce *romancero.* Il souffle à travers tout le rôle de
Hernani un esprit de révolte, glorifié par le poëte, qui
est bien autant populaire que féodal, qui sent son
enfant de Paris autant que son montagnard d'Aragon. Le roi Carlos est le seul monarchiste solide de la
pièce ; même en don Gomez, sous ses formes de langage respectueuses et dévouées pour le seigneur roi,
je flaire un réfractaire de la Chambre introuvable. Le
premier acte est intitulé *le Roi* ; le second, *le Bandit* ;
c'est *ex æquo.* Est-ce l'enlèvement de doña Sol ou les
journées de Juillet que sonne le cor de Hernani, assail-
lant avec sa bande le pavé de Saragosse ? Il sonne
certainement le régicide. Nous sommes loin des
Châtiments, et cependant, tout le temps de la pièce,
Hernani se répète déjà à lui-même

> Tu peux tuer cet homme avec tranquillité.

L'esprit révolutionnaire de Victor Hugo n'éclate donc
pas seulement après les journées de Juillet ou après
les torts que le prince Louis-Napoléon a pu se
donner à son égard. Victor Hugo avait dans les
moelles la Révolution française ; il avait dans le sang
toutes les aspirations du peuple et de l'homme de la
foule qui monte, tous les ressentiments du peuple et

de l'homme de la foule qu'écrase le joug d'en haut,
toutes les explosions du peuple qui rompt ses freins
et de l'homme de la foule qui crève les obstacles pour
faire sa trouée. Les héros de ses drames sont des
bandits, des capitaines d'aventure, des bâtards, des
laquais, des vagabonds, des déclassés qui brisent leurs
fers ou dont un empereur de légende les vient briser ;
au fond du cachot, Guanhumara et des captifs de
toute nation ; sur la cime, Barberousse, qui leur tend
la main ; les deux termes où le siècle a abouti, chez
nous, à deux reprises, la Commune et l'Empire.

Pas plus que le culte du peuple, le culte de Napoléon
chez Victor Hugo ne s'est manifesté à un moment
déterminé et spécial. Victor Hugo portait cette religion
tissue dans la trame de ses fibres. C'est pure chimère
de le supposer plus napoléonien après juillet 1830
qu'avant, comme c'est pure chimère de soutenir qu'il
a été précipité dans les passions démocratiques par
ses rancunes personnelles contre Louis-Napoléon. Il
n'y a qu'une chose qu'on pourrait dire ; il n'était pas
napoléonien de la même façon sous la monarchie de
Juillet que sous le règne de la branche aînée. Après
1830, il voyait plus exclusivement dans Napoléon le
grand faiseur d'épopées ; avant 1830, il y voyait plus
distinctement l'usurpateur, le despote, le conquérant
insatiable. Mais, dès la Restauration, l'hymne à Napoléon et la poésie napoléonienne ne demandaient chez
lui qu'à déborder. L'ode *Bonaparte* est du même
temps que l'ode *le Sacre* ; elle l'a précédée.

Et quand dans leurs foyers il ramenait ses braves,
Aux fêtes qu'il donnait à ses vainqueurs esclaves
Il invitait les rois vaincus.

De là à dire comme Béranger :

Vous rampiez tous, ô rois qu'on défle,

la distance n'était pas grande. Je n'entends pas ici
par napoléonisme, l'opinion politique bonapartiste. Le
poète, qui retentit sous le nom de Napoléon, n'est
pas nécessairement un homme de parti qui songe à
proclamer empereur Napoléon III ou Napoléon V; il
peut sans contradiction être pair de France de Louis-
Philippe. En dehors de la politique bonapartiste mili-
tante, le napoléonisme est un état de l'imagination,
un état d'esprit national et un état moral. C'est un
phénomène psychologique et historique qui s'est présenté dans les générations de 1820, de 1830, de 1848 et
même de 1870 sous deux faces principales. Le napoléonisme a bouleversé et perverti l'âme individuelle.
Il a ébloui l'âme nationale. L'ambition française
nationale ou individuelle n'est plus, depuis la grandeur, la chute et la mort de Napoléon Ier, de la même
nature qu'elle a été sous la dynastie de Bourbon
avant 89.

Si Napoléon n'avait pas été dominé par sa folie
orientale, par le *Drang nach Osten*, s'il avait gardé
le peu de sagesse qu'il fallait pour laisser là l'Orient
et fonder la dynastie des empereurs français, protecteurs de l'Occident, s'il était mort aux Tuileries en

transmettant la couronne à ses fils et petits-fils, l'état
d'esprit napoléonien et l'état d'ambition napoléonienne
n'auraient pas fait chez les Français le ravage qu'ils
ont fait. Ce double état psychique se serait amorti et
peu à peu éteint. Au bout de deux générations que la
place d'empereur était prise, on aurait senti que
la place n'était plus à prendre. On se serait résigné
à admettre qu'un Napoléon est nécessairement un
homme extraordinaire, qui non seulement a eu
besoin, pour pousser sa fortune au point où on l'a vu
la pousser, d'un génie au-dessus du commun, mais
encore de circonstances extraordinaires comme lui-
même. On aurait compris qu'un chef de dynastie, à
l'origine, peut bien faire des rois et des princes, mais
que ses successeurs ne peuvent pas, tous les jours,
pendant un siècle, prendre des tonneliers, des postil-
lons, des clercs de notaire, des avocats, des mousses,
des lieutenants d'état-major, pour en faire des rois et
des princes feudataires. Le Français ambitieux fût
rentré dans le cours habituel des ambitions propor-
tionnées à la condition originelle et aux moyens dont
chacun dispose. Napoléon s'est laissé renverser, et
tous les yeux de France, fixés sur cette grande place
vide, se sont laissé magnétiser.

Le nombre est grand de Français qui ont rêvé, avec
plus ou moins d'obstination, qu'ils seraient à leur
tour Napoléon. Jusque dans l'amour, les Français de
notre temps ont porté l'ambition napoléonienne. Une
race s'est élevée de héros d'amour, pauvres et obscurs,
de qui le roman était d'épouser, comme Bonaparte,

une archiduchesse d'Autriche ou à tout le moins d'en être aimé. Stendahl, dans *le Rouge et leNoir* (1831), a fait l'analyse magistrale de cette disposition psychique en créant le Julien Sorel de race paysanesque qui conçoit froidement et exécute l'entreprise d'abord de se faire aimer par madame de Raynal, la femme la plus en vue de sa petite ville, ensuite d'épouser mademoiselle de La Mole, fille d'un des plus grands seigneurs de France. Julien Sorel, ver de terre conquérant d'une étoile, est de 1831 ; Ruy Blas, amoureux de la reine, arrive en 1832. Si le napoléonisme s'était infiltré jusque dans l'amour pour en corrompre l'ingénuité et la simplicité, à plus forte raison chaque Français de la classe de ceux qui ont reçu tant soit peu le reflet de l'histoire a-t-il rêvé d'être dans l'État Napoléon ou de jouer dans le monde, par le talent qui lui était propre, un rôle égal à celui de Bonaparte. Je ne citerai point des noms qui sont sur toutes les lèvres. Le républicanisme même le plus outré n'est point dans une âme un antidote qui la préserve du virus napoléonien. Il y a eu des napoléoniens de la Commune. Êtes-vous jamais allé à Sainte-Pélagie dans les dernières années de l'empire? Vous avez pu y entendre, au pavillon des politiques, tel compagnon cordonnier, arrêté la veille dans quelque vulgaire tumulte, vous dire naturellement: « Quand je serai dictateur! » Voilà le premier aspect sous lequel se présente le napoléonisme, l'aspect de l'ambition individuelle. De ce napoléonisme, Victor Hugo n'a jamais cherché à éviter les atteintes pour lui-même. Rappelez-vous

6

cette préface du temps de sa jeunesse, où il développe l'idée que, notre siècle ayant eu en Bonaparte son Charlemagne, il est nécessaire, il est immanquable que ce siècle ait son poète équivalent à Bonaparte. La chose est claire : Hugo sous-entend que, ce poète, ce sera lui; préoccupation funeste qui a gâté chez lui bien des bonnes choses !

Mais le napoléonisme a un second aspect plus noble. De 1797 à 1806, la vie de Bonaparte a été un grand éblouissement national qui, après s'être éteint, a laissé dans les cœurs l'espérance qu'il se renouvellerait. Pour ce motif, la superstition de Napoléon, dangereuse ou non, chimérique ou non, s'est emparée puissamment des foules. Elle remplit le théâtre de Victor Hugo. Elle rayonne dans ses préfaces. C'est cette superstition grandiose qui s'exprime par la bouche de Charles-Quint dans *Hernani*, par celle de Barberousse dans *les Burgraves*. C'est elle qui fait monter sur le trépied Ruy Blas et le fait prophétiser devant le Conseil de Castille, et le fait répandre sa voix en lamentations et en anathèmes. Relisez les journaux de l'an 1832; collectionnez toutes les objurgations véhémentes qu'adressaient au gouvernement de Louis-Philippe ceux qui avaient conçu les trois journées comme la première revanche de Leipzig et de Waterloo, vous aurez la substance et le ton, non pas de tout le discours de Ruy Blas, mais de l'invocation à Charlemagne qui le termine :

> ... O géant, se peut-il que tu dormes?
> On vend ton sceptre au poids! un tas de nains difformes

Se taillent des pourpoints dans ton manteau de roi;
Et l'aigle impérial, qui jadis sous ta loi,
Couvrait le monde entier de tonnerre et de flamme,
Cuit, pauvre oiseau plumé, dans leur marmite infâme!

Il n'y a pas à s'y méprendre: le géant, c'est Napoléon;
l'aigle impérial, c'est celui d'Austerlitz et d'Iéna, et
la marmite infâme où cuit le pauvre oiseau plumé,
c'est le gouvernement du roi Louis-Philippe. On
pourrait même retrouver qui était le nain difforme.
Je ne dis pas que Victor Hugo eût tout cela dans sa
pensée. Victor Hugo concevait trop grand pour faire
de petites allusions. Je dis que la péroraison de la
harangue de Ruy Blas a un ton napoléonien et
retombait par contraste sur le système de Louis-
Philippe, le plus sage des rois et le moins napoléonien des hommes. Dix ans plus tard, dans la préface
des *Burgraves*, l'expression impériale est encore plus
vive. « Il fallait que la souveraineté éclatât... Il
fallait qu'un empereur apparût... Il fallait faire
sortir des profondeurs mystérieuses le *glorieux messie
militaire* que l'Allemagne attend encore... » Ces
lignes sont de l'an 1843. Cinq ans plus tard, un
empereur, un messie impérial devait apparaître de
nouveau chez nous. Il devait dire aussi à sa manière:
« Il est temps que la souveraineté éclate... » La
haine se plaça entre l'empereur et le poète : et
les *Châtiments* ont immortalisé la rupture. Comment
cela se fit-il? Je ne le sais. Les bureaucrates probablement: les corps constitués! les réputations éta-
blies, les gens établis, les gens de place, les gens de

poids, les imbéciles considérables! Il faut avouer
que c'est là l'un des malentendus les plus étonnants
de notre histoire contemporaine.

Mais, même en ce moment, même quand il lançait
le vers célèbre auquel il a tenu parole,

Et s'il n'en reste qu'un je serai celui-là,

même quand il embrassait l'exil et qu'il devenait dans
son île de Jersey un indomptable burgrave de la
république, un duc Job civique,

... foudroyé, mais resté
Debout dans sa montagne et dans sa volonté,

Victor Hugo ne rompait pas avec le premier Napoléon.
Le titre de l'un de ses anathèmes, *Napoléon le Petit*, in-
diquait assez qu'il mettait en dehors de sa querelle avec
« l'empereur second », comme dit le peuple, son idée
de la grandeur napoléonienne dont il gardait le culte.

Ce serait apprécier incomplètement, au point de
vue moral et historique, qui est, en ce moment, le
nôtre, les drames de Victor Hugo, que de n'en pas
signaler le parti pris d'enseignement et de prédication,
les visées d'action pratique sur les masses. Je ne
recherche pas si ce parti pris est toujours bien favo-
rable à l'art, et ce qui en résulte littérairement. Il a
un caractère de haute moralité qui se mêle aux autres
tendances générales que je viens d'analyser et les
ennoblit et les élève et les épure. Victor Hugo, déli-
bérément, et dès les premiers vers qu'il a écrits, a

conçu le rôle du poète comme semblable à celui du
magistrat et à celui du prêtre. Victor Hugo a été dès
l'origine et il est devenu de plus en plus un tribun du
peuple et un prophète. Nul poète plus religieux,
malgré son éloignement toujours croissant pour les
religions classées et officielles, je ne dis pas pour les
religions positives, car le Dieu qu'il honore dans ses
vers est un dieu positif. La croyance en un Dieu plane
sur tout son théâtre : Hugo lui doit pour beaucoup la
spiritualité relative et la générosité de sentiment de
ses héros. Sur ce point capital, aussi, il y a eu suite
dans sa vie. En 1820, il regardait la poésie comme
inséparable de la religion, l'esprit religieux comme la
plus profonde source de l'inspiration poétique. En
1847, sur la tombe de son ami Frédéric Soulié, il
disait magnifiquement :

« ... Que cette foule qui nous entoure et qui veut
bien m'écouter... que ce peuple généreux, laborieux
et pensif le sache bien... quand les philosophes, quand
les écrivains, quand les poètes viennent apporter ici,
à ce commun abîme de tous les hommes, un des leurs,
ils viennent sans trouble, sans ombre, sans inquiétude,
pleins d'une foi inexprimable en cette autre vie sans
laquelle celle-ci ne serait digne ni du Dieu qui la donne
ni de l'homme qui la reçoit. Les penseurs ne se défient
pas de Dieu... »

Il dit, en 1885, dans le testament qui contient ses
paroles suprêmes, il dit simplement et brière-

ment : « Je crois en Dieu, » formule détachée de
la première ligne du *Credo* des chrétiens. Bien des
religions sont enfermées dans la doctrine du Christ :
Victor Hugo s'en était façonné une selon ses besoins
moraux et selon les pentes de son esprit ; à son Dieu,
il avait élevé un tabernacle intime dont il était le seul
fidèle et le seul prêtre. Sur ce tabernacle, M. l'arche-
vêque de Paris — on me permettra de l'observer avec
un profond respect — n'avait aucun sacerdoce légitime
à exercer. Mais il est d'autres personnes qui, après
l'impérieuse profession de foi testamentaire du grand
aède, ont encore moins de droit que le saint pasteur
du troupeau catholique fidèle de venir célébrer leurs
rites aux funérailles qui se préparent : c'est les secta-
teurs païens de la déesse Libre Pensée et les pontifes
brevetés et chamarrés de l'idole Science.

(*Journal des Débats* du 26 mai 1885).

III

SES FUNÉRAILLES

Ce jour appartient encore à Victor Hugo.

Tout à l'heure le canon tonnera, et le cercueil, après sa halte de vingt-quatre heures sous l'Arc de Triomphe de l'Étoile, sera porté au Panthéon, au milieu du concours du peuple, de l'armée et de tous nos sénats. Le président de la République suivra le corps. Depuis la journée du 15 décembre 1840, où la dépouille mortelle de Napoléon passa sous l'Arc de Triomphe traînée par un char à seize chevaux, avant d'aller reposer sous le dôme des Invalides, on n'a point vu un autre exemple d'une telle apothéose funéraire.

Nous ne nous en plaignons pas. Il ne nous conviendrait pas, dans le pays et dans le temps où nous vivons, de réclamer contre tant d'honneurs accumulés sur un homme qui n'a été ni chef d'État, ni ministre, ni grand-croix, ni directeur général des contributions, rien qu'un homme et un poète, un poète vibrant sous le souffle de son siècle, un homme libre qui, ferme et fier en la conscience de son droit, brava presque seul un empereur acclamé sur la ruine des libertés publiques par huit millions de voix. Cette exaltation d'un simple citoyen comme tel nous emporte bien loin du décret de messidor, fonds chinois de la France en république comme en monarchie ; un jour entre des milliers de jours luit enfin où la nation française et ceux qui la gouvernent n'auront pas réglé leurs sentiments sur les méthodes du Céleste-Empire. Nous réclamerions cependant si, en Victor Hugo, on ne voyait aujourd'hui que Victor Hugo, si la pensée publique n'associait point aux honneurs extraordinaires qui lui sont déférés tout le chœur des beaux génies de son époque, dont il a eu la fortune d'être le dernier survivant.

Il y a un excès d'admiration et de piété envers Hugo, duquel on est obligé de se tenir pieusement à l'écart par respect pour tout ce que la France et notre siècle ont produit d'admirable. Devant le deuil, lundi dernier, nous nous sommes interdit d'en faire la réflexion ; devant l'apothéose, aujourd'hui, nous la pouvons faire. Depuis huit jours, en des termes qui vont s'amplifiant et s'enflant, pour ainsi dire d'heure en heure, on nous retrace un Victor Hugo qui ne serait rien de moins que le poëte par précellence et le penseur par prééminence de l'Europe au XIXe siècle et de la France en tous les temps. Les deux métaphores de cime et d'abîme sont les plus modestes par lesquelles on essaye de mesurer son génie. On ne lui aperçoit pas de limites. Nous ne saurions suivre cette pente du panégyrique. De quelques grandes qualités qu'ait été doué Victor Hugo, de quelques magnificences qu'il ait enrichi notre langue, il n'est pas, comme on le dit, la cime et l'abîme, la cime de toute poésie et l'abîme de toute pensée. Victor Hugo n'est pas le maître des maîtres de la littérature française; il ne tient pas dans notre littérature, et personne n'y tient le rang dominateur et la place unique qu'occupent Shakespeare dans la littérature anglaise et Gœthe dans la littérature allemande. Victor Hugo n'est pas davantage le grand conducteur des imaginations, des âmes et des esprits au XIXe siècle; ce rôle, s'il appartient à quelqu'un, appartiendrait à Gœthe; seul, Jean-Jacques Rousseau le pourrait disputer à Gœthe pour une forte part. Victor Hugo enfin n'a pas la primauté dans la grande époque poétique française qui, annoncée par *René*, *le Génie du Christianisme*, le livre *De l'Allemagne*, s'ouvre et se déploie avec les *Méditations* et se repaît pendant trente années d'idéal, d'amour, de rêve et d'infini, avant de venir expirer à *Madame Bovary*, aux théories morales de M. Taine et à l'étroite conception politique du législateur de 1852. Non! pas plus dans notre XIXe siècle français que dans l'ensemble de la littérature française, il n'y a un dieu de la poésie s'élevant suprême, isolé, dévorateur de tout le reste, sur des sommets inaccessibles où le commun des génies le contemple et lui voue une adoration qui n'est due qu'à lui. Pas plus dans l'ordre de la pensée que dans l'ordre de l'imagination, Victor Hugo n'est ce dieu. Chateaubriand, Lamartine, Staël, Sand, Musset, Michelet, pour ne citer que ceux-là, d'une part; Lamarck, Cuvier, Étienne Geoffroy-Saint-Hilaire,

Claude Bernard, d'autre part, ne se rangent pas autour de Victor Hugo comme autour d'un centre générateur ou d'une colonne lumineuse et culminante, émergée du milieu d'eux; les dates seules s'y opposeraient. Assemblez en un groupe, aussi rare qu'il vous plaira de le faire, les grandes imaginations et les grands esprits du XIX° siècle, Hugo sera du groupe; il ne l'a pas engendré et il ne le dépasse pas.

Et maintenant le droit des tiers, comme on dit en style juridique, étant réservé, puisque l'apothéose s'accomplit, ne récriminons pas contre elle, bien qu'elle soit poussée si loin, qu'avec la meilleure volonté du monde on n'y pourrait rien ajouter de plus. Pour Victor Hugo spécialement, on a détourné de sa destination l'Arc de Triomphe consacré à la gloire des armes; par où l'Allemand a passé, il y a quinze ans, dans un jour funeste, c'est Hugo, le premier, qui passera de nouveau; une armée française qui ressaisirait la victoire sur les champs de bataille européens n'aurait plus désormais intact pour elle-même l'honneur d'une telle pompe. Spécialement pour Victor Hugo, on efface de nos rues le nom du village d'Eylau où quinze mille braves gens nous achetèrent de leur sang la paix de Tilsitt. Spécialement pour Victor Hugo, on dépossède de son temple la fille inspirée de Nanterre qui figurait à une multitude d'âmes françaises, pures et naïves, le symbole religieux de la patrie. Spécialement pour Hugo et pour ses funérailles, l'Académie a fait capituler ses statuts... Qu'est-ce que ce cadavre qui ébranle tant de choses!

Voici une vision de l'histoire. Transportons-nous
trente ans en arrière. Nous sommes sur cette même
voie royale des Champs-Elysées par où le cercueil du
poëte va descendre de l'un à l'autre bord de la Seine ;
nous tenons nos yeux attachés sur ce même point
culminant où s'élève à cette heure le catafalque. La
foule est énorme comme aujourd'hui,

Foule encombrant les toits, les seuils, les quais, les ponts.

On attend quelque chose qui va passer par l'Arc de
Triomphe et entrer solennellement dans Paris; c'est
un empereur fait d'hier. Hier, à Saint-Cloud, le Corps
législatif et le Sénat lui ont porté le plébiscite par
lequel le peuple a signifié sa volonté. Et aujourd'hui,
Napoléon, éclos pour la seconde fois de Bonaparte,
part de Saint-Cloud pour venir prendre possession du
palais des Tuileries. Jour pour jour — car nous
sommes au 2 décembre 1852 — jour pour jour, il y a
un an, cet homme imprévu et que personne n'avait
deviné, a, dans l'espace d'une nuit, saisi à bras-
le-corps, abattu, ficelé et ligotté Paris, le Paris des
barricades de 1830 et de 1848, fameux et terrible à
l'Europe, qui deux fois en vingt années avait tout
ébranlé de sa secousse, du Nord au Sud et de la
Manche à la Vistule. La France a acclamé le prince
et toute l'Europe interroge l'énigme de son règne
naissant. Il arrive au rond-point de l'Étoile. Écoutons
le narrateur officiel :

« Le temps était incertain... A une heure, le canon

» tonne, les tambours battent aux champs, l'empe-
» reur arrive à l'Arc de Triomphe. Au même mo-
» ment, le ciel s'éclaircit et un rayon de soleil perce
» les nuages. Ce fut alors un spectacle saisissant de
» voir le nouvel empereur passer sous cet arc de
» triomphe, élevé par son oncle à la gloire de l'armée
» française. »

L'empereur passe, il a passé sous la voûte triomphale; le cortège se déroule le long des Champs-
Élysées. Devant l'empereur, la musique du 7e lan-
ciers, le général commandant le cortège, le 12e dragons, la maison militaire; derrière l'empereur, la
brigade des cuirassiers et la brigade des carabi-
niers en colonne par division : tout comme aujour-
d'hui, tout comme tout à l'heure! « Les deux ter-
» rasses des Tuileries qui bordent la place de la
» Concorde sont occupées par les députations d'un
» grand nombre de corporations ouvrières. Leurs
» bannières, de diverses couleurs et richement
» brodées, portent des devises et des emblèmes
» inspirés par la solennité avec le cri national de
» *Vive l'empereur! Vive Napoléon III!*... Les accla-
» mations enthousiastes qui éclatent partout sur le
» passage de l'empereur, ont redoublé à la place de
» la Concorde... » Sur la place du Carrousel, Saint-
Arnaud lit aux troupes la proclamation de l'empire;
et, sur la place de la Concorde, Persigny la lit aux
gardes nationaux. Il y a eu ce matin à l'Hôtel de
Ville banquet de deux cents couverts, il y aura ce
soir gala au palais et illuminations par la ville. »

Cependant, pas loin de là, à Bruxelles ou à Jersey, je ne sais, — dans la vision, c'est une distance imperceptible, — en face de l'homme qui triomphe, un autre homme écrasé sous le poids de la défaite se redresse, la voix enflammée, et il crie :

O république de nos pères,
Grand Panthéon plein de lumières,
Dôme d'or dans le libre azur,
Temple des ombres immortelles,
Puisqu'on vient avec des échelles,
Coller l'empire sur ton mur,
Je t'aime exil! douleur, je t'aime!

Il invoque la muse, sa seule auxiliaire et sa seule ressource :

...Viens, dressons maintenant
Assez de piloris pour faire une épopée.
....
J'attacherai la gloire à tout ce qu'on insulte,
Je jetterai l'opprobre à tout ce qu'on bénit.

Il prédit la chute, avec une obstination maniaque et sublime, au premier moment de la grandeur et au plus haut moment. Que lui fait le présent!

Arrive l'avenir, le gendarme de Dieu!

Il somme la Providence de se dépêcher; il l'entend qui marche et prépare ses revanches; c'est bien du mot Providence qu'il se sert; il est Nahum, il est Daniel; il a sur le sujet de la fin inévitable une confiance enragée dans cette Providence que ses yeux voient et que sent son âme. Qu'était-il, que pouvait-il pendant qu'il entassait contre le triomphateur les injures sur les injures et que tout lui était bon pour faire balle, le véhément, le superbe, le comique, le sinistre, le grotesque, et même le nauséabond et l'écœurant! Quelle apparence que la voix qu'on étouffait, qu'on avait proscrite de France, qu'on proscrivait encore par delà les frontières, pénétrerait jamais jusqu'aux oreilles du peuple fasciné par le nom de Napoléon! Et voilà qu'aujourd'hui le barde *outlaw* est lui-même sous l'Arc de Triomphe! Il suit à son tour la voie triomphale! Il met debout Paris et son peuple! 2 décembre 1852! 1er juin 1885! Le cri de ces deux dates, rapprochées l'une de l'autre, est formidable. Mais que crient-elles? Bossuet répondrait simplement et magnifiquement : « O vanité! » O néant! O mortels ignorants de leurs destinées! » Nous sommes forcé d'ajouter autre chose; cet autre chose est grave et fera de la cérémonie d'aujourd'hui, de quelque façon qu'elle tourne et se termine, une journée mémorable et critique dans l'histoire de nos mœurs publiques et de nos institutions.

Certes, l'apothéose de Victor Hugo est prodigieuse. Je doute cependant que ceux qui l'ont décrétée s'en soient représenté à eux-mêmes toute l'étendue et toute la signification. Hugo, aujourd'hui, ne triomphe pas seulement d'un empire et d'un empereur. On se tromperait bien si l'on se figurait que l'épopée du mépris, qui a nom *Châtiments*, atteint un homme, un seul, usurpateur sur les lois, et rien à côté de lui. Elle englobe sans distinction tout ce qui s'est

empressé autour de la monarchie absolue restaurée ;
elle vise toutes les institutions et tous les corps que
le génie inventif du Premier Consul avait créés ou
réparés pour servir à sa toute-puissance d'appui et
d'ornement, qui ont fait depuis et continûment le
même usage sous n'importe quel gouvernement, qui
sont encore à cette heure le *substratum* auquel se
superpose la présidence de la République. Jamais on
n'a vu, jamais on ne verra discorde plus flagrante
entre un triomphateur et tout le cortège officiel
qui accompagne son triomphe. Je sais bien qu'on me
répondra que les corps, les hiérarchies et les compagnies d'aujourd'hui doivent être distingués des corps,
des hiérarchies et des compagnies qui florissaient au
2 décembre 1852 ; qu'ils n'en sont pas solidaires ;
qu'un régime corrupteur corrompt tout, mais que les
gouvernements honnêtes et éclairés arrivent ensuite,
qui répandent la lumière, l'intégrité et l'honneur là
où des tyrans n'ont communiqué que leurs vices. Je
ne contredis pas ces belles maximes. Seulement on
n'a pas la ressource de constater qu'elles se trouvent
le moins du monde indiquées dans les *Châtiments* et
dans *Napoléon le Petit*.

Du fait du 2 Décembre, Hugo condamne et bafoue
les choses en masse et pour toujours. Les anathèmes
lancés de Jersey sont à perpétuité, et c'est tout ce
que le prophète en son délire a fait anathème qu'il
traîne maintenant derrière son char triomphal.
L'ordre de marche « des corps constitués » qui va se
développer de l'Arc de Triomphe au Panthéon n'en

montrera presque pas un qui ne porte au front la blessure d'un vers du poète. D'abord se présentent la garde républicaine, les tambours avec crêpe, les cuirassiers et leur fanfare, les musiques militaires et leur *Marseillaise* sur le mode mineur: puis, encadrant le cortège, l'armée tout entière, les cavaliers, les fantassins, l'artillerie assise sur ses tonnerres; les généraux et leurs états-major qui courent le long des lignes pour les maintenir. Passez, généraux. soldats, dernier espoir de la France, soldats qui n'avez point fait mentir Malakoff à Saint-Privat, passez, passez! Ou bien à l'esprit de quelqu'un, dans la foule, monteront peut-être les vers sur la veille des armes, la « Nuit de Décembre » dans les casernes, sur les généraux dorés, portant la triple étoile, sur les maréchaux de France... des vers que je ne cite pas! Passez, grand chancelier; députation de la Légion d'honneur, passez, ou bien l'on se souviendra de la strophe... je ne la cite pas non plus, je ne la cite pas; ce serait toucher une des fibres les plus susceptibles du tempérament français, brutalement déchirée par Hugo! Je ne cite pas — la place me manquerait — la série sans fin des imprécations contre la magistrature.

> Mon nom était justice. — Et quel est ton bourreau?
> — Les juges!...

C'est particulièrement sur les personnages qui ont été les chefs sacrés de la justice que tombent les imprécations de Hugo le proscrit. Baroche, Delangle, Troplong, Dupin, il n'en fait qu'une plaie. Il ne leur veut

même pas accorder le supplice trop noble de la place
de Grève. Ce serait déshonorer la Grève! Ce serait
diffamer l'échafaud!

Quoi, Grand Dieu! pour Troplong, la mort de Malesherbes!

Et à présent, foule, salue! Ce qui défile là devant
toi, c'est la cour de cassation dans ses hermines,
avec le premier président et son parquet. Après ces
exemples, on peut négliger le fretin; la fonction
ministérielle (« Vous savez bien un tel? — Oui! il
est aux galères? — Non; il est ministre! »); les directeurs, les chefs de division, les préfets, les autorités
de toute sorte, tous ceux qui disent avec une lettre
majuscule : « L'administration, » ou mieux encore :
« mon administration, » tous ceux dont Hugo dit, en
établissant la plus osée des synonymies : « Les intri-
« gants, les fourbes, les crétins, *les puissances.* » Tout
aux gémonies, et lui, au Capitole! Quel sens de cette
journée! quel spectacle pour le philosophe! Mais que
pensera, que sentira le peuple en ses profondeurs?

Après tout, ce sont là les affaires de ceux qui gouvernent. Pour Hugo, son destin est accompli par cette
souveraine récompense :

> Et peut-être en la terre où brille l'espérance,
> Pur flambeau,
> Pour prix de mon exil, tu m'accorderas, France,
> Un tombeau.

Qu'il repose en paix dans le tombeau qu'on lui décerne,
le grand poète, le grand tribun du peuple! Qu'il

repose, glorieux, lui qui a été un homme, lui qui s'est tenu debout quand tout se prosternait, lui qui a ramassé un jour tout ce qui était abattu et renversé pour s'en faire une foi inébranlable, lui qui a su dire en vers éternels :

Fût-on cent millions d'esclaves, je suis libre;
Et ce qui brise un peuple, avorte aux pieds d'un homme.

Hugo ne s'est pas contenté de créer des héros de l'épopée et du drame; il a fait briller en sa propre personne, lorsqu'il l'a fallu, leur héroïque vertu. Sans doute, au 2 Décembre, l'héroïsme lui a été plus facile et plus commode qu'à beaucoup d'autres; c'est ce que n'ont pas manqué d'observer à son détriment les gens nombreux qui lui reprochent d'avoir toujours su trop bien exercer le faire valoir de son génie et même celui de ses mésaventures et de ses catastrophes politiques. Je tiens à le remarquer à mon tour, mais à son éloge. L'heure des sacrifices ne l'a pas trouvé dépourvu, et, précisément à cause de cela, précisément parce qu'il avait été prévoyant, il a été en mesure de résister avec moins de souci et plus de suite à des pouvoirs tyranniques. Il s'était ménagé assez de bien pour pouvoir écrire les *Châtiments* du fond d'un sûr asile, et pour demeurer fidèle à l'engagement qu'il prenait de rester le dernier au poste de haine et de combat.

Non equidem invideo, miror magis.

Des deux personnages qu'il a mis en scène, en 1824 dans l'ode intitulée *le Poète dans les révolutions,* l'un, l'homme pratique et expérimenté, exhorte le poète à se désintéresser de la lutte contre le mal et pour le mieux; l'autre, le fou, le poète, veut s'y jeter à corps perdu. Le premier dit au poète :

> Jeune homme, ainsi le sort nous presse,
> Ne joins pas dans ta folle ivresse,
> Les maux du monde à ton malheur.....
> ....
> Les hommes vont aux précipices,
> Tes chants ne les sauveront pas.

Le poète lui répond avec enthousiasme :

> Le poète, en des temps de crime,
> Fidèle aux justes qu'on opprime,
> Célèbre, imite les héros.....

Ces deux personnages de son poème, Hugo les a heureusement associés et fondus dans sa vie. Il a été l'enthousiaste et le bon ménager. Il a été, comme Goethe, un poète et un sage. Il a embrassé fièrement son devoir dans les heures difficiles et cruelles; il a défendu le droit et son droit; il s'est acquis le moyen de subsister indépendant de son époque et de ses tristes vicissitudes, et il est mort, comblé de jours, sous un toit à lui, au milieu des siens, leur léguant un avenir sûr et tranquille, pleurant doucement à ses petits-enfants qui pleuraient.

(*Journal des Débats* du 1er juin 1885.)

DEUXIÈME PARTIE

—

1852

M. ALEXANDRE DUMAS FILS

SES PREMIÈRES ŒUVRES
SON PUBLIC. — LA SOCIÉTÉ DE SON TEMPS

(1850-1858)

I

DU PUBLIC LITTÉRAIRE VERS 1858

L'enthousiasme, pour les œuvres de l'esprit et de l'art, ne s'est jamais manifesté par des mouvements plus vifs, que depuis qu'on croit pouvoir, à bon droit, accuser le public de mettre uniquement sa passion dans les intérêts solides. Supposez un homme élevé à Paris, qui l'a quitté vers la fin de 1847; il y est revenu pour la première fois l'hiver dernier. Il court d'abord à la salle Favart; s'il est Parisien du bon cru, sa première pensée ne saurait le conduire ailleurs. On reprend *la Fiancée* et *Fra Diavolo*. Il écoute, il se renverse sur son fauteuil en fermant les yeux; il s'abandonne aux images du temps passé qui jaillissent, avec les notes connues, des archets de l'orchestre. Comme Chollet, qu'il a vu dans ses jeunes

ans, chantait ce grand air! Avec quelle puissance de
grâce madame Darcier enlevait ce duo de *la Fiancée*!
Tout à coup, des bravos redoublés l'éveillent de son
rêve; c'est une chanteuse sans voix qu'on rappelle; il
s'informe, et il apprend que cette cérémonie se renou-
velle chaque jour, sur une scène où il se souvient à
peine d'avoir entendu rappeler Roger une fois l'an.
La semaine d'après, il assiste à la première représentation du *Fils Naturel*. Le parterre ne se contente plus des acteurs; il réclame à grands cris l'auteur lui-même; il le veut voir en personne sur les
planches; sa légitime admiration ne sera satisfaite
qu'à ce prix. Notre homme se frotte les yeux; et
qu'est-ce le lendemain, quand son journal lui certifie
qu'il a eu le bonheur d'écouter la veille ni plus ni
moins que « la meilleure comédie qu'on ait écrite en
France depuis cent ans »!

Si l'homme de goût, ainsi transporté après dix ans
au milieu des triomphes du jour, est enclin à se
défier de lui-même, il finira, de guerre lasse, par se
persuader qu'il ne saurait avoir raison contre des
suffrages exprimés avec tant d'ardeur à une époque
où, de l'aveu de tous, l'ardeur est, en de telles
matières, si rare; que l'absence l'a dépaysé, ou qu'il
vieillit sans le savoir, et devient, selon la destinée
commune, panégyriste du temps passé. S'il se tient
ferme contre l'opinion générale, il songera que c'est
le jugement des choses de l'esprit qui, depuis dix
ans, a dû se déplacer; que l'attention du public a été
brusquement détournée de la littérature par une révo-

lution politique dont l'issue, longtemps incertaine, a
absorbé tout son intérêt, qu'au moment où il a eu le
loisir de revenir aux lettres ; par une illusion fort
naturelle, il s'est préparé à assister à leur résurrection, et n'a pu s'empêcher de prendre un recom-
mencement pour une renaissance ; que, d'ailleurs, le
goût n'ayant point manqué de faiblir par la seule
raison qu'il y avait eu interruption dans l'exercice
du goût, peu de gens se sont retrouvés en face des
ouvrages de l'esprit avec les mêmes qualités ou les
mêmes sentiments qu'autrefois ; que des symptômes
de toute sorte l'attestent, et, plus que tout, le dis-
crédit soudain où sont tombés la plupart des écrivains
populaires avant 48 : les uns, définitivement passés à
l'état de souvenir ; les autres, déjà moins lus ; celui-ci,
le lendemain de ses glorieuses funérailles, traité de
versificateur bourgeois ; cet autre, trente ans le
favori de la scène française, poursuivi d'épigrammes
dédaigneuses ; tous ensemble, par une punition qui
dépasse bien terriblement les péchés dont ils ont pu
se rendre coupables, livrés en proie aux discussions
réalistes et aux petites innocences oratoires, couron-
nées par l'Académie des sciences morales et politiques. Il reconnaîtra ensuite, ce qui est plus grave,
que le mouvement inusité des affaires, les spéculations hardies, les coups du sort, plus fréquents au
lendemain d'une révolution, ont porté au premier
rang de la société un flot nouveau de bourgeoisie,
dont la fortune a été prompte, dont l'éducation sera
lente, qui a voulu néanmoins, par droit de fortune,

se donner les jouissances de l'esprit avant d'avoir l'esprit cultivé; que les chemins de fer, influant d'une façon bizarre sur l'état intellectuel de la société comme sur son état économique, versent chaque jour dans ce Paris, juge souverain des questions d'art, une masse mobile, mais serrée, continue, de provinciaux affairés, à peine munis d'un peu d'orthographe et de latin, n'ayant fait que des lectures sans choix, qui s'établissent ici, pour une saison, avec leur femme, leurs enfants et leurs petits-enfants, admirent, l'après-midi, les boulevards et les restaurateurs en vogue, veulent, le soir, admirer les théâtres et y forment une portion notable des spectateurs; que, de la sorte, les décisions suprêmes, en matière de littérature, sont soumises à un public sans expérience, pour qui tout est prodige et nouveauté, qui est pressé, qui ne demande qu'à être ému d'une façon quelconque du roman nouveau, qui se divertit au pas de course en des salles de spectacle, devenues succursales de la Bourse. Que conclure de faits si évidents? une vérité bien simple : c'est que cette monnaie d'applaudissements, qui est le signe sensible du succès, n'a, comme toutes les monnaies, qu'une valeur variable. Le succès ressemble aux présents que se font les amants, dont la prodigalité ne constitue point le prix. De même qu'il fut un bon vieux temps

> Qui sans grand art et soin se démenoit;
> Si qu'un bouquet donné d'amour profonde,
> C'était donner toute la terre ronde;

de même il est des époques où un jardin, dévasté en

l'honneur de madame Ristori, ne vaut peut-être pas la simple fleur tombant jadis pour Rachel de la main délicate d'un amoureux de vingt ans, qui ne lisait pas *Bérénice* pour la première fois, le jour de la représentation. La critique, digne de ce nom, n'a pas autre chose à se dire. Elle est vis-à-vis du succès dans la situation du roseau pensant. Le succès l'accable; mais, tout accablée qu'elle en soit, elle ne perd ni le droit, ni la force de le juger.

M. Alexandre Dumas fils, à qui nous devons la haute comédie réaliste, a réussi : c'est le grand mot. Ses romans ont été tout de suite remarqués. Sur cinq pièces qu'il a fait représenter, il compte trois triomphes retentissants, et pas un revers [1]. Il a su ménager habilement sa réputation. Au lieu de se gaspiller avec une légèreté dédaigneuse des vains artifices de la tenue, comme quelqu'un qu'il connaît de près, il s'est pris, dès son début, fort au sérieux; ce qui impose toujours au prochain. On peut prédire, sans crainte d'erreur, qu'il ne sera pas réduit, vers la fin de sa carrière, à dépenser dans la rédaction d'un *Cuisinier parfait* les restes d'une ardeur qui s'éteint. L'art lui-même, il s'est habitué à le traiter de bonne heure, non point sans doute avec le respect fervent qu'il mérite, mais avec gravité. Il cherche patiemment sa voie, il étudie, il est docile à de cer-

---

1. Nous rappelons que ces cinq premières pièces toutes d'avant 1859 sont, par ordre de dates : *la Dame aux Camélias* (1852); *Diane de Lys* (1853); *le Demi-Monde* (1855); *la Question d'argent* (1857); *le Fils naturel* (1858).

tains avertissements, il ne choisit pas le premier
sujet venu. S'il presse ses succès, il serait injuste d'insinuer qu'il les exploite,.et toute la certitude qu'il a
d'obtenir, pour chacune de ses pièces, un accueil
enthousiaste et fructueux, n'a encore pu le décider
à écrire plus d'un chef-d'œuvre par an. Cette sage
conduite n'a pas peu contribué à le grandir dans
l'estime du public.

Il est temps de se demander si son mérite a crû en
proportion de l'engouement qu'on témoigne pour lui.
Nul écrivain n'est plus propre que M. Dumas à
dérouter la critique. Il a une vocation véritable pour
le théâtre; il faut qu'il en possède à fond la science
pour parvenir, comme il y parvient dans ses meilleurs
moments, à maîtriser le spectateur sans recourir à
aucune des ruses ni des recherches les plus permises
de l'art scénique. Il n'évite pas pour cela de tomber,
à chaque pas, en des fautes d'enfant; on dirait alors
que son talent est sans ressources aussi bien que sans
règle. Il travaille avec conscience, ses amis le
publient, et nous le croyons volontiers; vingt et vingt
scènes de ses comédies attestent les longs efforts et le
labeur énergique. Mais ces efforts, qui se concentrent
sur un ou deux points, n'empêchent pas que le reste
n'aille à la dérive, et ce labeur, tout énergique qu'il
est, s'allie sans difficulté à la négligence la plus déterminée. L'a-t-on assez accusé de ne se plaire que dans
les sociétés équivoques? La vérité est qu'il pousse, la
plupart du temps, jusqu'au fétichisme le culte des
situations régulières. Si c'est, comme on l'a dit, pour

répondre à *la Dame aux Camélias* et au *Demi-Monde*
que M. Émile Augier a écrit *le Mariage d'Olympe*, il
s'est donné là une peine bien inutile; car *le Demi-
Monde* et *la Dame aux Camélias* sont en définitive
du même avis que *le Mariage d'Olympe*. Nous ne
voulons pas étendre ces réflexions préliminaires, et
tracer d'avance le tableau systématique d'une destinée littéraire, où de riches qualités sont demeurées
improductives, et où des qualités indigentes ont
produit le succès. Nous aurions l'air, en la résumant,
de jouer aux contrastes. Nous prions cependant le
lecteur de ne pas être trop surpris si une étude
d'ensemble d'ouvrages de M. Dumas fils heurte en
lui beaucoup d'idées préconçues.

II

DES ROMANS DE M. DUMAS FILS

Pour bien connaître M. Dumas, c'est dans ses
romans qu'on doit d'abord le chercher. Il a fait là
son apprentissage; il y a essayé, dans la demi-clarté
du livre, quelques-uns des héros qu'il a produits
ensuite au grand jour de la rampe. Mais, en passant
du livre au théâtre, ceux-ci ont subi plus d'une

transformation, et lui-même a encore plus changé.

Il s'en faut que la lecture en soit fade, lorsqu'on a soin de la prendre à petite dose. Comment se fait-il qu'on lise avec charme ce que la réflexion doit condamner ensuite comme médiocre? La raison en est dans un phénomène assez curieux, mais qui n'a rien de particulier à notre époque, quoique nous le subissons en ce moment; aussi régulier que le retour des saisons, il se présente à période fixe dans l'histoire des littératures et il suffirait, même avec un public moins accommodant que le public d'aujourd'hui, pour expliquer le succès de beaucoup de nos auteurs. Toute époque littéraire, signalée par le développement et la prédominance de tels ou tels genres littéraires, est immédiatement suivie d'un temps, plus ou moins long, qu'on pourrait définir l'âge des épigones, et où ces genres continuent de subsister et de plaire en vertu de la force acquise. Il est également difficile alors aux écrivains nouveaux de s'élever au-dessus du médiocre, et de tomber au-dessous du tolérable. Ce n'est pas un bonheur, avec du génie, de naître dans cette saison tardive. Tout est dit. Ceux qui sont venus avant nous ont exercé le droit de premier occupant; ils nous ont ravi les sujets qui nous eussent le plus tenté.

Leurs écrits sont des vols qu'ils nous ont faits d'avance.

Il faut des efforts, dont leur étoile les a exemptés, pour trouver encore après eux à se tailler une part,

bien moins riche que la leur. Mais pour qui n'a reçu
de la nature que d'heureuses facultés sans goût
chimérique de perfection, pour qui a pris la sage
résolution de s'être à lui-même débonnaire et clément,
de laisser aller le monde comme il va, et ses propres
œuvres comme elles pourront, pour qui a l'esprit
leste, le corps sain, l'œil au guet, la main prompte à
se façonner, vive le temps des épigones! Tout est
dit; on a des modèles de tout; il n'est que de les
reproduire, et l'on ne saurait errer absolument. L'art
devient une recette. Du temps que florissait la tragédie, après Racine et Corneille, quel homme d'un
peu de talent, pourvu qu'il voulût bien faire l'apprentissage de l'alexandrin, n'arrivait point à écrire tant
bien que mal ses cinq actes, presque suffisants? De
même aujourd'hui, celui-là serait bien abandonné
d'Apollon et des neuf Muses qui, ayant pris, si peu
que ce soit, l'air du collège, s'étant rompu de bonne
heure par un exercice assidu à ce qu'on appelle la
facture, ne parviendrait pas à composer des romans
qui en valent d'autres, ou des comédies bourgeoises,
se tenant très correctement sur leurs cinq pieds. Une
foule de types, de situations, d'idées et de moyens,
sont tombés dans la circulation; quoi de plus simple
que de combiner ces éléments tout prêts d'avance? Ce
qui donne de nos jours à cette espèce de travail une
sécurité singulière, ce sont les vicissitudes rapides par
lesquelles le goût a passé depuis Gœthe et Rousseau.
Cinq ou six couches de sentiments romanesques et d'é-
motions dramatiques gisent là superposées l'une à

l'autre ; creusez le sol, à un moment donné, jusqu'à la troisième couche; vous en tirerez toujours quelque oripeau que vous rajeunirez d'autant plus sûrement qu'on l'aura plus oublié. Celui qui veut réussir dans ce va-et-vient des modes littéraires n'a qu'à reprendre hardiment le surlendemain les personnages et les costumes de l'avant-veille. Pourquoi M. Victor Séjour, avec une rapsodie aussi insipide que son *Richard III*, est-il devenu une manière d'auteur en crédit, si ce n'est parce qu'il a eu le courage de ramener 1832 en 1850, et de nous resservir, en y mettant le moins de façon possible, non pas même les qualités discutables, mais uniquement le bric-à-brac du *Sonneur de Saint-Paul*, de *la Tour de Nesle* et de *Marie Tudor*? Au milieu de ces changements, d'ailleurs, un fond persiste, auquel le public est habitué et qu'on peut continuer d'exploiter sans crainte. Pour les grands artistes, le public est comme un instrument toujours inconnu, sur lequel ils risquent des effets toujours nouveaux. Pour l'homme habile, l'instrument se compose de deux ou trois cordes sensibles, pas plus, pas moins, qui courent en ce sens et non autrement, qui sans nul doute commencent ici pour finir là, et duquel il se tient assuré de tirer, quand il voudra, les plus belles notes du monde, en le frappant à une certaine place définie, d'une certaine façon consacrée. La merveille est que le public, aussi longtemps qu'un genre aimé garde un peu de vie et de mouvement, ne fût-ce qu'une vie toute mécanique, ne fût-ce que le mouvement de l'auto-

mate, se montre volontiers incapable de discerner l'artiste supérieur en ce genre de l'homme habile. Le genre
l'amuse ; il suffit. Ira-t-il se donner la peine de séparer
l'artificiel du naïf, l'à peu près du parfait, la copie
de l'original, *Grangette* de *Frédéric et Bernerette*, le
Roman d'une femme de *la Double Méprise*, les bizarreries laborieuses de M. Dumas fils des jaillissantes
gasconnades de M. Dumas père? C'est la postérité
seule qui fait définitivement ce triage dont s'avisent
à peine, parmi les contemporains, un petit nombre
d'esprits d'élite. Pour revenir à l'exemple, cité plus
haut, de la tragédie classique, croit-on qu'il y eût au
xviiie siècle beaucoup de personnes assez dégagées
des impressions du jour pour mettre quelque différence entre les maximes philosophiques dont
Guimond de la Touche a orné son *Iphigénie*, et
celles qui sont dans *Mérope*? Croit-on que dans la
première ferveur on n'élevait point *Alzire* à côté de
Polyeucte? C'est ainsi que le public le plus éclairé,
quand il s'agit de son genre favori, se trouve sujet à
d'éclatantes méprises.

Que sera-ce du public d'à présent?

Je sais très bien distinguer M. Alexandre Dumas
fils de beaucoup de ses contemporains. Mais, à le
considérer comme auteur de romans, M. Alexandre
Dumas est un épigone qui prend tout doucement sa
condition d'épigone comme elle est. Ce que ses devan-
ciers ont pu composer de beaux ouvrages ne le tourmente point. Il n'est pas de ces Alexandre qui s'écrient
en gémissant : « Ah! mes amis, vous verrez que Phi-

lippe ne nous laissera rien à faire! » La première chose dont il se sente redevable à son père, c'est que celui-ci ait beaucoup écrit pour lui fournir la commodité de quelquefois transcrire. Les romans et les nouvelles qu'il a publiées, forment une douzaine de volumes. Ce sont romans qui ont eu plusieurs éditions, on ne peut, dans leur ensemble, les caractériser autrement, bien que deux ou trois d'entre eux ne soient pas sans mérite. *La Dame aux Camélias*, notamment, a paru digne, aux yeux de bons juges, de faire exception entre les autres par une verve sincère de jeunesse, une grande puissance de vérité et quelques beaux endroits. Mais que de négligences! que de prétentions! Quelle idée antipoétique, et quel contresens que cette scène de l'exhumation, exécutée, comme elle l'est, qui vise au triste, et n'atteint que le répugnant! Encore *la Dame aux Camélias* est-il l'un des rares romans de M. Dumas où l'on rencontre des traces de style. Ailleurs, c'est ce qui manque le plus. Vous voyez déjà ici ce que vous retrouverez dans les comédies, un auteur qui ne s'effraye nullement des lieux communs, pourvu qu'ils soient exprimés dans la langue la plus commune, qui parle avec la pleine conscience que tout vaut la peine d'être dit, qui ne croit pas qu'il existe au monde de remarques puériles, hardi et fier dans la banalité. Avec cela, peu de caractères créés, assez souvent de prétendues histoires de la société parisienne, aussi vraisemblables que le voyage de Cyrano de Bergerac dans la lune; partout des réminiscences; Prosper Mérimée, Stendhal, Alfred

de Musset, Alexandre Dumas, sont juxtaposés et fondus l'un dans l'autre. Après une tirade à l'Eugène
Sue, un peu de Paul Féval succède à un peu de madame Sand. Paul de Kock même a son coin ; l'ingénuité de ses réflexions sur le cœur humain paraît
avoir fait envie à l'auteur de *Trois hommes forts*.
Mais Paul de Kock lui-même, dans son coin, est affadi
comme le reste.

Doit-on s'étonner, maintenant, que les récits de
M. Dumas fils, malgré les défauts qu'on y relève, se
lisent sans effort et tout d'une suite? Nous sommes
formés à cette lecture par celles dont nous avons été
nourris; nous y reconnaissons l'habile copie de ce qui
nous a émus et charmés pendant vingt ans. Et puis,
M. Dumas ne songe pas toujours à faire l'auteur; il
se souvient des autres pour sa seule jouissance ; il les
imite d'entraînement; c'est un disciple qui se joue
parmi les séductions des maîtres qu'il aime, et nous
le suivons alors avec d'autant plus d'abandon. C'est
en nous retenant nous-mêmes, pour nous forcer à
devenir attentifs, c'est en luttant contre la pente de
nos habitudes, que nous parvenons à démêler en quoi
cette seconde édition des histoires qui nous ont plu,
est inférieure à la première. M. Dumas fils y montre,
d'ailleurs, des qualités, très incomplètes, il est vrai,
trop facilement contentes du peu qu'elles fournissent,
mais qui n'en contribuent pas moins à l'illusion. L'aisance et la précision de son dialogue, où s'annonce
l'écrivain né pour le théâtre, nous emporte lestement
à travers quantité de pages vides. Ses grandes dames

gagneraient à redouter un peu plus le baroque. Il est
rare, cependant, qu'elles n'attachent point; on les
sent vivre. Ce serait beaucoup dire, d'affirmer que
M. Dumas possède à un haut degré le discernement
délicat des nuances et des contradictions dont l'âme
féminine s'est enrichie depuis la chute des sociétés
anciennes, et que nos grands psychologues français,
La Rochefoucauld, La Bruyère, Racine, Stendhal, y
ont tour à tour découvertes. Mais il a le sentiment
très vif de ce que Gœthe appelle l'éternel féminin.
En cela, vraiment digne et vraiment sûr de plaire,
tant il s'est bien approprié ce je ne sais quoi de tendre
et de tiède qui vous prend au cœur, vous imprègne,
vous amollit, et vous rend tout aimant devant des
créatures tout aimables! Comme la plupart de nos
poètes du xixᵉ siècle, il produit en ce genre des effets
qui sont tout de musique; tel de ses récits se lirait
bien après une valse de Strauss, entendue dans un
salon resplendissant de lumières, et nous y éprouverions la même sensation maladive et douce.

Il faut considérer que les personnages d'hommes, au
contraire, ne tournent jamais à sa gloire. Il y a en eux
autant de rigidité qu'il y a dans les femmes d'aisance,
de mouvement souple, de chaleur circulante, d'ondu-
lations. Ce sont esquisses qui ne frappent que par la
puérilité placide du dessin ; témoin ce politique du
Roman d'une femme, si agaçant de perfection ; témoin
encore, le lugubre Saint-Ile qui nous ramène sans
broncher à *Victor ou l'Enfant de la forêt*. S'il est
vrai que la femme représente dans la vie l'imprévu.

le mystérieux, la grâce, le romanesque, tandis que l'homme a tous les droits du monde à n'être que la vulgaire prose, et, si l'on songe que M. Dumas, maladroit à plaisir dans l'ébauche des caractères d'homme, réussit moins encore à analyser des caractères de femme qu'à bien rendre l'indéfinissable charme de la nature féminine, on est conduit à lui supposer plutôt le goût des conceptions poétiques que celui de l'observation réfléchie. Je ne préjuge rien de ses facultés; je ne prétends point l'exclure de ceci, ni l'emprisonner dans cela; je le prends, pour le moment, tel que ses romans nous le montrent, et ils nous montrent tout le contraire de l'idée que le public a été amené à se former de lui d'après son théâtre. Les *Aventures de quatre femmes et d'un perroquet* ne laissent pressentir, ni de près ni de loin, *le Fils Naturel*; un pareil livre se doit définir *les Mille et une Nuits* de la vie contemporaine. C'est le plus rapide, le plus riche, et, à notre gré, le meilleur de ses romans, et l'imagination en fait tous les frais. M. Dumas échoue dans ce qui relève exclusivement de l'observation; il regarde mal, il manque d'attention, il arrange la réalité ou la dérange, il ne voit point les objets à leur taille, ni dans leur jour; il ne sait point juger. De temps à autre, il cède à la tentation d'introduire dans ses récits de brillantes digressions critiques; il ne tombe jamais plus au-dessous de lui-même. C'est d'ailleurs par l'observation intempestive qu'il achève de gâter celles de ses fantaisies qui sont déjà médiocres. Il crée des personnages impossibles qui, à

défaut d'autres qualités, intéresseraient du moins
grossièrement le lecteur. Et il analyse leurs sentiments comme s'il s'agissait d'Adolphe et d'Ellénore !
Et il se pique à les soumettre à une sorte « d'anatomie
morale » ! Que dirait-on d'un naturaliste, écrivant
l'anatomie des Centaures et expliquant, par des raisons tirées de la circulation du sang, le phénomène
de la femme métamorphosée en chatte ! Et de même
qu'il gâte la fantaisie en y mêlant, hors de propos,
l'observation, il l'outre en oubliant qu'il faut quelquefois observer, il la pousse jusqu'à un fantastique malheureusement sans puissance. Son principal charme
est de conter sans autre but que de conter ; l'un de ses
défauts est de se figurer que tout conte doit plaire,
pourvu que ce soit un conte. Du reste, le plus parfait
dédain de l'exactitude extérieure et matérielle, dont
il a affecté depuis le souci fanatique. S'il a besoin
d'un évêque, sa dernière inquiétude est de savoir où
il placera son évêché ; il nous met un évêché à Niort
sans plus de difficulté que le pont du Gard en Pro-
vence. Il fait partir ses personnages pour leur terre
de Bretagne, et cette terre bretonne se trouve être à
deux lieues de Poitiers, en Poitou. Assurément, ce
sont là menus péchés ; à condition, toutefois, que les
allures réalistes ne viennent pas y faire contraste.
Comment a-t-il pu arriver qu'un romancier qui
s'abandonne ainsi à toutes les bizarreries de l'imagination, bien loin d'en redouter le légitime usage, devint
au théâtre le héros d'une école dont la prétention
spéciale est de bien observer, de reproduire sans choix

et à son gré tout ce que fournit l'observation, de rejeter tout ce qui émane d'une autre source, et d'interdire à l'artiste de s'élever au-dessus de la copie mécanique des objets? Cette transformation a de quoi
exciter la surprise ; l'étude attentive des comédies de
M. Dumas ne l'explique que trop.

III

DES COMÉDIES DE M. DUMAS FILS ET DU RÉALISME AU THÉATRE

On remarque dans ces comédies un singulier progrès. Chaque pas de M. Dumas dans la carrière dramatique nous le montre avec un don naturel de moins.
Telle de ses pièces peut offrir une scène ou un acte
si supérieurement conduit. qu'on doit convenir que
l'auteur. dans les précédentes. n'avait jamais paru si
habile à manier l'esprit du spectateur. Mais, dans les
précédentes, il avait témoigné d'une plus grande
variété de talents. Il déploie plus de moyens dans les
deux premières que dans les trois autres, et la troisième révèle un art de composition qu'on chercherait
vainement dans les deux dernières. C'est ainsi que
M. Dumas va toujours s'allégeant de ses qualités. Je
laisse à deviner pourquoi à ceux qui savent par expé-

rience que le difficile, pour un écrivain, n'est point
tant de gouverner les différentes facultés de son esprit
que de jouir de toutes en les gouvernant; ceux-là
soupçonnent déjà ce qui lui a plu si fort du réalisme,
et nous le verrons encore mieux tout à l'heure.
Contentons-nous, pour le moment, de constater que
ses efforts n'ont tendu, jusqu'ici, qu'à échapper à
l'embarras des richesses, et que, soit d'instinct, soit
de parti pris, il s'est fait le plus pauvre possible. Et,
pour le dire en passant, devons-nous reconnaître un
artiste dans l'homme tranquillement résigné à rester
au-dessous de ses qualités, qui les laisse stériles de
peur de les trouver importunes, et n'évite de succomber à la confusion des idées qu'en désertant devant
elles? Le véritable artiste, aux prises avec l'inspiration,
est semblable à Jacob qui lutte avec l'ange et le
terrasse. M. Dumas fils, poliment, eût prié l'ange de
reprendre son vol vers le ciel ; il ressemble au soldat
qui jette ses cartouches afin de marcher plus à l'aise
à la bataille.

La simplicité des moyens paraît être au théâtre la
grande loi de M. Dumas fils. C'était celle de nos écrivains du XVIIe siècle; c'est la loi de tous les bons
esprits en tout temps et en tout pays. Cette simplicité ne plaît à personne plus qu'au Français; notre
humeur penche de ce côté. Il ne fallait pas être grand
prophète, même au plus fort des imbroglios romantiques, pour prédire que le goût en renaîtrait tôt ou tard,
ne fût-ce que par lassitude du cliquetis des drames de
cape et d'épée. A vrai dire, il ne s'est jamais complè-

tement perdu; mais le retour au simple est surtout
visible depuis quelques années; on observe dans la
plupart des œuvres de l'heure présente, non pas précisément le pur esprit classique, mais cet ensemble
de procédés qui en est l'enveloppe matérielle; sans
beaucoup de malice, on montrerait jusqu'au piteux
confident de l'ancienne tragédie, ressuscité dans les
pièces de M. Alexandre Dumas fils; et le roman nouveau est à la mode d'*Adolphe*, du moins on le dit.
Joconde n'a pas plus que nous parcouru l'univers; il
n'a pas plus que nous soupiré au hasard. Nous avons
été pittoresques avec l'Angleterre, romanesques avec
l'Espagne, mélancoliques avec l'Allemagne et légèrement goths avec tout le monde. Nous voilà revenus
à nos premières amours, Français comme toujours,
Français et sémillants. Je suis charmé d'une métamorphose qui s'opère au profit de l'humeur nationale.
Cependant j'oserais adresser une requête à la simplicité triomphante : ce serait de ne point s'exagérer
elle-même, de n'être ni trop dépouillée d'artifices, ni
trop crue, et de simplifier, si tel était son bon plaisir,
par voie de coordination et non par voie de retranchement.

Or, la méthode de retranchement est celle que
M. Dumas a préférée, la jugeant de tout point plus
confortable. Il a imaginé, et il parait vouloir porter,
par degrés successifs, à son point de perfection, un
genre nouveau de comédie, dégagée de tous les
ornements d'emprunt dont les auteurs comiques se
croyaient jadis contraints, par les préjugés littéraires,

8.

d'embarrasser leurs œuvres. La première nécessité fâcheuse dont il se soit affranchi, est celle de se tracer un plan. Je ne sais par quelle fortune il est advenu que *le Demi-Monde* est une pièce bien conduite. Mais on ne découvrira point ailleurs dans M. Dumas une comédie qui, ayant un commencement, un milieu et une fin, commence et finisse à peu près comme elle doit, bien loin qu'on y trouve une seconde fois cette exposition rapide et nette, cette lutte de deux situations ennemies, accusée par des traits sobres et bien choisis, cette trame serrée qui lie entre elles toutes les parties de l'action, ce dénouement qui la couronne. Dira-t-on que *la Dame aux Camélias* et *Diane de Lys* sont des œuvres théâtrales? Ce sont des romans mis en dialogue, qui promènent le spectateur à travers une série indéfinie de petits faits dont il aperçoit rarement la liaison nécessaire. Demandez-vous un peu pourquoi, dans *Diane de Lys*, le comte surprenant Paul Aubry avec sa femme à la fin du quatrième acte, ne le tue point, et pourquoi il le tue au cinquième! C'est, je suppose, qu'il n'est pas d'usage de terminer après le quatrième acte, et qu'au cinquième il faut de toute nécessité finir. Ce drame de *Diane de Lys* ressemble à une course au clocher. Chaque personnage s'y essouffle à poursuivre les autres. L'attrapera-t-il, ne l'attrapera-t-il pas, toute l'action est là. Au reste, les paquebots et les railways jouent dans le théâtre de M. Dumas un rôle considérable. Cela se conçoit. Le tissu de l'intrigue étant si lâche, les personnages, disjoints l'un de l'autre.

tendent à s'en aller chacun de son côté; comme ils
n'ont point de centre de gravité, ils oscillent au
hasard, et il faut bientôt renoncer à s'expliquer leurs
mouvements. Ils partent? bonsoir! Ils reviennent?
bonjour! Il en est qui accomplissent dans l'intervalle de deux scènes des voyages transmaritimes; c'est
miracle qu'ils se rencontrent quelquefois pour se
parler de leurs affaires. Rien ne prouve mieux qu'une
œuvre théâtrale n'est point, aux yeux de M. Dumas
fils, un tout organique qui se développe en vertu de
sa propre loi, mais une suite arbitraire de tableaux
de marionnettes où l'auteur, ne reconnaissant d'autre
règle que son bon plaisir et le besoin du moment,
dispose à son gré des acteurs, les prend, les laisse, les
ramène, et allègue pour toute raison qu'il tient la
ficelle.

Le dernier succès de M. Dumas, *le Fils Naturel*, doit
être considéré comme un des chefs-d'œuvre de ce genre
sans contrainte. On commettrait une injustice criante
d'insinuer que, dans cette seule pièce, on compte trois
ou quatre sujets différents de comédie et de drame,
car il y en a peut-être six. Premier sujet : Clara sera-
t-elle abandonnée? Second sujet : M. de Boisceny
épousera-t-il mademoiselle Hermine, malgré sa
grand'mère? Troisième sujet : la naissance de M. de
Boisceny une fois connue, que va-t-il se passer entre
le père et le fils? L'intérêt se tend alors au plus haut
point; mais on s'aperçoit, après deux scènes, qu'il ne
se passe rien du tout, et il faut bien en revenir, qu'on
le veuille ou non, aux deux amants. Derechef, M. de

Boisceny, devenu Jacques tout court, épousera-t-il, en cette qualité nouvelle, mademoiselle Hermine? C'est le quatrième sujet. On ne doute point que ce ne soit enfin le véritable ; on le tient, on s'y cramponne, on ne veut plus s'en dessaisir. Ah bien, oui ! mademoiselle Hermine, sans colère ni menaces, déclare résolument qu'à sa majorité elle prendra Jacques Sternay pour mari, en vertu des prérogatives que reconnaît le code Napoléon aux filles majeures. Dès lors, adieu les péripéties! Nous n'avons plus, pour savoir la suite, qu'à ouvrir le code, titre V, chapitre premier : *Des qualités et conditions requises pour contracter mariage* ; et voilà notre quatrième sujet évanoui!... Patience! ce n'était peut-être jusqu'ici que préliminaires, et l'auteur ne va point manquer de fixer définitivement son terrain. — Au contraire, à partir de ce moment, toute espèce de terrain se dérobe sous lui. Le père tire à droite, le fils tire à gauche, c'est une dislocation générale; Ibrahim-Pacha, la bataille de Nézib, le gouvernement constitutionnel, sultan Mahmoud, il n'est rien sous le soleil qui ne puisse, à son heure, intervenir dans le cours du drame. Il semble difficile de pousser plus loin le sans-façon ; et pourtant, M. Dumas a des ressources qui vont encore au delà. Dans *le Fils Naturel*, comme dans *Diane de Lys*, nous distinguons à la rigueur un certain plan grossier, une ébauche, une tentative, une idée, une transparence de plan. Pourvu que nous ne cherchions point, parmi tant de vicissitudes, une action dramatique bien suivie, nous pouvons nous

intéresser aux aventures, quelles qu'elles soient, d'un
personnage principal, quel qu'il soit, et, puisqu'on a
l'extrême politesse de nous conter son histoire, l'ouïr
en toute charité, sans nous demander pourquoi on
nous la conte. Il n'est que de prendre les choses par
le bon côté, et, en s'armant de philosophie, on arrive
à remercier M. Dumas avec effusion de n'avoir point
commencé *le Fils Naturel* avant la naissance de l'enfant, comme son procédé patriarcal de composition
lui en conférait l'imprescriptible droit. Mais à quoi
se raccrocher dans *la Question d'argent?* Pourquoi
et pour qui est-on venu au théâtre? Est-ce pour l'in-
tendant vertueux et sa fille, pour René de Charzay,
pour Jean, pour la famille Durieu? où est le principal,
où est le secondaire? L'intérêt doit-il résider seulement dans l'abstraction que représente le titre, et s'y
trouve-t-il en effet? le cherche qui voudra! Il serait
moins malaisé de déchiffrer une inscription cunéi-
forme.

Une trop grande simplicité d'allures produit, on le
voit, sur la scène, autre chose que l'ordre. Cette confusion, qui naît du défaut de plan, est-elle compensée
chez M. Dumas fils par le style et le développement
dramatique des caractères, dont le style est l'expression? Les uns disent oui, les autres non; entre l'opinion des uns et celle des autres, il y a un système, et
c'est ici que se dresse, devant nous, la redoutable
question du réalisme.

Je n'aurai pas la naïveté de la résoudre. Si la
reproduction stricte de la réalité est possible quelque

part, ce n'est pas au théâtre. Pour bien jouir d'une
œuvre théâtrale, il nous faut bénévolement fermer
les yeux sur trop d'accessoires imposés par la force
des choses, qui, si on les soumettait à la critique de la
raison pure, nous enlèveraient toute espèce d'illusion.
La réalité stricte avec un rideau qui tombe et se lève,
avec la loge du souffleur, avec les quinquets de la
rampe, avec des acteurs qui sont aujourd'hui Tartufe
et demain Alceste, avec une action qui dure des
années et qui se termine en trois heures! Des conditions spéciales dans lesquelles est placé le théâtre,
découlent évidemment certains droits spéciaux de
l'auteur dramatique sur la réalité qu'il reproduit: je
dis droits, je devrais dire d'inévitables nécessités. De
quoi sert-il d'alléguer en tel ou tel endroit le réalisme
rigide, lorsqu'il faudra qu'en vingt autres cette rigidité fléchisse devant les conventions générales en vertu
desquelles subsiste le théâtre? Ne s'aperçoit-on point
que, par l'établissement d'une doctrine dont l'application ne saurait être que partielle, on brise l'ensemble des règles logiquement engendrées les unes
des autres, qu'il faut observer pour écrire une bonne
pièce, et qu'un point dérangé dans la perspective la
bouleverse? S'il est des auteurs qui faussent la réalité,
ils dépassent leurs privilèges. Mais il n'en est point qui,
bon gré, mal gré, ne la façonnent pour l'adapter au
but qu'ils poursuivent : chacun d'eux a des procédés
particuliers qui ne sont point la nature brute, et
aucune théorie au monde n'aurait pu empêcher
M. Dumas d'avoir les siens tout comme Molière.

Seulement, Molière évite que le procédé porte atteinte
à la vérité des caractères, tandis que M. Dumas, à
l'occasion, ne croit pas payer trop cher, même de ce
prix, les attitudes à effet. Nous en citerions plus d'une
preuve, s'il n'était fastidieux de s'arrêter sur ces
détails, comme il nous serait aisé de faire voir, si
nous n'avions peur de paraître exagérer des minuties
que plus d'un épisode, dans ses comédies, exige de
nous au delà de la dose de crédulité complaisante que
nous avons accoutumé de porter au théâtre. Un
aparté aussi long que celui de Valentine et d'Hippolyte, au second acte du *Demi-Monde*, est-il, dans
la circonstance, bien naturel? Quand on a à traiter
des matières aussi délicates, choisit-on d'ordinaire le
moment où l'on se trouve dans un salon, en présence
de tiers, assurément trop polis pour voir et pour
écouter, mais qui ont des oreilles et des yeux? Nous
voulons bien accepter la situation telle que nous la
présente M. Dumas; mais, du moment que le système
s'humanise au point de l'admettre comme nous, con-
venons qu'il n'a point déjà l'humeur si farouche.

Qu'est-ce donc que le réalisme, puisqu'il sacrifie la
vérité et se moque de la vraisemblance? Le réalisme
est une invention normande qui consiste à se priver,
par principe, des petits talents qu'on n'a point reçus de
la nature ou de ceux qu'il serait trop pénible de
demander à l'étude. Se passer de goût, n'avoir point
d'esprit ou l'avoir vulgaire, ne garder de ce qui constitue l'art que la partie élémentaire, l'observation, et
n'observer que ce qui s'observe d'instinct et sans qu'on

le veuille, les surfaces; mettre les signes à la place
des sentiments; reproduire des gestes pour se dis-
penser d'être un interprète de l'âme; manquer la
poésie là où elle naît d'elle-même de la réalité; voilà
jusqu'à présent le plus clair des théories nouvelles en
littérature. Réaliste répond à tout. Réalisme est le
charme qui fait que l'horrible Alcine paraît au
paladin Roger une créature accomplie. Si ce mot
secourable n'eût existé, peut-être M. Alexandre Dumas
fils eût-il pris le parti de se raidir contre les facilités
pernicieuses. Quelle langue dramatique il se fût
donnée, dédaigneuse des vains ornements, mais ferme,
sobre, hardie et pleine, saillante sans effort, vous le
soupçonnez, à quelques scènes supérieures. De quel
style lâche il se contente, sous prétexte de réalisme,
vous le voyez partout. Oubliez le charme, passez à
votre doigt l'anneau d'Angélique, réfléchissez, et vous
serez aussi surpris que Roger, quand il s'aperçut que
sa bien-aimée était une femme si laide, qu'il n'en est
point sur la terre, ni de plus vieille, ni de plus
hideuse, quand il ne lui resta entre les bras qu'un
corps décharné, un visage ridé, quelques rares
cheveux blancs, six palmes de hauteur et plus de
dents. M. Dumas fils part de ce principe commode
que chacun de nous, quoi qu'il dise, fait de la prose
comique sans le savoir. Jargon technique des
courtiers, comédie! Notes du boucher et du boulanger, comédie! Revue de linge et chausures,
comédie! Trois et trois font six, comédie! et ne nous
vantez point les intentions profondes que recèle cette

langue nue, ni les circonstances qui lui donnent du
relief! C'est par le style que doivent éclater les
intentions; c'est par le style, et non autrement, que
ressortent des circonstances en elles-mêmes vulgaires. Que serait l'arithmétique de M. Fleurant, si
elle n'était vivifiée par les réflexions d'Argan?

« Il manque à M. Durieu un mouchoir que sa blan-
chisseuse a oublié de lui rapporter : elle lui a rendu
un gilet de dessous qui n'est pas à lui. C'est la même
marque, mais ce n'est pas la même étoffe. Le gilet
qu'elle lui a rendu est un croisé de coton, et les siens
sont en finette. C'est bien facile à reconnaître. Il ne
comprend pas qu'il y ait eu erreur!... » — Coule,
coule sans fin, — coule sans crainte, robinet de
M. Fleurant. Apprenons que M. Durieu a un tailleur,
et qu'il fait changer la doublure de son paletot; apprenons qu'il a un cordonnier, et qu'il se fait faire
deux paires de grosses bottines à doubles semelles ;
apprenons, réjouissons-nous et admirons. — Mais il
s'agit précisément de montrer dans M. Durieu, un
personnage égoïste et sec, froid et absolu, enfoncé
dans l'étroite économie de sa maison, qui réduit sa
femme à l'état de ménagère servile, et n'a pas même,
à défaut d'âme, de l'humeur? — Montrez-le par des
traits de verve, et non par ces phrases inertes. Faute
de choisir les détails et l'expression qui les doit
mettre en lumière, la trivialité est devenue pour
M. Dumas une seconde nature. Chose curieuse! A la
trivialité spontanée, il joint encore une trivialité
factice, qu'on n'acquiert pas sans l'avoir soigneuse-

ment cultivée; celle-ci n'est pas du tout du monde
réel; née de l'effort et de l'affectation, elle a été inventée
au théâtre pour les besoins de Lepeintre jeune et de
Ravel. « Le père Fressard m'a aligné quarante mille
francs... Qui est-ce qui se serait douté de ça !... *Est-ce
assez vicieux, la teinturerie?...* » C'est exactement ce
noble jargon que parlent *les Enfants du Délire*, et
MM. Cogniard frères n'ont jamais passé pour avoir
découvert un style. Je pardonne beaucoup à mademoiselle Olympe. Il est bien qu'elle soit fille de por-
tière; elle le sait, elle connaît les avantages de son
état, elle en use et abuse, et je le souffre. Mais
Aristide Fressard ! un si honnête homme, qui s'écrie
si bien : « Misérable ! » quand Jacques insulte sa
mère; qui témoigne à Clara une amitié si digne,
qui a cette justesse de sentiments qui vient de la
droiture du cœur ! ne se présente-t-il point des occasions où il doit s'exprimer autrement que mademoiselle Olympe, quelque vulgaire qu'il soit d'ailleurs de
tournure et de forme ! Ira-t-il dire de ses bonnes
amours de province, de ses seules amours : « Nous
faisions de la grosse poésie le soir... *du lord Byron
au kilo?...* » Ira-t-il dire de sa femme : « Quand on
aime une femme, plus il y en a... ? » Comment
M. Dumas n'a-t-il point senti qu'il y a ici un demi-
ton de trop, et que de telles choses, débitées en
plein théâtre, n'y sonnent point du même son léger
et rapide que dans une conversation intime, au coin
du feu !

Ces défaillances du tact viennent-elles du système,

ou n'est-ce pas plutôt le système qui en vient? Je
l'ignore. Mais M. Dumas en est la victime constante
et ingénue. On a peine à croire qu'il ait enrichi de
gaieté de cœur ses comédies des merveilleuses disser-
tations qu'on y rencontre à chaque pas. Il semble à
les lire que le monde soit né d'hier. Vous doutiez-
vous que l'adversité retrempe les hommes, que l'un
des plus doux plaisirs de la vie est de faire le bien,
qu'il existe des pauvres honteux, et que la vraie
charité les va chercher, pour les secourir, dans les
mansardes où ils se cachent? Ce sont les thèmes que
M. Dumas se plaît à développer. Au xvii⁰ siècle, quand
ces sujets d'amplification passaient encore pour être
dans leur fleur, d'abord on ne les transportait point sur
la scène ; quelque goût que l'on reproche à Corneille et
à Molière pour les généralités oratoires, il en est de si
générales qu'ils les jugeaient avec raison du domaine
exclusif de la chaire ; celle-ci même cherchait à se les
rendre propres par les applications spéciales qu'elle en
faisait à l'auditoire chrétien, et, si Balzac les prenait
en eux-mêmes, tels que les lui avait légués Sénèque
et Cicéron, il y ajoutait du moins l'intérêt d'une
langue qui luttait contre eux pour se former. Chez
M. Dumas, notons-le bien, il n'y a aucun effort d'expression ; tout cela est étalé, candide, et part d'une
âme qui ne soupçonne point le mal; c'est un tranquille épanouissement de platitude consciencieuse.
A force d'être porté aux nues, sur parole, par un public qui n'a rien lu, M. Dumas fils redevient en toute
sincérité aussi novice que lui. C'est particulièrement

dans ses deux dernières pièces qu'il nous ramène à cet
âge d'or de la poésie où l'on n'avait qu'à étendre la
main pour cueillir des fruits intacts. De là résulte un
des caractères de son style les plus dignes d'attention. Cet écrivain, qui est si essentiellement de notre
époque par l'humeur et le fond des idées, ce réaliste
fils d'un romantique, ce disciple de Mérimée, de
Stendhal, de Musset, prodigue avec assurance à notre
admiration tous les tours, tous les tropes, toutes les
figures favorites de tous les genres depuis longtemps fanés. On reconnaît et on salue au passage
l'ode antique, l'épithalame, l'héroïde. — L'ombre des
Campistron et des Colardot se promène à travers
ces phrases. Écoutez Jean Giraud, lorsqu'il chante
l'argent; il commence comme une *Messénienne* : « Où
va cette population qui se presse dans les rues?... »
N'espérez plus alors l'arrêter. « Pourquoi ces bou-
tiques, ces chemins de fer, ces usines, ces musées,

> Ces éléphants, ces armes, ce bagage,
> Et ces vaisseaux tout prêts à quitter le rivage,
> Disait au roi Pyrrhus un sage confident...

Vous êtes si bien lancé dans le courant de la vieille
et respectable épitre en vers, que je vous défie de
ne pas continuer la harangue de Jean Giraud par
celle de Cinéas. Puis M. de Cayolle se lève pour lui
répondre ; celui-là a pour spécialité l'histoire ancienne
et la moderne. « C'est à ce besoin d'argent que nous
devons... » — Remarquons, au préalable, deux
choses : d'abord, que madame Durieu préside le débat

à la façon de Célimène (les usages classiques sans la beauté classique); ensuite, que M. Dumas met ici un point suspensif. Le point suspensif, qu'il ne faut point confondre avec le point d'interruption nécessaire dans toute forme de discours, nécessaire surtout au théâtre, où les sentiments, dans leur rapidité, se succèdent sans liaison apparente, le point suspensif était une des plus chères roueries de l'ancienne école; le journaliste de la Restauration, grave défenseur, comme chacun sait, des saines traditions littéraires, usait du point suspensif presque autant que de l'apostrophe; il disait avec une ironie douce : « Ce sublime poète, c'était... M. Victor Hugo, » aussi volontiers que : « Et toi, Villèle, et toi !... » Le point suspensif prévenait loyalement le lecteur de reprendre haleine, de se recueillir, de ramasser ses forces pour ne point succomber d'admiration sous le grand coup d'éloquence qu'on allait lui porter. Il signifiait encore que l'auteur, dans le feu de l'inspiration, s'était soudain arrêté, pour savourer quelque temps seul, à part soi, avant de les livrer en pâture aux profanes, les divines choses qui arrivaient au bout de sa plume. Il servait de préface obligée aux pointes galantes, aux vives épigrammes, aux chutes inattendues. Il en doublait le prix en irritant le désir. Vous souvenez-vous, quand vous étiez enfant, de la friandise rare qu'un ami de la maison, revenant de voyage, faisait reluire au-dessus de votre tête? Vos petits doigts se dressaient convoiteusement pour la saisir; elle fuyait, elle revenait, elle fuyait encore. Voilà,

tout au juste, le point suspensif. Il est vrai que ce point
merveilleux marque aussi l'hésitation. Peut-être
indique-t-il que M. Dumas, malgré sa bravoure,
a cru devoir, par je ne sais quel scrupule ou je ne
sais quelle ruse, se donner la mine de reculer devant
ce qu'il allait dire. S'il en est ainsi, il n'en a que
mieux sauté. Nous passons, avec M. de Cayolle, la
revue complète des grands hommes qui ont été
pauvres. Il les nomme à la file, en débitant la légende,
comme un montreur de figures : « Franklin, qui a
commencé, pour vivre, par être ouvrier imprimeur;
Shakespeare, qui gardait les chevaux à la porte du
théâtre qu'il devait immortaliser plus tard ; Machiavel,
qui était secrétaire de la République florentine à
quinze écus par mois; Raphaël, qui était fils d'un
barbouilleur d'Urbin ; Jean-Jacques Rousseau, qui a
été commis-greffier, et qui encore ne dînait pas tous
les jours; Fulton, qui a d'abord été rapin, puis
ouvrier mécanicien, et qui nous a donné la vapeur... »
M. de Cayolle oublie Sixte-Quint, qui fut gardeur de
pourceaux ; Sixte-Quint est pourtant relaté avec les
autres, dans *les Petits artisans célèbres* et dans *la
Morale en action*. Mais M. de Cayolle est un terrible
homme, dont il ne faut pas se flatter d'avoir si vite
raison ; il flaire son public ; il comprend d'instinct
qu'un honnête bourgeois qui vient de faire fortune dans
les grains ou les trois-six, qui, à la faveur des grandes
spéculations de 1856, est tout à coup passé, de
commis négociant, qui est maintenant un homme posé
dans sa province, qui a du loisir, et veut se donner

une teinture des belles choses, sans y perdre trop de
temps cependant et sans y attacher, bien entendu,
plus d'importance qu'elles ne méritent, sent son cœur
se dilater, d'apprendre, chemin faisant, au théâtre,
ce qu'il n'a pu apprendre, pour d'excellents motifs,
au collège; que plus les notions qu'on présente à sa
curiosité avide sont explicites, plus il témoigne de
reconnaissance, parce qu'il a d'autant moins de peine
à se les approprier; qu'il est bien de dire : « Fulton
fut rapin », mais qu'il est parfait d'ajouter : « Il a
découvert la vapeur ». Aussi M. de Cayolle ne perd-il
aucune occasion d'enseigner, en s'écartant le moins
possible de l'*a, b, c*; il tient école ouverte. Il nous
explique jusqu'à la lettre de change, et comment se
transmettait l'argent d'un point à un autre avant
qu'on l'eût inventée; il se transmettait dans un sac
par la diligence. On sent qu'il grille de nous expliquer, du même coup, ce que c'est qu'une diligence et
un gendarme. Il ne l'ose pas! il se dédommage, du
moins, en arrivant, par un habile détour, à exposer,
ex professo, ses petites idées à lui, la conscription
civile, un système qui renouvellera la face de la
terre. C'est le comble; car on a alors, réunis dans
une même églogue, le trivial et le baroque.

M. Dumas fils serait réduit à se passer de caractères par la seule raison qu'il se passe de style. La
Dame aux Camélias et Diane de Lys sont deux perles.
Que valent des perles enchâssées dans un ciment gri-
sâtre! On aime à revenir aux figures aimées, et l'on
revient à celles-ci pour ressaisir la première impres-

sion que l'on a emportée d'elles. Hélas! à la seconde
lecture, on s'aperçoit que le charme principal résidait dans l'imagination, un moment émue, et qu'au
lieu de deux figures achevées, on n'a qu'un scénario,
dessiné à la grosse, dont le jeu de l'actrice dissimule
les imperfections et fait ressortir les parties obscures.
Les taches sautent aux yeux et les qualités sont enveloppées. Malgré tout, ce sont là deux physionomies
bien conçues, sinon bien exécutées, et qui attestent
l'inspiration, mais l'inspiration poétique. C'est la conception comique des caractères qui manque le plus
dans les comédies de M. Dumas. Il se borne, la plupart du temps, à observer des mœurs, ou plutôt
encore à calquer de certaines habitudes, spéciales à
de certains groupes, auxquelles il ne prête d'ailleurs,
comme on l'a fort bien remarqué, qu'un intérêt de
curiosité. Tant qu'il ne s'agit, pour peupler les situations imaginées par lui, que de dresser sur pied des
personnages qui soient naturels et vivants comme
les Jalin, les Nanjac, les Charsay, il y excelle.
Par malheur, les sujets dans lesquels il a pris l'habitude de se fourvoyer, appellent impérieusement
des caractères, c'est-à-dire de ces rôles qui se dé-
ploient avec ampleur, et, rejetant les autres au
second plan, restent les maîtres de l'action. Et alors,
que de gaucheries! Nous pourrions citer, à la rigueur,
la baronne d'Ange, une figure reproduite avec force,
et qui cependant n'est pas saisie de plein, justement
parce que la copie y domine l'invention ; si bien que
çà et là surnagent des incertitudes de touche qui

engendrent dans le spectateur le sentiment le plus
désagréable qu'on puisse éprouver au théâtre, l'hésitation. Nous aimons mieux aller tout de suite à Jean
Giraud et nous y arrêter; il représente, en effet, le
principal effort qu'ait fait M. Dumas pour développer
un caractère comique. Là se révèlent, comme dans la
composition générale de ses pièces et dans les détails
du style, son insouciance superbe, sa foi absolue dans
l'enthousiasme naïf de ceux qui l'écoutent, et sa
propre ingénuité, qui est biblique. M. Dumas est trop
en vogue, ses ouvrages sont trop connus de tout le
monde, pour que nous ayons besoin de rappeler qu'il
a voulu tracer, dans le personnage de Jean Giraud, le
type de l'enrichi du jour. Quel type! Jean Giraud,
montre les gens du doigt, il dit : *Je m'en rappelle*, il
confond Louis XIII et Louis XV, il ignore qu'on
insulte une jeune fille à qui l'on envoie des bijoux
pour s'être une ou deux fois entretenu avec elle dans
une maison tierce; il ne se doute point qu'on soit
ridicule quand on offre de but en blanc un hôtel à
une grande dame trois fois millionnaire; il brûle de
hanter les salons à la mode, « le monde est sa *tocade* » :
car Jean Giraud, qui n'a pas encore appris ses verbes,
a eu fort bien le temps de s'inculquer l'art consommé
de la trivialité factice. Telles sont les triomphantes
méchancetés de M. Dumas à l'égard des enrichis. Il
écrit la comédie de l'argent, cette comédie qui, au
xviiᵉ siècle, a été la plus sanglante de toutes, sans
en excepter celle du libertin ni celle du dévot, et il
ne trouve rien à mettre en lumière que des mala-

dresses qui n'ont pas toujours pour elles le mérite de
la vraisemblance! Et il s'amuse à des bagatelles
comme l'orthographe et la chronologie! Songez,
d'une part, quels vices puissants; songez, de l'autre,
quelle innocence de procédés! « Louis XV petit-fils
de Louis XIII! Je m'en rappelle! » Mais l'observation
réaliste ne va pas plus loin; elle ne devine rien, elle
n'imagine rien, elle ne pénètre rien, elle n'explique
rien; elle répète ce qu'elle a entendu, et, si elle n'entend qu'une mauvaise locution courante, cette maigre pâture suffit pour la rassasier. Ce Jean Giraud
fait pitié. Sa brutalité harasse et n'indigne point Il
ne succombe pas sous le ridicule; ce sont minces
ridicules que ceux dont on sera guéri quand on aura
lu le *Traité de la Vie élégante,* de M. de Mortemart.
Il n'est pas écrasé sous son ignominie; son cynisme,
fade et flasque, où il n'entre ni méchanceté ni sottise
réelle, se gouverne avec tant de sagesse d'un bout
à l'autre de la pièce, qu'il n'allume point la colère,
n'excite pas le dégoût, n'inspire pas même un peu
de mépris; épars de scène en scène, exprimé paisi-
blement par des traits sans énergie, il ne nous laisse
dans l'âme qu'une tranquille impression de miséri-
cordieuse indifférence. Un seul incident de ce caractère mérite d'être relevé. Lorsque Jean se rencontre avec René, chez qui son père a été jardinier :
« Hé! hé! dit-il, j'ai fait mon chemin... Il y a des
gens qui rougissent de leur père; moi, je me vante
du mien, voilà la différence. » Sur quoi la comtesse
reprend : « Il a passé le Rubicon des parvenus : il a

avoué son père. » C'est là enfin de l'observation
morale, large et vraie, rendue par la vive justesse de
l'image comique. Turcaret, dans une situation semblable, se conduit d'une tout autre façon. Cette
masse pesante et magnifique perd l'équilibre, quand
le marquis lui agite devant les yeux le justaucorps
vert d'autrefois. Turcaret, en atténuant son origine,
et Jean Giraud, en affectant de se glorifier de la
sienne, jouent tous deux le même personnage, et
tous deux restent dans la vérité de leur temps. Au
fond, Jean Giraud n'est pas plus aise que Turcaret
de sa naissance, et le soin qu'il prend d'en tirer
vanité le prouve. Mais de 1709 à 1857 les mœurs
générales ont accompli ce progrès et gagné ce point,
que Jean Giraud se sent obligé par elles de ne pas
renier sa famille. « Voilà, comme il dit, la différence »
de lui à Turcaret. Je la constate, à l'honneur de la
société bourgeoise de 89; je suis heureux d'avoir
occasion de la constater chez un auteur qui peint
cette société dans un moment de crise morale où son
esprit menace de subir des altérations difficilement
réparables. Ceux qui célèbrent le xvii° siècle comme
le bel âge de la vie de famille, ont mal lu Lesage,
Dancourt et Molière.

IV

DES PERSONNAGES. — DE LA LOGIQUE AU THÉATRE ET DU POSITIVISME DANS LA SOCIÉTÉ

Affranchi des autres entraves, il ne manquait plus à M. Dumas fils que de se débarrasser des passions et des sentiments. Il y a réussi. Les passions l'ont tenté deux fois dans le premier élan de jeunesse, quand il a écrit *la Dame aux Camélias* et *Diane de Lys*. Depuis, il s'est gourmandé, il a réfléchi, et il a inventé un art qui constitue son originalité véritable, qui lui assure une place à part dans l'histoire de notre littérature, qui est tout ensemble sa force et sa faiblesse : la logique appliquée au théâtre.

Il a la douleur de partager avec nombre de gens, l'honneur d'avoir découvert le réalisme ; au lieu que la logique lui est propre. Elle lui tient lieu de tout ; elle est chez lui partout. La logique fait sa première apparition dès le troisième acte de *la Dame aux Camélias* avec M. Duval. Elle se présente résolument et carrément, ainsi qu'il convient à une personne comme elle ; mais elle ne songe pas, pour cette fois, à tout envahir. A partir du *Demi-Monde*, après avoir couru dans *Diane de Lys* une assez singulière aventure, elle règne en maitresse absolue ; rien ne lui échappe, bien qu'elle laisse encore subsister, en s'y mêlant, quelques bonnes

choses distinctes d'elle. Les personnages la sentent
qui les entoure et les presse, et ils la signalent. « Vous
êtes, dit l'un, la logique en personne. » — « Vous
avez un grand mérite dans vos discours, remarque
un autre, c'est la clarté. » — « Ne craignez rien,
s'écrie un troisième dans la situation la plus tendue,
nous ne faisons, monsieur et moi, que de la logique. »
Quand arrive *le Fils Naturel,* elle a fait maison
nette ; elle ne souffre plus à ses côtés que ses deux
bonnes amies, la géométrie et la loi. Où elle réussit,
tout se relève et se condense ; elle échouant, tout
tombe et flotte au hasard. La critique fataliste y
verrait volontiers la faculté maîtresse de M. Dumas,
et elle pourrait nous le montrer également impuissant
à en rejeter le joug dans les différentes parties du
drame, dans le plan, dans le style et dans les caractères.

S'il y a dans ses plans, en effet, une méthode quelconque, c'est celle qui préside aux démonstrations
mathématiques ; hors le *Demi-Monde,* ses pièces
commencent toutes sans plus de complications par
le commencement, comme l'arithmétique par le
chiffre 1. Le dialogue est une série de raisonnements alternés, qui vont droit devant eux, à la façon
des boulets de 48 ; j'emprunte cette comparaison à
M. Dumas lui-même. On voit avec surprise, au théâtre,
un auteur qui n'est occupé que de déduire ; il suppose
des faits, il indique des sentiments, il constate des
actions ; ce sont comme des lignes que trace un géomètre avant de rechercher les propriétés d'une figure ;

et de la combinaison tranquille de ces lignes, il construit des personnages qui sont des rectangles. Que résulte-t-il de là ? Un spectacle aride, où le drame et la comédie n'existent qu'à l'état virtuel, et ne se traduisent jamais par des émotions saisissables. Plus la série d'argumentations qui sort d'un incident est en elle-même irréfutable, plus l'âme absente se laisse regretter. Plus le langage est net et sans équivoque, moins le sentiment nous touche. Il ne nous touche point parce que trop de netteté lui donne trop de raideur, et, chose remarquable ! par la raison qu'il ne nous touche point, il nous paraît aussitôt moins net ; nous sommes tentés de croire qu'il n'existe pas. Il existe cependant, mais sous forme de cristallisation sans vie. — L'émotion naissait, elle allait s'épanouir ; la logique souffle sur elle, la dessèche et la fige en arêtes aiguës. Je ne sais si c'est bien parler, mais il y a positivement des émotions que M. Dumas empaille, il y en a qu'il traite par l'éthérisation. Qu'ai-je dit tout à l'heure, qu'elles n'étaient point saisissables ! Elles sont là, au contraire, à portée de la main ; on les voit, on les prend, on les palpe, on les tourne, on les retourne, on les remet en place aussi commodément que des minéraux dans une galerie du Muséum : minéraux, purs minéraux ! Jetez-les avec force contre le mur, ils casseront peut-être ! vous n'entendrez pas de gémissements en sortir, et ces petites veines ne crèveront point pour ouvrir passage au sang. Or, le propre des sentiments est-il de se démontrer ou d'être sentis et de se faire

sentir? Et que nous importe au théâtre un enchaînement de propositions vraies, sous lesquelles il nous
est impossible de découvrir ni amertume concentrée, ni colère, ni passion qui éclate, ni pudeur qui
lutte, ni éloquence d'aucune sorte, ni rien enfin qu'un
enchaînement de propositions !

Mais cette méthode, une fois admise du public,
épargne à l'auteur bien des soins pénibles, comme à
ses personnages de bien cruels combats. Il ne reste
plus de perplexités possibles, la logique tenant toujours prête la considération qui doit les dénouer.
Il ne se présente plus rien non plus d'embarrassant
à dire, puisqu'il ne s'agit que de tout réduire en di-
lemme. C'est pourquoi nous soupçonnons ici, comme
dans beaucoup d'autres cas, que la faculté maîtresse
n'est pas aussi maîtresse qu'elle en a l'air. La logique
eût été, pour M. Dumas, une tendance moins irrésistible, s'il n'y avait deviné un art qui a l'avantage
incontestable de ne pas être le père des difficultés.
Que de peines n'eût-il pas fallu, dans *le Demi-Monde*,
pour peindre une jeune fille préservée de la contagion des mauvais exemples par l'horreur instinctive
du mal et par un fonds de pureté que tout choque
autour d'elle! Mais supposez que la jeune fille raisonne; elle joindra ensemble une ou deux remarques
concluantes : « En voyant tous les jours où une
femme peut arriver à la suite d'une première faute,
elle apprendra à ne pas commettre cette faute; » et
du moment qu'elle aura prouvé qu'elle sait le pourquoi et le parce que des choses, honnête par $a + b$,

tout sera dit. La confidence ardue d'Henriette à Jacques coûte encore moins à M. Dumas. Quelques-uns de nos lecteurs ont sans doute assisté aux premières représentations de *Gabrielle*; lorsqu'arrivait l'aveu d'Adrienne, madame Allan avait beau adoucir les endroits critiques par l'habileté infinie de son jeu, les femmes se mettaient à chuchoter, à hausser imperceptiblement les épaules et à se moquer d'Émile Augier qui feint qu'une femme, en qui survit, si faible qu'il soit, le besoin de considération, se laisse arracher de tels aveux, même après tant de détours, même par son amie la plus chère, même pour sauver celle-ci d'un péril imminent. Eh bien, dans M. Dumas ce genre de confidence se fait, sans aucune nécessité, à un jeune homme, au premier venu. Pourquoi? parce qu'il n'exige que le temps de poser les termes d'une équation : « Vous connaissez, monsieur, certaines situations nées de l'indifférence d'un mari et de l'oisiveté d'une femme, etc... » En méditant ce morceau, comme il le mérite, on a le grand secret de M. Dumas et la raison pour laquelle il ne connaît point d'obstacles. Il supprime les transitions morales; la nature n'a pas pour lui de nuances, ni le cœur humain de timidités. Où seraient dès lors les obstacles? Tenez pour certain que s'il avait eu à écrire la déclaration de Phèdre à Hippolyte, Phèdre, dont les yeux n'eussent été facilement étonnés ni du jour ni d'autre chose, eût soupiré le résumé biographique suivant ou quelque fleurette analogue : « Thésée voyage, nous sommes seuls, et je vous aime. » Et les

fervents de M. Dumas se fussent récriés sur un style
aussi énergique. L'énergie, qui retranche tant de
beautés, doit être suspecte; elle a tous les caractères
d'une qualité négative; elle paraît moins puissance
de concentrer, qu'impuissance à expliquer.

Ce n'est pas à dire que la méthode logique, avec
les habitudes d'esprit qui en découlent, soit de toute
nécessité pernicieuse. Elle constitue une force indiffé-
rente, qui ne doit être jugée que sur la direction qu'on
lui imprime. Le réalisme, tel que le pratique M. Dumas,
n'est qu'un ensemble de défauts manifestes; il ne saurait
être autre chose; la casuistique de l'art n'a point de subtilités capables de transformer en mérites éclatants la
conception lâche des caractères, la fadeur, les lieux
communs séculaires. Mais l'application de la logique
et de ses formes au drame n'est point une de ces erreurs simples que le critique puisse condamner sans
réserve. Après avoir ajouté aux défauts de M. Dumas
et les avoir doublés, la logique lui rend beaucoup des
qualités que nous étions tout à l'heure réduit à lui
refuser. Nous condamnions son style, et voici que, de
la méthode logique, ce style reçoit, dans les moments
graves, une précision ferme et noble, une égalité de
teintes, une clarté qui fixe la vue et en même temps
la repose. Quand M. Dumas s'arrête pour récapituler
une situation, les circonstances se groupent avec les
mots, dans un ordre si simple, si lumineux et si bref,
que, par le seul aspect des superficies, vous pénétrez
au cœur du drame; le bel arrangement des signes
vous mène aussi loin qu'eût fait l'imagination, avec

moins de soudaineté, peut-être, mais aussi avec une
moindre dépense de force. Relisez, dans *le Demi-
Monde*, la dernière scène du troisième acte. Il n'y a
pas, au Palais, un avocat, capable d'établir l'état
d'une cause de manière à mieux faire entrer, dans
l'esprit de l'auditeur, la conviction sûre et prompte.
Nous trouvions les incidents trop brusques et la franchise des personnages trop peu ménagée. Heureuse
brusquerie! et plus heureuse franchise! L'une nous
apporte, çà et là, des effets que nous n'aurions pu
demander ni à la marche générale de l'action, toujours
incertaine, ni à des caractères mal développés, ni aux
passions absentes ou qui ne s'étudient qu'à parler le
langage de la froide réflexion. L'autre nous commu-
nique quelquefois les émotions élevées dont nous
sèvre l'ordinaire impassibilité des personnages. Quelle
secousse vraiment dramatique, quand Lucien, sans
se douter du coup qu'il porte, apprend à Clara, en
trois mots, que Sternay se marie! Or, d'où vient ici
le dramatique? De la compassion affectueuse de Lucien? Il l'exprime à peine par un geste. De l'indignation de Clara? elle n'a pas encore eu le temps d'éclater. Le dramatique naît uniquement de l'imprévu de
cette nouvelle et de la forme nette et courte sous laquelle elle se produit. Cette netteté terrible, cet imprévu si naturel, n'est-ce point l'habitude de procéder
par déclarations brusques, n'est-ce point l'amour pur
de la clarté logique qui le donne? Et n'est-ce point
aussi du même goût de rectitude que sort l'aveu
d'Élisa, aveu si touchant pour nous, et qui la laisse

elle-même si tranquille, quand, le front haut, sans
exorde insinuant, sans précautions discrètes, sans
figures de rhétorique, dédaignant d'user de termes
nobles et de protestations pompeuses, mais n'oubliant
pas une circonstance, présentant un à un, et selon
leur suite chronologique, tous ces faits si délicats, ne
cherchant aucune des habiletés oratoires qui les
cussent atténués, inquiète seulement d'en recomposer
le détail exact et lucide, elle déclare à l'homme qu'elle
va épouser, que, si la fortune lui eût permis de suivre
le vœu de son cœur, son choix s'était depuis longtemps porté sur un autre. La raideur des allures géo-
métriques a pu se combiner avec la fantaisie la plus
libre pour former le type charmant de Diane de Lys,
la grande dame blasée et intrépide qui raisonne chacun de ses dégoûts et veut mettre une aventure au
bout de chaque raisonnement. Quand elle s'abandonne à sa passion pour Paul, par où enlève-t-elle si
soudainement l'intérêt, si ce n'est parce qu'elle foule
aux pieds les transitions lentes et ne veut rien connaître de la flexibilité nécessaire qu'impose le monde !
Amazone téméraire, lancée à toute bride sur une
route en lignes brisées, elle se joue dans cet effrayant
zigzag, elle tourne à angle droit, et tourne sans
cesse, et elle tient nos esprits comme nos yeux sus-
pendus, jusqu'à ce qu'elle tombe d'une chute fière
dans le précipice qu'elle eût évité en décrivant une
courbe.

Il est donc des cas où l'esprit logique réussit ; il en
est où il pouvait seul réussir aussi bien. Si M. Dumas

n'en a point évité les inconvénients, si même ces
inconvénients lui ont plu parce qu'ils le dégageaient
de beaucoup d'obligations difficiles, ce n'est pas pour
lui une mince gloire d'avoir si bien senti quels
avantages le théâtre en retire.

Cet esprit-là devait inspirer, de nos jours, la comédie, grâce à un phénomène digne d'être observé et
mis en lumière; nous voulons dire l'absolue puissance que la loi a prise sur nous et sur les actes les
plus importants de notre vie. La loi, dans la société issue du mouvement de 1789, a le don de créer des situations dramatiques. Ce n'est pas qu'avant 1789 elle
n'exerçât déjà sur les mœurs une influence considérable dont l'ancienne comédie porte la marque;
mais cette influence était trop sourde pour qu'on
s'avisât de demander à la loi elle-même des péripéties
et un dénouement. Devenue, depuis la Constituante et
le code Napoléon, une puissance plus conséquente à
elle-même, plus régulièrement appliquée, plus uni-
formément obéie et plus digne de l'être, elle révèle
son action par des effets plus directs et plus immédiatement visibles à l'observateur. Formé dans une
étude d'avoué, Balzac a le premier suivi à la piste
avec attention et patience les drames de la loi, sans
que, pourtant, celle-ci se substituât purement et simplement, dans ses œuvres, aux passions et aux caractères. Du roman au théâtre, il n'y avait plus, pour
elle, qu'un pas à accomplir. Supérieure, dès qu'elle
est promulguée, à la puissance souveraine elle-même,
à peu près comme le Destin l'était à Jupiter et aux

dieux, la loi civile intervient dans la vie de l'individu, avec le caractère d'une fatalité inévitable ; elle est inflexible et rigide comme la logique ; elle a, comme elle, ses axiomes qui engendrent un enchaînement serré de conséquences indéfiniment nécessaires ; voilà comment elle devait apporter avec elle, sur la scène, l'esprit logique, ou s'y introduire sous ses auspices. Ce pas était toujours imminent ; il se serait fait hier comme aujourd'hui. Mais l'humeur dominante favorise singulièrement, aujourd'hui, la prise de possession systématique et absolue du théâtre par la loi.

Un vent de sécheresse a passé sur nous. Que chacun s'examine, même ceux qui, il y quinze ans, cachaient dans leur pupitre d'écolier, parmi les livres défendus et chers, *la Dernière Aldini* ou les *Méditations*, et qu'ils disent s'ils ne se sentent point gagnés par l'âpreté du jour, s'ils n'ont point, par accès, la rage froide du positif et des biens palpables de ce monde. Voici, depuis cent ans, le seul moment peut-être de notre histoire littéraire à qui manquent les poètes. Il en est un qui s'est tout à coup révélé, M. Flaubert : nous avons essayé de montrer ailleurs [1] comment sa première œuvre tourne, de propos délibéré, à la confusion de la poésie. Il en est un autre, désormais entré en pleine possession de sa maturité ; il la consacre à écrire *les Lionnes pauvres*.

Il nous siérait moins qu'à personne de méconnaître

---

1. *Essais sur l'histoire de la littérature française.*

ce que l'esprit français recouvre, avec les écrivains
actuels, de qualités qu'il semblait avoir perdues. La
simplicité — nous l'avons déjà remarqué — se
substitue à un grandiose confus et prétentieux, la
netteté à l'emphase. Chacun sait maintenant ce qu'il
veut dire ; on ne se paye plus de tirades ; on ne déclame
plus ; on n'ouvre plus la bouche comme si chaque
parole qu'on prononce allait ébranler le ciel et la terre.
Il n'y a que les attardés qui, dans les journaux et les
revues, prennent encore des attitudes en écrivant ; les
gens au fait des choses leur laissent les déclarations
magnifiques et les airs de défi. Tout est si bien au
posé et au sermon pédestre, que le critique, sans contredit le plus varié de notre époque, le plus du moment
et de chaque moment, le plus prompt à surprendre et
à fixer le bruit qui passe, le plus souple à tourner son
aile au vent, le plus amoureux de la justesse, le plus
attentif à ne la point violer par des anachronismes de
ton, observe pour loi constante de ne jamais hausser
la voix, et, s'il s'étudie à quelque chose dans sa facilité
d'or, semble s'étudier à faire prévaloir, parmi tant de
qualités dont son style est capable, les qualités pai-
sibles et familières, le doux terre à terre, le glisse-
ment léger. Que le déclamatoire disparaisse, personne
ne songe à s'en plaindre. Nous avions trop grand
besoin de nous rafraîchir le cerveau et le style.
M. Alexandre Dumas fils, comme M. Flaubert, traite
les passions et les sentiments le plus exaltés par les
écrivains de la génération précédente, avec un dédain
implicite et tranchant qui semble à peine admettre

qu'en une telle matière, il soit encore permis de discuter. Ce dédain, quoique sans mesure, nous ne
refusons pas de nous l'expliquer ; il est le juste retour
des erreurs idéalistes. A ce point de vue, M. Flaubert
peut s'appeler la hache de madame Sand comme
Phocion s'appelait celle de Démosthène, et, puisque
l'excès engendre naturellement l'excès, nous n'avons
ni à nous étonner ni à regretter que du père qui a créé
Antony soit sorti le fils qui a inventé Jacques Sternay.
Si le réalisme ne se proposait que de rétablir le juste
rapport des idées et du langage avec les objets, nous
serions réaliste. Si le goût du positif ne renaissait dans
les esprits que pour en bannir les illusions dangereuses, pour y ranimer avec le sentiment des réalités
sévères de la vie le respect des devoirs qu'elle impose,
nous nous applaudirions sans réserve qu'on devienne
chaque jour plus positif. Ce respect des devoirs vulgaires et ce ferme bon sens ne seraient, en effet,
qu'une forme de l'idéal, la plus austère, la plus
relevée. Mais autre est l'esprit positif dont nous voulons parler ; il tend à la jouissance, et non au devoir ;
il commande la résignation machinale, et non le
sacrifice spontané ; il considère la société comme
fondée moins sur un ensemble d'obligations morales
que sur un ensemble de nécessités au milieu desquelles
chacun se débat comme il peut ; il sait que le monde
est le monde, qu'on n'en change point le cours, et
qu'on n'y résiste pas sans péril ; il ne se demande pas
si la résistance serait légitime ou criminelle, et s'il
n'y a pas des entreprises impossibles qu'il est beau

de tenter. Le véritable bonheur idéal, les plus purs
plaisirs de l'imagination, de l'esprit et de l'âme ne
résident-ils point dans l'intégrité de la famille et dans
la douceur des relations domestiques? La poursuite
de la richesse et du bien-être n'a-t-elle pas aussi son
côté héroïque, et la banale vie quotidienne, son côté
de grandeur? Peu lui importe ! Il est de règle qu'on
s'établisse, et, du moment que l'esprit positiviste
a vu cela, il ne voit rien de plus dans la famille ; il
la goûte d'ailleurs et la pratique s'il en a le loisir ;
il lui suffit d'en maintenir intactes les formes visibles.
Pourvu qu'il se fasse une vie où il dépense sa force à
conquérir des résultats qui se touchent et se pèsent,
il n'y cherche point de plus rares beautés, et c'est
pour se faire plus commodément une de ces vies,
c'est pour en jouir avec plus de sûreté, qu'il trouve
bon qu'on respecte tout ce qui est de règle. « Se
ranger n'est pas se convertir ! » disait dernièrement,
à propos des romans du jour, un moraliste ingénieux
et éloquent [1] avec qui nous aimerions à être plus souvent d'accord. Or, dans la société comme dans la littérature, on ne voit partout que gens qui se rangent.
Des faits ! des faits ! il ne leur faut ni sentiments ni
idées ; l'idée trouble, le sentiment perd. Ces faits
mêmes, n'allons pas nous y tromper, ils ne les estiment
ni ne les méprisent ; ils s'en servent. Avec cet égoïsme
savant et résolu, prudent et implacable, qui n'a d'ardeur qu'à la proie, comment le code ne serait-il pas

1. M. de Pontmartin.

l'unique Dieu? Le code est une force palpable : il crée, définit, protège ou paralyse les intérêts ; il en gendre des relations de personnes dont nul ne peut contester l'existence ni méconnaître la nature, puisqu'elles sont certifiées par contrat. Les sentiments n'existant plus, les obligations morales, par une convention tacite, ne valant point contre les usages du monde, les idées passant pour un charlatanisme agréable, les raisons généreuses devenant déclamatoires par cela même qu'il n'y a plus d'objet à quoi elles s'adressent, il arrive dans la vie privée tels moments où, sur les ruines du reste, le code subsiste seul, idole d'airain des âmes d'airain. De lui naissent les crises, de lui la comédie et le drame.

Il est légitime que le théâtre s'inspire de cet état de choses et des habitudes qu'il introduit dans la société. Sans l'esprit logique, M. Dumas ne se fût pas trouvé apte à les reproduire avec puissance ; en cela du moins, sa méthode l'a bien servi. Cette puissance, il est vrai, ne paraît que par saccades intermittentes. Mais, chaque fois qu'elle se déploie dans sa simplicité et qu'elle se déploie à propos, on s'apprête à saluer un maître dans M. Dumas. Il nous a donné, dans quelques scènes du *Fils Naturel*, la comédie pure de la loi. C'est de la loi qu'il tire çà et là un mot comique ; c'est en se jouant parmi ses subtilités qu'il répand un peu de gaieté sur un fonds triste, et distrait le parterre d'impressions trop pénibles. Le notaire, la loi vivante, est le personnage qui porte les grands coups ; l'acte de naissance, pièce légale, joue un rôle

parlant. Enfin, depuis le moment où Aristide Fressard
pose avec son exactitude empesée la question d'état,
en notifiant à la marquise que M. de Boisceny est « le
fils non reconnu d'une ouvrière non mariée », jusqu'à
ce que la comédie tourne court après la première
entrevue du fils et du père, regardez bien : il n'y a en
jeu que le code, les usages du monde et les relations
invariables qui en découlent. Le père et le fils sont
pris tous deux dans le même cercle de fer, ils ne s'emportent point l'un contre l'autre; ils n'éprouvent ni
haine, ni tendresse, ni émotion; ce sont deux faits qui
se subissent; ils ont oublié qu'ils sont le même sang
et la même chair pour discuter « d'homme à homme »
une question de droit et de convenance sociale, pour
l'étudier d'un commun accord sous ses faces diverses et en constater les effets possibles, et cette
question seule, dans son éloquente sécheresse,
nous tient haletants. Trois ou quatre scènes (il
n'y en a pas plus) ne forment point sans doute une
statue complète. Elles ne forment qu'un tronçon
mutilé, mais où l'on n'admire pas moins la hardiesse du jet, le métal sans alliage, le coup de ciseau
porté par une main qui n'a point tâtonné.

Admirons tout cela. Sachons rendre justice à ces
effets d'une vigueur originale. N'en concluons point
qu'il faille absoudre le système dans lequel s'est jeté
M. Dumas. Il reste vrai que rien n'en irait plus mal
si l'on joignait à l'esprit logique quelque autre chose.
Le Fils Naturel le prouve assez.

Si l'on veut s'édifier pleinement sur la dernière

œuvre de M. Dumas et se donner en même temps le
spectacle instructif des révolutions littéraires, on n'a
qu'à rapprocher Jacques Sternay d'un autre enfant
naturel, venu au monde dans la même famille, d'Antony, que nous avons nommé tout à l'heure. J'ignore
duquel on sera le plus choqué; mais la comparaison
en est curieuse à faire. Le père appelle son héros
« bâtard »; c'est le titre injurieux, dont l'âme énergique peut tirer gloire, et qui devient alors poétique
et romanesque. Le fils est formaliste; il dit, comme
les registres de l'état civil, « fils naturel ». Avec quel
orgueil, plein d'outrages, Antony renvoie au monde
mépris pour mépris! Avec quel délire de Titan révolté
il blasphème le ciel et la terre! Avec quelle joie sauvage il se repaît du sentiment de sa vie misérable et
des affronts que le préjugé lui inflige! Et comme
l'autre, au contraire, s'établit posément dans le coin
que lui assigne le code et dans les jouissances très suf-
fisantes que lui assure sa fortune! Des chevaux qui
s'emportent, un homme qui s'élance à leur tête pour
les arrêter, puis qui est foulé aux pieds et traîné par
eux, une femme éperdue, des cris, des blessures, du
sang, de l'audace; voilà la première entrevue galante
d'Antony et d'Adèle d'Hervey; vous sentez ici l'effort,
le tourment, la puissante nature tropicale, exubé-
rante, gonflée, très gauche, qui n'échappe pas à la
redondance vulgaire et qui cependant n'est point
commune. L'Antony de 1858 est un diplomate correct, qui rencontre pédestrement son Adèle sur
un sentier de la colline, à trois pas d'une laiterie.

Hermine, comme madame d'Hervey, court grand péril de tomber, pas de bien haut, il est vrai! N'importe,
Jacques, pas plus qu'Antony, ne calcule; « il se précipite » — le mot y est — pour ramasser le bouquet
d'Hermine, seul objet qui, en définitive, tombe dans
toute cette catastrophe. Mon Dieu! je ne reproche
rien à Jacques; à l'impossible nul n'est tenu, et ce
n'est pas sa faute s'il n'y a point, dans son affaire, de
chevaux indomptés. Quel dommage, pourtant! lui
qui sait si bien les lois, il eût peut-être dressé procès-
verbal de l'accident! Aujourd'hui que nous avons le
sens rassis, je ne sais si quelque chose peut nous paraître plus terriblement suranné qu'Antony, quand il
s'écrie « Malédiction! » ou « Mille démons! » quand
il rêve de grève et d'échafaud à propos d'un colonel
qui n'a pas l'honneur d'être de ses amis, quand il fait
de ces agréables déclarations d'amour, « Je suis à toi
comme l'homme est au malheur! » quand il murmure ses mélancoliques « N'est-ce pas? » en roulant
des yeux d'ogre. Nous trouvons un peu bien vif que
M. Dumas, acte II, scène vii, nous ait représenté le
viol en action. A force de bravades à faux, ce pauvre
Antony perd jusqu'au bénéfice de ses vraies bra-
voures. Oui, lorsqu'il déchire l'appareil de sa blessure
et retombe évanoui sur le sofa ensanglanté, il ferait
sourire, par ses gestes byroniens, la plus intrépide
des femmes sentimentales d'à présent. On ne rit point
toutefois lorsqu'il parle en termes poignants ou sinis-
tres du malheur d'être sans famille, et de son existence vide d'affections, et des obstacles que sa nais-

sance dresse devant lui, et de l'isolement éternel, ou,
lorsqu'il subit la pitié insultante de la vicomtesse
pour les enfants trouvés; on éprouve, à de certains
accents, qu'on est là dans le vif du sujet. Pour Jacques, à la vérité, il n'est jamais ridicule. il ne déclame
point à froid, il n'a point la fièvre, il ne nous met
point mal à l'aise par de malsaines fureurs contre
l'ordre social, il n'agace point par des extravagances;
mais jamais non plus il n'émeut; il excite l'intérêt
par sa situation en face de son père, et nullement par
ses vertus, ses vices, ses espérances ou ses joies; s'il
ne représentait une situation légale, à peine vaudrait-
il plus l'honneur d'être nommé que Jean Giraud. Il
est sage, glacé et indifférent. N'admirez-vous pas
cette réduction du bâtard au fils naturel? On pourrait
pousser bien loin, dans le détail, ce parallèle déjà
long; il serait à l'avantage tantôt de celui-ci, tantôt de
celui-là, et plus souvent au désavantage de tous deux.
Bornons-nous à remarquer, pour finir, que les deux
héros se complètent par la femme de leur choix, et
trouvent en elle la récompense qu'ils méritent. Antony
sait lier à sa destinée Adèle d'Hervey, une frêle créature de qui l'on dira ce qu'on voudra, et il y a beaucoup à en dire, mais en qui bat du moins un cœur
d'amante. Jacques Sternay épouse cette toute vertueuse mademoiselle Hermine, une fille charmante,
qui aime passionnément ses grands-parents, jusqu'à
concurrence de l'article 152, qui aimera passionnément son mari, sous la réserve de l'article 306, et qui
lui accordera, espérons-le, tout ce qu'il est en droit

10.

d'attendre du code, mariage légitime avec ou sans communauté, obéissance, fidélité stricte, cohabitation ; puis, le cas échéant, séparation de corps ; puis, sur ses vieux jours, les aliments, rien de plus, rien de moins.

Abus de la logique, respect superstitieux de ce qui est, esprit positif poussé à l'excès, il a fallu les défauts de l'auteur unis aux vices du temps pour produire les mœurs qui règnent dans son théâtre, et le genre de moralité qui en ressort. La dureté en est le trait saillant. Chaque personnage se retranche derrière son droit légal, comme les deux Sternay et comme Hermine, et il n'a plus d'explications à donner ; il se tient dispensé de tout retour sur lui-même, de justice, de pitié, de raison. Le sentiment du devoir dût-il plaider pour lui, il n'a garde de l'invoquer. Ils n'ont tous que la loi à la bouche ! Celui-ci est le gendarme du mariage, et celui-là le gendarme des bonnes mœurs. « Monsieur, dit le comte à Paul Aubry[1], il se peut que la société soit mal faite, que vous ayez intérêt à réparer ses erreurs, qu'on ait eu tort de nous marier, madame et moi, tout cela est possible ; mais ce que je sais, c'est que je suis le mari de madame, que je l'aime, que rien dans le monde ne peut m'en empêcher, parce qu'elle est ma femme. » Ce petit discours est sans ambages ; il n'y entre aucune babiole tirée des dix commandements. C'est aussi l'ordre inflexible de la société que M. Duval met

1. *La Dame aux Camélias.*

en avant auprès de Marguerite Gautier. Il fait bien
appel, par-ci par-là, aux bons sentiments de Marguerite ; lui-même, vers la fin, ne juge pas qu'il soit
mal à propos de s'émouvoir un peu ; il n'est pas
encore de bronze comme le comte. Mais il n'oublie
point les motifs solides, et l'on voit qu'il compte surtout sur eux. Aussi, comme il vous enfonce, l'un
après l'autre, piano, pianissimo, ses couteaux poin-
tus dans le cœur de la pauvre enfant ! « Le monde a
ses exigences... Voyons, mon enfant, du calme et
n'exagérons rien... Je vous demande un sacrifice
énorme, mais que vous êtes fatalement forcée de me
faire... Le cœur change perpétuellement, etc., etc. »
Et avec quelle bonhomie, se ravisant tout à coup, il
remarque : « C'est cruel, ce que je vous dis!... » Et
avec quelle sécurité de conscience il murmure :
« Pauvre fille, comme elle doit souffrir ! » se mettant
en paix avec lui-même par une exclamation de circonstance et s'admirant peut-être de sa magnanimité.
Car pourquoi aurait-il des scrupules ? « Les exigences
du monde » sont pour lui. Les héros de M. Dumas
fils peuvent, par hasard, se laisser aller aux mouvements de la passion. La passion ne les amollit pas ;
elle se trahit chez eux par des actes de brutalité
inouïe, et, qui pis est, de brutalité méthodique.
Voyez Armand avec Marguerite! voyez Jacques avec
sa mère! On croirait lire des scènes de la vie américaine. Le *bowie knife* et le *revolver* font défaut ; mais
les Sternay et les Duval n'en ont pas besoin ; ils
ont leur manière de s'expliquer. Ce qui achève de

peindre ce monde, c'est que les victimes mêmes n'y
opposent, aux souffrances excessives, que l'excès de
dureté. Véritables enclumes sous le marteau, on serait
embarrassé de décider qui a moins d'âme, du marteau
ou de l'enclume. M. Dumas dira que c'est le train de
la vie tel qu'il l'a observé de son temps, dans une no--
table portion de la société. Pour le fond des choses,
oui. Mais, quand il serait vrai que les formes raides
de son discours n'en aggravent point le caractère,
quel rôle joue-t-il lui-même en tout ceci ? On a beau
peser avec soin chaque mot de l'entretien de M. Duval
avec Marguerite, on ne distingue pas qu'au gré de
l'auteur il faille se prononcer pour ou contre
M. Duval ; il faut se borner à l'accepter, lui aussi,
comme un fait. Il y a dans M. Dumas, bien qu'à un
moindre degré, de l'indifférentisme de M. Flaubert,
de cet indifférentisme très beau en théorie, et qui
n'empêche nullement dans la pratique les partialités
mal placées. Ceux qu'il appelle honnêtes gens dans
le *Demi-Monde*, le marquis, Olivier de Jalin, nous
rendraient la baronne d'Ange sympathique. Qu'il
prenne plaisir à accabler la baronne d'Ange de sa
honte, c'est venger justement les femmes de bien, ou,
pour prendre un terme qui réponde mieux aux préoccupations de M. Dumas, « les femmes du monde ».
Mais l'accabler sous le marquis qui l'a séduite! mais
l'accabler sous Olivier de Jalin, le seul de ses amis
qui, en acceptant d'elle un amour non payé (qu'on me
pardonne encore ce terme précis), se soit enlevé le
droit de la traiter en courtisane! mais nous les pré-

Le parfait galant homme, que celui qui dit uniment
de sa maîtresse de la veille : « N'épousez pas Suzanne,
mais *aimez-la*, elle en vaut la peine! » L'admirable
gentilhomme, que celui qui livre des lettres de
femme ! Et, pour qu'on ne doute pas de la préférence
de l'auteur pour lui, c'est lui qu'il charge de débiter
la morale de la pièce, une morale, en apparence,
très saine et très rigoureuse, la même dans toutes
les comédies de M. Dumas, mais que vous pouvez
estimer maintenant à sa valeur, sachant qu'il y manque deux choses essentielles, un peu d'humanité qui
la tempère, et l'honneur, peut-être plus sacré que la
morale : « Ce n'est pas moi qui empêche votre
mariage, c'est la raison, c'est la justice, c'est *la loi
sociale* qui veut qu'un honnête homme n'épouse
qu'une honnête femme. » Toujours la loi, toujours!
Oh! que c'est bien le cas de dire : *Leges rem surdam
et inexorabilem!*

V

DES VRAIES QUALITÉS DE M. DUMAS FILS

Et pourtant, il s'en faut que M. Dumas soit inexo-
rable et sourd. S'il s'est rangé dans l'école brutale,
c'est pour se conformer aux dispositions du public,

qu'il a toujours adroitement pressenties. Il a trouvé de ce côté les succès prompts ; il y a rencontré par intervalles l'originalité de bonne aloi ; il y a déployé des talents dramatiques réels. Mais son génie propre et ses goûts, s'il les eût suivis, l'eussent porté ailleurs, puisqu'on voit par ses romans qu'il avait l'esprit poétique, et que son théâtre, en dépit de la sécheresse qui y règne, laisse encore percer çà et là une âme ouverte aux belles émotions. De même qu'il a dû se mutiler pour devenir un parfait réaliste, de même, pour viser au fort, pour produire ce violent qu'il affectionne et qui est sans ampleur aussi bien que sans énergie effective, il a plus d'une fois détourné la tête des scènes gracieuses qui s'offraient d'elles-mêmes à lui. Ah ! s'il voulait ! quels spectacles réconfortants il nous offrirait, au lieu ces spectacles où il se corrompt ! Quelle belle place il saurait prendre dans le théâtre des braves gens ! Comme il peindrait leurs déceptions, leurs espérances, leurs travers, au besoin, leurs luttes contre la méchanceté cynique, esquissée de profil ! L'accent franc de l'honnêteté est encore ce qui lui réussit le mieux. Il s'est rendu glacial par système, par paresse, par impuissance d'artiste qui a négligé de cultiver toutes ses qualités, et à qui elles font justement défaut. Un vrai honnête homme, quand même, dans sa première nature ! Je lui reproche l'aridité préconçue, je lui reproche le *légalisme* féroce dont il se fait, non seulement le peintre, mais encore le complice ; je lui reproche les défauts qui courent l'air. Je laisse les pharisiens crier haro sur *la Dame aux Camé-*

lias. Comme si c'était glorifier les filles perdues que
de nous attendrir sur l'une d'entre elles, au moment
où elle se retrouve et se relève par la vertu d'une
passion vraie! Comme si, d'ailleurs, Marguerite n'était
pas suffisamment écrasée sous la philosophie ortho-
doxe de M. Duval père, et sous la noble indignation
de M. Duval fils ! J'avoue que je ne comprends guère
le zèle singulier qui, parmi tant de choses attaquables
dont le théâtre de M. Dumas est rempli, est allé
choisir, pour le tourner bruyamment à crime, ce
tableau douloureux d'une pauvre fille, malheureuse
seulement du jour où elle essaye de redevenir honnête,
et qui nous attache parce qu'elle l'essaye. Quand le
vieux Pierre Crespo, dans Calderon, va se séparer de
son fils et lui donne ces derniers conseils, si imposants
dans la bouche du fier bourgeois qui n'a point tremblé devant Philippe II : « Respecte, lui dit-il, toutes
les femmes ; je dis toutes, entends-tu bien, même celles
qui sont descendues le plus bas... » M. Dumas n'en
demande point tant. Lui refuserons-nous le peu qu'il
demande ! Est-il si dangereux pour l'homme de
trouver une raison inattendue d'aimer la nature
humaine et de l'honorer là où les bons sentiments
semblaient avoir pour toujours disparu !

Nous insistons sur ce point, parce que *la Dame aux
Camélias* trahit une veine trop vite abandonnée. Cette
création touchante nous permet d'entrevoir, mieux
qu'aucune autre, ce qu'aurait pu être M. Dumas, en
nous révélant un fonds primitif qui, pour s'être
appauvri de plus en plus chez lui, n'en a pas moins

laissé partout sa trace. La pitié généreuse qu'il nous inspire pour elle, la sympathie qu'il lui témoigne largement depuis sa conversion jusqu'à l'arrivée de M. Duval, l'abondance de cœur, la chaleur d'âme sont des qualités honnêtes, même quand elles s'égarent, et nous ne voyons pas qu'elles tombent ici en des égarements bien terribles. C'est l'honneur de M. Dumas, que les souffrances de la femme pauvre et les tentations qui la perdent aient trouvé en lui, en mainte rencontre, un peintre sincèrement ému, qui n'a pas craint alors de prendre parti, au risque de blesser de fausses bienséances. L'horreur de la séduction qui, demi-voilée, répand sur le prologue du *Fils Naturel* un saisissant que n'a point le reste de la pièce, se lie à cette compassion respectueuse pour la faiblesse et la misère; et, s'il est un signe non équivoque du besoin d'honnêteté, ce doit être celui-là.

M. Dumas le dit quelque part avec sa décision et un peu sa rondeur terne : « Se marier quand on est jeune et sain, choisir, *dans n'importe quelle classe*, une bonne fille franche et saine, l'aimer de toute son âme et de toutes ses forces, en faire une compagne sûre et une mère féconde, travailler pour élever ses enfants et leur laisser en mourant l'exemple de sa vie : voilà la vérité. Le reste n'est qu'erreur, crime ou folie. » Il doit à cet ordre d'idées quantité d'inspirations heureuses, mais trop passagères, qui traversent l'aridité de ses comédies, comme un souffle d'air frais dans le désert. Que Réné de Charzay peigne les joies de

sa fière indépendance[1] ou développe le doux et mélancolique tableau du mariage à quarante ans ; qu'Aristide reprenne, à sa manière, la charmante, l'éternelle
chanson qui a pour titre : «Souvenirs du jeune âge[2], »
ou qu'Élisa nous conte, avec des larmes dans la voix,
les désappointements si cruels et si plaisants des
jours où elle a connu la faim[3], on est gagné, on
pleure, on sourit ; les taches de style ne réussissent pas
toujours à nous gâter notre émotion. Et pourquoi parler de taches? elles disparaissent. Parmi ces idylles de
la vie domestique, qu'il ne cherche pas, qu'il fuit plutôt, au milieu des cœurs bons et honnêtes, M. Dumas
est si bien chez lui, qu'il retrouve jusqu'au style. Ce
n'est plus le même écrivain. Adieu la géométrie! la nature s'échappe et parle toute pure. Adieu le réalisme !
la poésie reparaît. Moi, quand Gustave vient de dire à
Marguerite Gautier, d'une façon incidente et sans y
mettre d'importance : « ... Depuis que je suis avocat, » et que la brave Nichette ajoute avec admiration : « Ah! oui, j'oubliais de te le dire, Gustave est
avocat, ma chère, » ce « ma chère » tout simple, où il
y a tant de contentement et de bon petit orgueil naïf,
ce gentil piaffement, si bien lancé, me touche plus
qu'un acte entier du *Fils Naturel*. Mais veut-on voir
s'opérer, en quelque sorte sur place, la métamorphose
du réaliste? qu'on rapproche l'une de l'autre deux

1. *La Question d'argent.*
2. *Le Fils Naturel.*
3. *La Question d'argent.*

définitions qu'il a données des fugitives amours de seize ans. « J'ai aimé Maximilien, remarque Diane de Lys, comme on aime au couvent... *amour semblable aux dents de lait, qui sont sans racines et tombent sans secousses.* » Quelle image gracieuse tirée, par le procédé rectiligne, de l'anatomie des gencives ! « Ces amours-là passent vite, dit René à sa cousine Mathilde, ce sont les lilas de la vie. » Et voilà par où la précision du poète diffère de celle du géomètre ! Voilà comme sait parler M. Dumas quand il se croit tenu de bien rendre ce qu'il sent bien !

Les passions poétiques, comme les tableaux de genre, sont le véritable domaine de M. Dumas. Il affecte à tort de les redouter. Même un peu emportées, elles lui conviennent. Je ne veux pas dire par là qu'il doive revenir à *Kean ou Désordre et Génie.* A Dieu ne plaise ! et je n'ai pas peur qu'il y revienne. Il s'est montré trop vite trop avisé, trop raisonnable, fils trop économe d'un père trop prodigue. Mais, après tout, il a débuté par l'élégie, et maintenant que sa dernière œuvre l'a porté aux antipodes de ses débuts, il y aurait pour lui plus de profit que de péril à se souvenir que les lectures favorites de sa jeunesse ont été *Manon Lescaut, Werther* et *Paul et Virginie.*

Qu'il s'en souvienne donc, et qu'il y joigne *le Philosophe sans le savoir.* S'il persiste à courir après Dancourt et Lesage, nous ne doutons pas qu'il n'atteigne Dancourt ; peut-être l'a-t-il déjà dépassé avec *le Demi-Monde.* Mais la *Question d'argent* et *le Fils*

Naturel l'ont rejeté bien loin de Lesage, le seul des deux à côté duquel il serait enviable de se placer. S'il cherche sa voie, au contraire, du côté de Sedaine, il y a là d'immenses richesses encore intactes que personne n'est plus capable d'exploiter. Il ne tient qu'à lui, s'il veut user de toutes ses qualités, et user seulement de ses qualités réelles, de nous rendre ce que nous n'avons guère eu, jusqu'à présent, qu'à l'état de souvenir ou d'espérance, le drame, le drame sans fadeur, sans vaines tirades, sans explosion de gémissements, sans excès dangereux, le drame devenu un vrai genre littéraire, digne d'exercer le talent. Il excellera aussi dans cette sorte de comédie moyenne, qui rit parmi les larmes, où un comique à teintes douces et familières sort de la combinaison des sentiments et des mœurs plutôt que du choc d'implacables passions. Il y peut porter un degré particulier d'exactitude, de précision et de simplicité nerveuse qui sera sa saveur propre, qui fera du genre sa conquête. Nous ne lui refusons pas d'y introduire les vices puissants et les défauts dominateurs qui sont du domaine de la haute comédie et qu'il a essayé de saisir corps à corps dans ses trois dernières pièces; il ne doit, toutefois, leur demander que des épisodes, puisqu'aussi bien il n'en tire pas autre chose, là même où il affiche le dessein d'en tirer une œuvre complète, puisque le seul caractère vicieux, contre lequel il n'ait pas échoué, la baronne d'Ange, ne satisfait encore qu'à demi l'imagination du spectateur. En vain M. Dumas fils se persuade chaque année

davantage que la comédie forte est sa vocation. En
vain le public le croit comme lui et l'encourage
dans cette erreur par ses applaudissements. Sa force
ne se soutient pas au delà de quelques scènes, après
quoi elle retombe épuisée sous son propre effort. Les
violences plates et la brutalité n'y suppléent point;
elles ne servent qu'à mieux accuser l'irrémédiable
défaut d'ampleur dans l'énergie comique.

D'où vient que cette force soit sujette à de si brusques défaillances? d'où vient qu'elle s'affaisse tout à
coup, quand elle semblait se développer avec le plus
d'aisance? C'est, je le crains, que l'art et le travail en
produisent les rares éclats, mais qu'elle n'est point
soutenue par le levain qui fait les maîtres. Ce levain,
les expériences cruelles seules le donnent. Il ne
suffit pas de beaucoup de talent, il faut avoir encore
longtemps souffert de l'égoïsme et de la sottise humaine
avant d'essayer de les peindre. Qu'on parcoure la vie
de nos grands comiques : la comédie forte a été pour
eux un besoin tardif, un triste fruit de la maturité.
C'est vers quarante ans, leur jeunesse flétrie, leurs
espérances brisées, que la plupart d'entre eux se sont
jetés sur la scène, armés de leurs douleurs. Figaro
nous a dit leur mot, à tous : ils rient de tout, de
peur d'en pleurer. Chacune de leurs œuvres est
une plaie saignante. Celui qui n'a point mangé son
pain dans les larmes, celui qui n'a point consumé ses
nuits dans les insomnies de l'amour trompé, dans le
chagrin des légitimes ambitions déçues, dans la colère
des affronts dévorés, celui-là ne vous connaît point,

rire si cuisant et si doux, ô puissance du ciel, ironie,
qui console et qui venge! Où M. Dumas l'eût-il apprise?
A-t-il, comme Molière, dix ans traîné son génie dans
les provinces, et porté dix ans le poids si lourd de
l'obscurité? Comme Lesage, commis de finance, s'est-
il vu priver de son emploi et rejeter sans ressource
dans les hasards de la vie par je ne sais quel cuistre
inspecteur des fermes, sous prétexte sans doute que
son écriture était dérisoire, et que ses additions n'a-
vaient même pas le mérite de la propreté? Est-il
tombé, sans transition, comme Gresset, du nid des
bons cœurs parmi les intrigues d'un monde méchant?
A-t-il lutté avec la misère, comme Piron, ou, comme
Beaumarchais, avec la calomnie? Lui a-t-il jamais
fallu s'humilier pour vivre? lui a-t-on jamais préféré
Trissotin? A-t-il connu

Les protégés si bas, les protecteurs si bêtes?

A-t-il pleuré des trahisons d'une Armande uniquement
aimée? Non. Tout a été pour lui chemin de fleurs.
Tout lui a souri, la gloire, la fortune et le reste. Les
dieux, les sombres dieux, qui versent à flots l'inspiration comique dans les cœurs déchirés, ne l'ont point
marqué de leur sceau. S'il est vrai que *Diane de Lys*
ait reçu l'écho discret d'une passion qui aurait agité
sa jeunesse, c'est justement une de ces passions
brillantes qui ne laissent, en s'éteignant, que des
souvenirs poétiques. Pour la baronne d'Ange, pour
Jean Giraud, pour M. Sternay, qui ne voit qu'ils

représentent des monstres, que M. Dumas a regardés, d'un œil curieux, passer à côté de lui, mais dont la griffe ne s'est point enfoncée dans ses chairs? Mépriser, M. Dumas ne le sait que trop. Frapper de ces coups, vivement visés, qui cinglent à sec, il le peut. Il n'a point le vrai signe, le secret des secrets, l'amertume sanglante, cette amertume qui pénètre, ravage et dissout les vices qu'elle attaque, et dont il y a une goutte jusque dans le plus inoffensif de nos poètes comiques, dans celui qui avait le plus soif « d'en revenir bien vite aux-bonnes gens ». C'est pourquoi il fera bien de se tourner plus souvent vers les peintures sans âpreté. Elles aussi peuvent fournir des œuvres d'une vérité profonde et d'un caractère relevé. Mais, en quelque direction qu'il s'engage, il est irrévocablement perdu, s'il ne s'avise enfin que nul n'est artiste, qui n'a pas le dédain des suffrages vulgaires ni écrivain, qui ne ressent pas, jusqu'à en souffrir, l'invincible dégoût de la banalité facile.

(*Revue contemporaine*, août 1858.)

LES MŒURS ET LE THEATRE

EN 1865

Si l'on considère les principaux événements dramatiques de l'année 1865, et, si l'on s'attache aux œuvres
qui, ayant eu le don d'attirer la foule, semblent,
indépendamment de leur mérite propre, répondre le
mieux à un certain état des esprits, on n'a point lieu
d'espérer que nous touchions encore au terme de la
fâcheuse réaction qui s'est produite, au théâtre comme
dans le roman, au lendemain de la révolution de 1852.
Les poètes, les romanciers et les philosophes de
l'époque précédente s'étaient fait de l'homme, de ses
sentiments, de ses passions et de sa destinée en ce
monde une idée peut-être un peu trop haute. Nous
sommes bien descendus de cet empyrée. La sympathie
pour notre espèce, ce que Gœthe, ce que Molière lui-
même, devançant Gœthe d'une centaine d'années,
appelaient si bien « l'humanité », tend à disparaître
de notre littérature avec la croyance à l'idéal et la
croyance au bon goût. Elle a, en tout cas, disparu à

peu près complètement de notre théâtre. Châtier les
vices est bien moins la loi de nos auteurs comiques
que flageller la nature humaine, et, lorsqu'ils prétendent corriger les mauvaises mœurs, nous ne savons
comment cela se fait, mais le plus sûr résultat qu'ils
atteignent, c'est d'offenser les bonnes. Quiconque s'est
formé autrement que par la littérature du jour et
voudra s'interroger au sortir de nos drames en vogue
se sentira blessé au fond du cœur et atteint dans un
je ne sais quoi d'indéfinissable qui est ce qu'il y a de
plus noble en nous. Il a été amusé ; il a même été, par
moments, ému ; il a trouvé telle scène charmante, telle
autre écrite avec feu, telle autre semée de mots spirituels et justes. Cependant il est mécontent, et il sent
qu'il a raison de l'être. Nous voudrions essayer ici de
rechercher s'il n'y a point à ce vague malaise des
causes précises. Ce ne sera point faire étalage d'un
rigorisme toujours peu séant chez ceux qui, selon le
mot du poète, sont « amis de la vertu plutôt que
vertueux ». Ce sera tout uniment faire œuvre de
critique. Quand un honnête homme est choqué au
fond de sa conscience d'un spectacle auquel il vient
d'assister, on peut conjecturer d'avance que son
honnêteté eût moins souffert, si son goût avait été
plus ménagé. L'art parfait ne sauve point toujours
la morale, et ce n'est point son but de la sauver ; il
réussit toujours à nous épargner le scandale. C'est
donc l'art qui nous préoccupera alors même que nous
paraîtrions plus particulièrement exposer des mœurs
et les juger.

Il y a, en effet, un art du théâtre avec ses règles propres, et nous sommes un peu confus d'avoir à énoncer avec autant de solennité une proposition aussi ingénue ; mais les bonnes traditions comme les bonnes études ont été si complètement abandonnées et l'inexpérience est devenue si générale, qu'on a presque l'air de soutenir un paradoxe quand on parle de règles quelconques. Personne ne croit plus aux règles, et la critique y croit moins que personne. La critique a prodigieusement étendu de nos jours son domaine ; elle se confond volontiers elle-même avec l'histoire, la philosophie et la morale, et nous ne songerions point à l'en blâmer, si elle n'oubliait trop, sur les sommets nouveaux où elle plane, sa première fonction, bien modeste, mais bien utile, qui a été d'apprécier le mérite littéraire des œuvres de l'esprit, d'en montrer les défauts, d'en signaler les qualités, de chercher à maintenir les saines méthodes de composition et de style. Non seulement la critique dédaigne de remplir son ancien office, mais encore elle désavoue et renie les préceptes élémentaires sur lesquels il était fondé. Il s'est formé et développé deux écoles de critique, la première trop exclusivement historique, la seconde purement mécanique et dynamique, qui sont venues aboutir toutes deux par des chemins divers à l'indifférence en matière de goût. La première n'étudie dans un auteur que ses passions et ses instincts ; à ce titre, elle admet pour excellent tout ce qui a du relief et elle fait autant de cas des grossièretés de Shakespeare que de ses beautés. La seconde se contente de dégager

dans une œuvre la quantité de talent et d'esprit
qu'elle contient, comme le chimiste dégage la quantité d'alcool répandue dans une liqueur généreuse. Le
talent une fois mesuré et l'esprit une fois décomposé
en ses divers éléments, l'une et l'autre école jugent
futile de se demander jusqu'à quel point est légitime
l'emploi qui a été fait de ce talent et de cet esprit. C'est
qu'il n'existe point pour ces observateurs empiriques
un type de perfection, relatif à chaque art, qui a été
quelquefois atteint et dont il faut faire effort pour se
rapprocher le plus possible. N'est-il pas évident néanmoins, pour en revenir au sujet particulier qui nous
occupe, que le théâtre a des lois? N'est-ce pas là un
fait confirmé par l'expérience elle-même? Pourrait-on
soutenir, par exemple, que *Phèdre* n'est pas une
pièce mieux composée que *Hamlet*? Si l'on transporte
Hamlet sur la scène, devant un public anglais, sans
rien changer à la pièce, telle que l'auteur l'a écrite,
si le lendemain on donne *Phèdre* au même public, si
d'ailleurs les deux ouvrages sont interprétés avec un
art égal, y a-t-il un Anglais au monde, malgré toutes
les raisons tirées de la race et du climat, malgré la su-
périorité du génie de Shakespeare sur celui de Racine,
qui refusera de convenir qu'il a commencé par assister
à un spectacle où les sensations sublimes étaient mêlées d'une insurmontable fatigue causée par le choc de
contrastes trop brusques, et qu'il a ressenti le lendemain le plaisir aisé et sans mélange d'un spectacle
constamment pathétique? D'où vient cela, si ce n'est
que l'une des deux pièces a été accommodée aux

nécessités de la scène, et que l'autre est restée à l'état brut? Qu'est-ce qu'observer les nécessités de la scène, si ce n'est pratiquer des règles et reconnaître un art? Comment expliquerions-nous ces inévitables défini-tions de la langue commune de tous les peuples, « œuvre bien composée, œuvre mal composée, œuvre *mieux* composée », s'il n'existait des préceptes univer-sels de composition applicables à toutes les œuvres de l'esprit, à quelque langue et à quelque genre qu'elles appartiennent, quelque différentes qu'elles soient par leur objet, par les sensations qu'elles expriment, par le moment de la civilisation qui les a produites? Puisqu'on aime aujourd'hui à expliquer la littérature per des similitudes tirées de l'histoire naturelle, c'est ici le cas d'user une fois de plus de la fameuse compa-raison de la plante. Un poëme, un roman, à plus forte raison une pièce de théâtre, ne sont point des corps qui puissent se former par juxtaposition; comme la plante, ils doivent présenter aux yeux un organisme complet, et là où l'organisme est défectueux, tout le talent, tout l'esprit, tout le génie possible ne saurait faire que l'œuvre accomplie soit bonne et qu'elle soit douée de vie.

Le talent, et même l'imagination ne manquent point aux auteurs en vogue; mais hormis cette matière pre-mière, qui ne vaut son prix que par la mise en œuvre, on est tenté de dire que tout le reste fait défaut à la plupart d'entre eux. Il y a une remarque qu'il faut faire d'abord, c'est qu'on ne met presque plus des hommes au théâtre. L'ancienne scène française

connaissait des amoureux, des avares, des jeunes
gens, des vieillards, des sots, des méchants, des co-
quins et des imbéciles. Tous ces gens-là, même ceux
qui comme Turcaret tenaient le plus parfaitement de
la brute, ne laissaient pas que d'être des créatures
douées d'un certain discernement intellectuel et
moral. Ils avaient, de quelque manière qu'on veuille
définir l'âme, ce qui s'appelle une âme. C'étaient en
un mot des personnes. On les a remplacés trop souvent par de purs pantins. Il n'y a pas, à l'heure qu'il
est, dans les deux hémisphères, un montreur de
marionnettes plus étourdissant et plus étincelant que
M. Sardou; mais enfin ce n'est qu'un montreur de
marionnettes, et, comme nos défauts, quand nous
ne luttons pas vigoureusement contre eux, croissent
avec l'âge, plus M. Sardou écrit de comédies, plus il
acquiert l'expérience de la scène, plus il développe les
qualités de son dialogue, qui sont réelles, plus il
devient habile à créer dans le drame le mouvement et
la vie, plus le succès croissant l'anime, l'excite et le soutient, et plus de ses doigts de prestidigitateur jaillit un
bataillon serré et divers de polichinelles accomplis. Il
n'en a laissé tomber que deux ou trois dans *les Vieux
Garçons*. *La Famille Benoîton* ne possède pas autre
chose, si l'on excepte Didier et sa femme, avec les deux
impresarii, Clotilde et Champrosé, chargés de faire au
public l'explication du spectacle qui lui est offert.
Descendons d'un ou deux degrés au-dessous de *la
Famille Benoîton*; au lieu des gais et honnêtes vaudevilles de la génération précédente, nous n'aurons plus

que d'écœurantes parodies où nous verrons défiler un
cortège d'idiots et de brutes. On dirait la danse
macabre de l'imbécillité humaine, s'il restait à de tels
personnages quelque chose d'humain. Il est si vrai
qu'une forte part des créations du théâtre actuel sont
des automates et rien de plus, que les personnages
chargés de les passer en revue pour le compte du
spectateur et de débiter la légende ne sauraient éviter
les métaphores qui expriment le mieux l'idée d'un
acte mécanique : « Pendule, coucou de la Forêt-Noire,
machine, marmotte », telles sont les définitions peu
engageantes qui reviennent le plus souvent sur leurs
lèvres. Ils ne sauraient éviter surtout les tirades longues et fastueuses. Un homme, un homme en chair et
en os, agissant bien ou mal dans une situation donnée,
s'explique par ses propres actes et par ses propres
paroles. Essayez donc de comprendre les gestes, les
mouvements et même les paroles d'un pantin doué de
l'organe de la voix, s'il n'y a pas à côté de lui un être
intelligent qui s'épuise en éloquence et qui s'évertue
à vous dire : « Voilà ce qui se passe, voilà ce que vous
allez voir, et voilà ce que tout cela signifie. » Aussi
dans ces pièces la tirade est de rigueur, toujours élégante et spirituelle; mais on en goûte moins l'esprit lorsqu'on a fini par s'apercevoir qu'on n'y peut
pas plus échapper qu'à la faconde et à la verve dé-
monstrative d'un *cicerone* chargé d'interpréter une
collection de figures de cire.

Une conception si abaissée de l'homme, quand on
la transporte au théâtre, rend le théâtre en somme

assez mélancolique. On comprend que, malgré le
mouvement de la scène et la gaieté du dialogue, un
spectateur qui s'en est pénétré emporte chez lui une
impression latente, mais profonde de malaise. Reconnaissons cependant que les auteurs dramatiques ne
sont pas tout à fait responsables du système d'après
lequel ils façonnent les personnages de leur invention. Ils ont pris, peut-être à leur insu, le spectre
primitif et le type uniforme de leur homme-machine
dans les diverses philosophies aujourd'hui en possession des intelligences, et il se peut que cette réduction des mouvements de l'âme à des mouvements
automatiques, dont nous sommes choqués dans les
pièces de M. Sardou et de quelques-uns de ses contemporains, atteste moins la décadence de l'art dramatique que l'altération de nos plus vieilles et de nos
plus saines croyances. Mais où la décadence de l'art
et le dédain absolu des règles élémentaires sans lesquelles il n'existe plus réellement d'art véritable nous
paraissent incontestables, c'est dans le dessein général des pièces et dans la conduite des caractères. Sur
ces deux points, le sans-façon est sans bornes. Chacun noue et dénoue son action comme il lui plaît.
Chacun compose ses personnages selon sa fantaisie et
sa commodité. On accumule dans une même esquisse
les traits les plus contradictoires. Veut-on retracer le
type parisien de la femme qui est « toujours sortie »,
on s'en va choisir une féconde bourgeoise qui a élevé
cinq enfants. Cinq enfants, et toujours sortie! Cela
est faux, de toute fausseté. La femme qui sort sans

cesse a soin de n'être pas aussi chargée de famille.
Ou bien on prend un habitant du faubourg Saint-
Denis qui a eu la patience de s'enrichir, « dans les
sommiers élastiques » et on le représente donnant
à son neveu le conseil d'être « sans scrupules en
affaires », de brusquer la fortune par un coup hardi,
de chercher le scandale, qui n'est qu'une réclame gratuite, et de ne s'inquiéter jamais, lorsqu'il s'agit de
réussir, « des trente-six morales » qui peuvent s'opposer au succès. Cela non plus ne saurait être vrai.
On n'est ni un honnête homme ni un héros de vertu
pour s'être fait cent mille francs de rente avec les
sommiers élastiques ; mais, quand on a derrière soi
quinze ou vingt années passées dans une industrie
sans caractère aléatoire, on parle plus volontiers
pour la morale que contre la morale ; on a un pres-
sant besoin de devenir chevalier de la Légion d'honneur ou juge au tribunal de commerce, et l'on conforme ses discours à ses ambitions. Ne confondons
pas les vices de Mercadet avec les infirmités de
M. Perrichon.

Le laisser aller chez nos auteurs est peut-être pire
encore quand il s'agit de construire une pièce. Ils ne
se donnent plus la peine de lier le dernier acte au
premier et de choisir entre cinq ou six péripéties
possibles la seule qui naisse naturellement et néces
sairement du drame tel qu'ils l'ont exposé et du choc
des caractères tels qu'ils paraissent les avoir conçus.
Tous les personnages viennent, s'en vont, reviennent,
entrent ou sortent, comme passe et repasse la foule

des désœuvrés sur nos boulevards. Tous les dénouements tombent des nues. Tous les incidents destinés à préparer de près ou de loin le dénouement ressemblent à la chute fortuite d'une cheminée sur la tête d'un passant. Un débauché plus que mûr est provoqué par un jeune homme ; il se trouve qu'il est le père du provocateur ; il ne se doutait pas seulement qu'il eût jamais été père, il ne s'en fût douté de la vie, s'il n'avait été amené à brûler de vieilles lettres d'amour et à jeter par hasard un regard distrait sur le cachet de l'une de ces lettres. Voilà comment nous parvenons à sortir des complications de la vie de garçon dans *les Vieux Garçons.* Sans ce bienheureux accident du cachet, la pièce durerait encore à l'heure qu'il est, il n'y aurait pas eu moyen de la finir. Elle a cinq actes : elle en aurait dix, elle en aurait cent. Vraiment, est-ce là une comédie ? C'est une simple succession de scènes. On peut mêler ensemble *la Famille Benoîton* et *les Vieux Garçons* ; avec quelques raccords aux jointures, les deux pièces n'en paraîtraient faire qu'une, et l'action ne marcherait ni plus ni moins mal dans les deux pièces réunies que dans chacune d'elles prise à part. On peut, d'un autre côté, détacher tel ou tel de ces dix actes ; il fera à lui seul une comédie fort tolérable, tant il est vrai que, dans les œuvres de ce genre, on ne discerne plus ni commencement, ni milieu, ni fin. Nous citons *la Famille Benoîton* et *les Vieux Garçons* parce que c'est pour ces deux pièces qu'ont été les succès les plus bruyants de l'année. Nous pourrions citer le drame que les censeurs interdisent en ce moment, et d'où ils demandent à retrancher tout uniment ce qui s'y trouve d'original et de large, le premier acte[1] ; ce drame pivote tout entier autour d'une histoire parasite de général russe sans aucun rapport avec l'action qu'elle sert à dénouer. Nous pourrions citer encore une comédie pour laquelle le public n'a pas été assez juste, *Fabienne*, et qui, remplie de scènes charmantes, n'a péri que par le dénouement. *Fabienne*, par cela même qu'elle révèle une fois de plus les qualités solides d'un jeune auteur[2] auquel ne sont pas encore venus les triomphes définitifs, nous paraît un exemple beaucoup plus concluant que *les Vieux Garçons* et *la Famille Benoîton* de la parfaite ingénuité avec laquelle nos contemporains gouvernent les conceptions de leur esprit et des libertés qu'ils se croient en droit de prendre avec un public trop facilement enthousiaste. L'ingénieux auteur des *Curieuses* met en présence une mère et une fille éprises du même homme. Pendant deux actes sur trois, le prince Henri de La Roche-Targé, adoré sans le savoir de Fabienne, recherche en mariage sa mère, la comtesse Amélie. Déjà ce mariage est décidé, et Fabienne se meurt. Comment M. Henry Meilhac se tirera-t-il d'une situation aussi ardue? Très simplement, en n'essayant pas de s'en tirer. Il se fait une révolution dans le cœur du prince Henri, et il épouse la fille, au grand

1. *Malheur aux vaincus*, de Barrière.
2. Henry Meilhac.

contentement de la mère. Mais cela est-il bien possible? Est-ce ainsi que va le cœur humain? est-ce
ainsi que va la vie? est-ce ainsi que peut aller le
théâtre? Cette rivalité d'une mère et d'une fille,
quand elle a une fois éclaté, quand elle est devenue
publique, quand les passions qui en sont la source se
sont accusées avec aussi peu de ménagement que cela
a lieu dans *Fabienne*, se termine-t-elle jamais autrement que par d'affreux déchirements ou par quelque
transaction plus affreuse encore? Et si un auteur
dramatique prétend ne tirer d'un sujet éminemment
tragique ou éminemment sinistre qu'une sorte de
pastorale de salon, plus ou moins touchante ou plus
ou moins innocente, peut-on dire qu'il est maître de
son drame et qu'il le développe selon la nature réelle
du sujet?

Nous n'osons parler de la leçon morale qui se
dégage de la plupart de ces pièces. Quelque disposé
qu'on soit à admettre que l'art a son domaine distinct
de la morale, il y a une vérité hors de doute, c'est
qu'il existe en littérature des œuvres saines et des
œuvres malsaines, tout aussi bien que des œuvres
accomplies et des œuvres médiocres. Cependant une
œuvre n'est pas nécessairement corruptrice parce
qu'elle contredit les principes ordinaires de la morale
ou qu'elle les omet, et elle n'est pas nécessairement
salutaire parce qu'elle nous rappelle *ex professo* à la
pratique de nos devoirs habituels. Une œuvre est
saine ou malsaine surtout par l'impression qu'elle
nous laisse dans l'esprit et dans le cœur. En appli-

quant ce principe, combien, parmi les succès des
années qui viennent de s'écouler, pourrons-nous
compter d'œuvres complètement salutaires? Morales,
nos comédies le sont toutes. Ce n'est pas seulement
de la tirade spirituelle et émue que nos auteurs abu-
sent un peu, c'est encore de la tirade vertueuse.
Cependant tout choque l'honnêteté, tout révolte la
conscience dans ces pièces si ambitieusement morales.
Rien n'est plus fâcheux au théâtre que le spectacle
du vice sans la passion, et les vicieux qu'on nous
peint, au lieu d'être victimes de leurs mauvais penchants, les exploitent devant nous avec une tranquil-
lité, une impudence et un bonheur intolérables.
Qu'est-ce que c'est par exemple qu'un auteur qui prétend flétrir le vice et qui finit tout doucement une
comédie dirigée contre les coureurs d'aventures et les
chasseurs d'amour illicite par le bucolique tableau
d'un Lovelace suranné devenu soudain le plus fortuné
des beaux-pères, et par l'idylle du vice vieilli s'abri-
tant au nid de la jeunesse innocente? Quel spectacle
peut nous paraître plus humiliant pour la société où
nous vivons, et nous rabaisse nous-mêmes avec plus
de certitude, si nous le supportons d'un esprit pai-
sible, que celui d'une famille dissoute par le luxe,
l'avidité, les mauvais exemples, où le père, les fils,
les filles, le mari, la femme, échangent entre eux les
injures brutales, font assaut de mépris et quelquefois
d'ignominie, supputent sur la mort les uns des autres,
et continuent à vivre ensemble comme si de rien
n'était? Mais si parmi ces personnages il n'en est pas

un seul à qui il reste une lueur de dignité et de bon
sens pour contenir, dominer ou expulser les autres,
si les enfants ne savent plus respecter, si le père ne
sait plus commander ou maudire, et si, derrière tout
ce monde charmant, l'auteur, qui le fait mouvoir,
incapable d'indignation, incapable de pitié, ne songe
qu'à jouer et à s'amuser, c'est au spectateur à faire justice de ces mœurs odieuses et triviales. Au contraire,
le public d'aujourd'hui s'y délecte, et il s'y délecte
en toute sécurité, sous prétexte qu'en fin de compte
l'auteur conclut contre le vice et que les principes
restent saufs. Eh! qu'importent les plus belles et les
plus sévères conclusions, quand, le long du chemin
qui nous y mène, le sens moral s'altère et la délicatesse morale se flétrit? Craignons à la fin de prendre
pour la haine du vice ce qui ne serait que la conviction réfléchie et froide des inconvénients du vice!
Gardons-nous de croire que nous nous sommes remis à aimer nos devoirs parce que nous nous sommes
effrayés sur le péril des situations irrégulières!

C'est pourtant là ce qu'a pour objet de nous persuader une des comédies les plus caractérisques de
ces dernières années, *le Supplice d'une Femme*. Ce
drame sobre ne tombe sous le coup de presque aucune
des critiques générales qu'on est en droit d'adresser
au théâtre contemporain. Malgré des invraisemblances
auxquelles on ne songe qu'après réflexion, et quoique
toute la pièce pèche par la base, la vulgarité du
personnage d'Alvarez et de sa liaison avec Mathilde,
la conception est d'une simplicité classique; l'action,

rapide et conséquente à elle-même, se déroule suivant les meilleurs préceptes de l'art; la situation, vigoureusement ramassée, est à la fois claire et forte, et, si les caractères sont trop dominés par la situation, trop absorbés en elle pour qu'il ait été possible de leur donner du relief, du moins aucun de ces personnages ternes et effacés, qui ne valent et ne vivent que par les rapports légaux et sociaux qu'ils expriment, ne s'inflige à lui-même de démenti puéril durant le cours du drame. Mais l'accent profond de l'honnêteté, où est-il? mais le cri du repentir, le vrai cri de l'âme, quand l'entendez-vous ? Chez cette femme écrasée sous le poids de sa faute, la douleur et la honte du supplice supporté pendant sept années parlent seules. Quelle sécheresse! quelle dureté! Et cette morale d'airain, ce serait toute la morale! Au fond, il ne s'agit pas ici de nos devoirs, il s'agit des nécessités du mariage et des retours vengeurs de la loi sociale. De tels exemples peuvent rendre plus sages et plus prudents ceux qui les reçoivent, ils ne les convertissent point. L'impression morale dans *le Supplice d'une Femme* est mesquine autant que l'émotion dramatique y est forte. J'ai peur, si je pense à Indiana et à Valentine après Mathilde, de trouver plus de vertu dans les sacrilèges défis jetés par les héroïnes de madame Sand au mariage que dans la soumission où la femme de M. Dumont se décide à rentrer, de guerre lasse, uniquement pour se soustraire aux fascinations assommantes de M. Alvarez. Et j'ai peur aussi pour cette cause que la leçon soit perdue, même comme simple

leçon de sagesse. Quelle femme déjà entraînée par la
passion ne pourra se dire avec quelque apparence de
raison qu'après tout elle a rencontré mieux qu'Alvarez
et qu elle vaut mieux que madame Dumont?

Indiana! Valentine! Lélia! quels noms venons-
nous de prononcer! et quels souvenirs avons-nous
évoqués! Chose singuliere et bien digne de fixer
l'attention du philosophe qui observe les vicissitudes
de nos sentiments et de nos idées! ce qui nous perdait
il y a trente années, c'était l'excès de passions généreuses qui ne voulaient point subir le frein vulgaire
de la loi; c'étaient les rêves d'une poésie splendide
qui ne voulait point s'emprisonner dans les devoirs
terre à terre de la vie domestique; c'était une soif
insatiable de l'idéal qui nous soufflait la révolte contre
toutes les réalités de la vie; c'était un besoin d'être
sublime que rien ne satisfaisait, si ce n'est l'orgueil
qu'on éprouvait à fouler aux pieds, au nom de quelque sentiment supérieur, les obligations les plus sa-
crées qu'imposent le monde, la société et la famille.
On mettait alors la vertu tout entière dans les beaux
sentiments dégagés des préceptes positifs; pourvu
qu'on eût conscience d'admirer ce qui était grand et
héroïque, sans trop se soucier de pratiquer ce qui
était bien, on se trouvait toujours assez honnête, et
l'on ne s'apercevait point que les plus profonds préci-
pices sont voisins des cimes les plus ardues. Ces grands
désordres d'imagination ont fait place peu à peu à
un goût implacable de l'ordre. L'idée nette et claire
qu'il faut observer l'ordre, parce que l'ordre se venge

tôt ou tard de ceux qui le violent, est la plus haute
conception de la vertu où puissent atteindre les moralistes de l'heure présente. C'est de la vertu légale,
précise et concrète qui ne vaut pas mieux, qui vaut
beaucoup moins que le genre de vertu trop éthérée
et trop en essence où les poètes de la génération de
1830 prétendaient hausser les âmes à travers toutes
les violations possibles du code pénal. Je ne hais pas
le code, j'aime surtout un code moral; mais je ne
l'aime que vivifié par les sentiments nobles et délicats.
S'il fallait à toute force choisir entre le mysticisme
romanesque d'autrefois, qui nous égarait si terriblement hors des sentiers réguliers de ce monde, — et
la vertu selon le code, la vertu qu'on se démontre à
soi-même par formule algébrique, — mon choix serait
fait. Il y a dans l'un la foi sans les œuvres, il y a
dans l'autre les œuvres sans la foi, et ce n'est pas
seulement la théologie qui a raison de mettre la foi
au-dessus des œuvres, et de juger l'action de la grâce
supérieure à l'action de la loi.

Au fond de la morale, un peu trop pratique, dont *le
Supplice d'une Femme* nous recommande la stricte
observation, au fond des scènes de satire violente que
nous retracent M. Sardou et les auteurs dramatiques
de son école, au fond de l'art tel qu'on l'entend et
qu'on le pratique actuellement, on trouverait un
même phénomène qui est le fait saillant de l'histoire
de notre société depuis quinze ans : le développement
outré de l'esprit positiviste. Dureté des cœurs, brutalité des mœurs et des œuvres de l'imagination, rétré-

cissement des idées philosophiques, vulgarité des
maximes morales, tout nous vient de là et tout nous
y ramène. Le romanesque et le chimérique (et
qu'est-ce que la vie sans un peu de chimère et de
roman?) ont fui pour ne plus laisser derrière eux que
le respect superstitieux des réalités tangibles et des
nécessités palpables. On surprend partout la trace de
ce triomphe trop complet de la sagesse positive sur
la poésie. Et, cette année même, pourquoi ne le
dirions-nous pas? le dernier des chantres de l'idéal,
le plus fidèle jusqu'ici aux dieux vaincus, le plus
populaire et le plus aimé parmi les écrivains qui
savent encore de temps à autre faire descendre le
ciel sur la terre, M. Octave Feuillet, n'a-t-il pas trop
rendu les armes à l'esprit impérieux du jour? O vous
qui nous contiez naguère, au milieu de tant de larmes,
le Roman d'un jeune Homme pauvre, qu'avez-vous
fait sous ce titre séduisant, *la Belle au Bois dormant*,
si ce n'est transporter à votre tour au théâtre le
panégyrique du jeune homme riche et du jeune
homme pratique, auquel appartient désormais le
globe? Eh quoi! il y avait quelque part, dans le
monde enchanté de votre imagination, une sœur
jeune et brillante de Maxime de Champcey et de
mademoiselle de Porhoët. Fière et chaste fille de la
Bretagne expirante, elle n'aimait que l'honneur et
l'orgueil de son nom; elle appartenait tout entière à
ses hymnes, à ses aumônes, à ses ballades, à la généreuse inutilité du bon vieux temps; elle haïssait
l'argent et le travail productif; tout l'or du Pérou ne

l'eût pas décidée à subir une atteinte à la moindre
des croyances, au moindre des préjugés qu'elle avait
reçus de ses pères ; bref, elle était tout à fait telle que
vous seul savez les faire, chimérique et adorable. Et,
quand déjà le cloître l'avait recueillie et lui donnait
l'asile suprème qui lui convenait, loin du siècle et de
ses marteaux, vous êtes allé l'arracher à l'église et à
Dieu, pour la jeter dans les bras de ce forgeron de
Morel ! Blanche de Guy-Châtel reniant l'idéal ! jamais
le *tu quoque* n'aura été plus à sa place. De toutes les
victoires que l'économie politique, armée du code de
commerce, a remportées depuis quelques années dans
le domaine des lettres et ailleurs, la plus étonnante,
la plus inattendue, est certainement celle qui a mis à
ses pieds, avec Blanche de Guy-Châtel, Marguerite,
Bellah, Sabine et madame de Palme. A Dieu ne plaise
qu'en signalant ce caractère trop peu remarqué d'une
œuvre où M. Octave Feuillet a mis, d'ailleurs, beaucoup plus qu'on ne le croit et qu'on ne l'a dit des
séductions ordinaires de son talent, nous prétendions
ranger *la Belle au Bois dormant* dans le groupe des
comédies brutales ; autant vaudrait marier le Turc
et Venise. Rien ne jure plus que le caractère et le
tempérament de M. Feuillet avec les peintures à la
mode. L'auteur de *la Belle au Bois dormant* garde
sa place à part ; mais, dans la place écartée où il se
tient, les préoccupations qui dominent le théâtre
contemporain sont venues le chercher, et notre devoir d'historien était de relever dans le dénouement
de sa pièce un spécimen curieux des influences qui

12

envahissent, sans qu'ils s'en doutent, les esprits les
plus élevés et les plus droits.

Faut-il cependant exagérer la portée de ces
influences? Chacun des amis de l'art délicat nous
opposerait à l'instant le nom de M. Octave Feuillet
lui-même. Il serait injuste de méconnaître qu'il reste
des écrivains qui soignent patiemment leur talent et
lui interdisent les victoires faciles, achetées au prix
du scandale, comme il en est d'autres qui, s'ils s'enga-
gent en quelque tentative hardie et contestable, n'y
sont du moins poussés que par une témérité d'artiste
désintéressé. Sans parler de telle comédie de mœurs
ou de caractère qui, malgré la tristesse du sujet, eût
mérité d'être mieux accueillie du public lettré, quelques-unes des meilleures traditions de notre scène
se retrouvent en d'agréables tableaux de genre, tels
que le *Second Mouvement*, de M. Édouard Pailleron, et *les Révoltées*, de M. Gondinet; c'est l'esprit
aisé et inventif de Scribe, c'est la verve et la bonhomie de Picard, avec le don des vers en plus. Qui ne
se sent rafraîchi lorsqu'il passe des duretés ordinaires
de nos comédies à ces légères satires des communes
faiblesses du cœur humain? Le drame domestique
nous a donné également plus d'une œuvre, sinon tout
à fait irréprochable, du moins étudiée et sympathique. Sedaine n'a point fait assez école parmi nous;
madame Sand, qui a porté au théâtre un esprit de
sérénité et de paix trop étranger à beaucoup de ses
romans, ne rencontre pas autant d'imitateurs, de
disciples et d'émules que nous pourrions le souhaiter.

Et cependant quelques-uns de nos jeunes auteurs s'aperçoivent et sentent que, du côté de la tragédie et de l'idylle bourgeoise, il y a bien des filons d'or à suivre, bien des diamants à extraire et à polir. Il n'est pas rare que, dans une pièce dont l'idée première a été empruntée à ce fonds de mœurs dures et de mauvaise compagnie qu'il est, à ce qu'il paraît, impossible d'éviter, on rencontre tout à coup une physionomie originale, heureusement esquissée, des émotions honnêtes, des traits d'une moralité pathé-tique et presque austère, des mouvements vrais, un ton mesuré, un dénouement à peu près concluant, tout ce qui enfin, transporté en un sujet qui n'aurait pas le tort d'évoquer les souvenirs les moins purs et les images les plus tristes, pourrait produire une œuvre élevée ou à tout le moins satisfaisante. Encore une fois nous ne fermons pas les yeux à de tels mérites; mais des épisodes isolés et rares ne sauraient modifier le jugement général que nous inspire un ensemble de phénomènes continus. L'accueil favo-rable qu'un public trop restreint est toujours disposé à faire à certaines œuvres délicates et consciencieuses ne nous console qu'à demi des spectacles funestes où la foule s'habitue de plus en plus à courir. Le succès même qu'obtient en ce moment *le Lion amoureux*, et qui rappellera enfin, nous voudrions l'espérer, la Comédie-Française à ses devoirs et à son vrai carac-tère, ne suffit pas pour nous rassurer sur l'avenir de notre théâtre. Ce succès a beau avoir éclaté à la manière de ces coups de foudre qui viennent quelque-

fois dissiper les vapeurs malsaines de l'atmosphère :
il y a des ébranlements passagers qui ne purifient
l'air que pour un jour ou deux. A peine la première
représentation du *Lion amoureux* finissait-elle que le
drame *Héloïse Paranquet*, d'ailleurs émouvant et
humain en quelques-unes de ses parties, mais qui
nous ramène trop, comme d'autres pièces contempo-
raines, à la religion et à la poétique du code, venait
de nouveau éveiller chez nous des impressions bien
mêlées.

Il serait temps que tous ceux dont l'exemple, la
parole ou les actes peuvent faire autorité prissent le
parti de s'inquiéter de la contagion de brutalité, de
sécheresse et de violence qui s'est emparée de notre
littérature. On ne nous persuadera point que la comédie forte ne subsiste qu'à la condition de braver toutes
les bienséances et de briser toutes les barrières. La
force est justement ce qui manque le plus aux crudi-
tés de la scène actuelle. Un style robuste, une trame
serrée et ferme, un caractère vicieux développé avec
audace, vigueur et suite, sont peut-être plus difficiles
encore à rencontrer présentement au théâtre qu'une
pièce d'une moralité saine et d'un effet irréprochable.
Nous croirions plutôt que c'est faute de puissance que
la comédie actuelle, ne sachant comment échapper à
la platitude, se jette dans la grossièreté et l'excès :
encore est-il çà et là des auteurs particulièrement
favorisés de la muse qui trouvent le moyen d'être à
la fois outrés et ternes. A vrai dire, cette dégradation
à froid n'est pas seulement le fait des écrivains qui

nous en offrent le tableau et qui l'exploitent dans
l'intérêt de leur renommée ou de leur fortune. Chacun en est complice, chacun doit s'en accuser : le
public d'abord, qui paraît se complaire plus particulièrement aux spectacles les plus violents et les plus
informes; les directeurs de nos premières scènes, qui
ne savent pas en défendre les traditions et en maintenir l'honneur; la critique, qui perd par des éloges
excessifs et inconsidérés des écrivains désormais
célèbres, dont elle a bien fait d'encourager les débuts,
dont elle a tort de ne pas redresser le talent déjà
mûr; le gouvernement lui-même, qui, mal informé
par des agents dénués ou d'expérience ou de goût,
place quelquefois d'une façon bien singulière ses
distinctions et ses faveurs et couvre de son patronage
de bien étranges chefs-d'œuvre; nos lois préventives
enfin, dont l'action lente et sûre a peu à peu abaissé
le niveau des intelligences et finira, si l'on n'y prend
garde, par ruiner l'esprit public. Cependant la plus
forte part de responsabilité dans ces spectacles injurieux pour notre société incombe encore aux spectateurs qui s'y pressent. On les cingle au visage, ils
applaudissent. On les dissèque tout vivants, ils fré-
missent de plaisir. On les ravale au-dessous de la
brute, ils ne se sentent pas d'aise. On insulte à leur
jugement en les traitant comme des gens capables de
tout croire et de tout accepter, ils acceptent tout avec
enthousiasme, ils croient tout avec béatitude. *In
servitium ruunt*, ils se précipitent tête basse dans les
plus niaises crédulités. Observez la salle pendant la

12.

représentation d'une pièce à succès. S'il y a sur la
scène une femme aimable occupée à tenir paisible-
ment à son seigneur et maître des discours tels que
le mari le plus débonnaire devrait en bonne justice
et préalablement à toute explication la jeter par la
fenêtre, c'est précisément les maris qui crient *bravo*
avec le plus de conviction. Si un fils rompu à l'arithmétique s'entretient avec son père d'intérêts communs
sur le ton d'un chevalier d'industrie qui traiterait
avec un loup-cervier, c'est les pères, et après tout
d'honnêtes pères de famille, pères honorés de fils
respectueux, qui sont les premiers à se pâmer et qui
s'écrient : « Comme c'est attrapé! » Et n'allez pas au
moins, vous, homme de goût, vous permettre un
léger murmure quand un trait cynique, lancé avec
certitude par une main qui ne tremble pas, vient
vous atteindre en pleine poitrine. Tous vos voisins
ouvriront des yeux surpris et se demanderont de
quelle province arrive ce novice qui réclame justement aux plus beaux endroits. Ces dispositions du
public nous effrayent, nous l'avouons, plus que tout
le reste. Rien ne donne mieux la mesure des inclina-
tions d'une société que les mœurs qu'elle supporte
ou qu'elle recherche au théâtre, alors même que ces
mœurs ne seraient pas réellement les siennes. A ce
signe, il est permis d'affirmer que l'esprit et le
caractère national subissent en ce moment chez nous
une altération sensible. La cause en est sans doute
plus haut qu'au théâtre; mais c'est le théâtre qui
démontre avec le plus de clarté et qui permet

d'apprécier avec le plus de certitude l'effet produit.

Arrivée à ce point où l'éclipse momentanée du goût et de l'esprit est si évidente, une société doit faire son examen de conscience ; mais ceux qui sont en possession de la gouverner, de la diriger et de l'administrer, ont peut-être aussi à s'interroger sérieusement sur l'usage qu'ils ont fait de leurs pouvoirs, surtout si ces pouvoirs, pendant une longue période d'années, ont été à peu près illimités. Nous avons accusé et nous accusons principalement le public ou une notable portion du public, parce que c'est en lui que réside la source de toute force réelle, parce qu'il est, dès qu'il le veut, souverain juge et souverain maître, parce que, surtout en matière de littérature et de goût, aucune domination ne s'établit et ne dure, s'il ne la soutient de sa complicité effective. Dans un pays tel que la France cependant, les lois et les formes sous lesquelles se manifeste l'autorité de l'État ont toujours pu beaucoup pour exciter l'opinion ou la paralyser. Elles peuvent aujourd'hui plus que jamais. Il nous semble donc difficile d'absoudre notre système légal des mauvais penchants du public et de mettre hors de cause, lorsque nous nous inquiétons des vices du théâtre, les principes d'après lesquels s'exerce l'action administrative. Si le public s'humilie, comme à plaisir, devant les mortifiantes peintures que lui apporte la littérature du jour, c'est qu'il a pris l'habitude de s'humilier dans les mille liens dont il est enlacé par les règlements en vigueur, et c'est qu'à chaque effort

que nous voudrions faire pour nous hausser le caractère et le jugement, nous rencontrons devant nous
l'obstacle déprimant d'un décret préventif quelconque.
Si la critique littéraire est sans force, c'est que la
critique politique elle-même, à quelques exceptions
près, a été contrainte de s'affadir et de s'énerver sous
la pression administrative. Dès lors, le ton d'une critique littéraire sincère jurerait trop pour être supporté et pour être efficace avec celui de la critique
politique. Quiconque voudrait garder sa franchise
d'allures et dire nettement ce qu'il pense de la pièce
du jour, du romancier qu'on reçoit dans les bonnes
maisons, du dramaturge sans style qui passe en car-
rosse sur nos boulevards, regardé avec admiration
par la foule, tandis qu'un écrivain de mérite se con-
sume dans la pauvreté et l'obscurité, — quiconque
aurait cette audace serait signalé dans la mollesse
générale à l'animadversion de tous comme un puritain
incommode et comme un misanthrope tourmenté d'un
âpre besoin de dénigrement ; on le tiendrait à la lettre
pour une peste publique. Si enfin les auteurs dramatiques eux-mêmes ne nous servent que des satires
sans art de la vie privée la plus infime ou des pièces
à grand spectacle, c'est que, sur le chemin qu'ils ont
choisi, on ne rencontre point la censure. Quoique
beaucoup de bons esprits, tout en souhaitant une
autre organisation de la censure théâtrale que celle
qui fonctionne en ce moment, jugent cette institution
indispensable, même dans l'état de liberté, il est vrai
de dire que la censure devient aisément capricieuse

et peut gêner ce qui est bon, en laissant passer ce qui est mal, quand on ne se sent pas une liberté suffisante pour discuter ses arrêts.

Ainsi, de quelque côté que l'observateur tourne ses regards et quelque sujet qu'il examine, quand c'est un sujet d'intérêt public, il est amené à toujours souhaiter le même remède à des maux en apparence divers. C'est une plus grande liberté politique, consacrée par les institutions, qui, en donnant aux mœurs plus d'élévation, arriverait par un effet indirect à corriger la licence du théâtre. Beaucoup de lois qu'on a promulguées, il y a une quinzaine d'années, dans l'intérêt de la société, de l'ordre, de la religion, de la famille, du principe d'autorité, n'ont pas réussi cependant à sauver le respect des notions essentielles sur lesquelles sont fondés et l'ordre social et l'ordre domestique. On demande d'ordinaire la réforme de ces lois bien rigoureuses au nom d'un parti ou d'une théorie politique. Nous venons de relire les œuvres de notre temps, et cette réforme salutaire, nous serions tenté de la demander aujourd'hui au nom des mœurs françaises et de l'esprit français.

(*Revue des Deux Mondes*, 1er février 1866.)

ÉDOUARD PAILLERON

I

L'Étincelle et *Pendant le bal* tiennent l'affiche à la Comédie-Française. On prépare au même théâtre *le Monde où l'on s'ennuie*, qui passera ce mois-ci; le public littéraire et le public lettré s'occupent assez vivement de la pièce avant qu'elle soit représentée: ce qui n'a lieu que pour des auteurs favoris. M. Édouard Pailleron, l'auteur du *Monde où l'on s'ennuie* et de *l'Étincelle*, a aujourd'hui quarante-six ans. Il possède un bagage fourni. Il est au plein de son développement. Voici l'heure ou jamais de l'arrêter au passage et de porter sur lui un jugement d'ensemble.

C'est vers 1860 que l'on a commencé à répéter son nom. En vingt années, de 1860 à 1880, il a écrit deux volumes de vers et il a fait jouer à l'Odéon, à la Comédie-Française et au Gymnase, treize comédies, drames ou proverbes, dont huit en vers et cinq en prose, dont quatre, plus amples, en trois et quatre actes et à peu près tout le reste en un acte. Vingt-quatre actes en vingt ans; c'est, pour parler le jargon technique, « une production » suffisante. Elle n'a pourtant rien d'excessif, étant donnés les mœurs et usages littéraires du temps présent. M. Pailleron n'écrivait pas pour vivre, il n'a pas été obligé de se presser.

M. Pailleron est entré dans la vie par la porte d'ivoire. Il a eu toutes les fortunes. Sa famille était plus qu'aisée. Quand il eut vingt ans, un père barbare le destina au notariat. Ç'a été là de tout temps pour les futurs poètes le stimulant classique.

> C'est en vain qu'au Parnasse un téméraire auteur
> Pense de l'art des vers atteindre la hauteur,

si son astre, au sortir du collège, n'a pas d'abord fait de lui un clerc de notaire ou d'avoué. M. Pailleron fut donc clerc tout le temps qu'il fallait pour goûter le charme poétique de ne l'être plus, mais pas plus longtemps. La *Revue des Deux Mondes* accueillit ses premières rimes, l'Odéon sa première pièce. *Le Parasite*, un acte en vers, fut joué au cours de l'automne de 1860. Les trois interprètes en étaient mademoiselle Debay, les délices du lieu, Thiron, alors en toute sa verve, la fringante et spirituelle Delahaye, une Brohan, une Samary, qui trop tôt pour l'art a disparu dans le mariage. Ce ne fut pas un triomphe, ce fut au moins un succès. M. Pailleron, entre temps, avait publié un premier volume de vers, aujourd'hui épuisé, *les Parasites*, que je n'ai pu me procurer et relire, mais je me souviens qu'on y pouvait remarquer plus de personnalisme dans l'observation du monde et de son train qu'on n'en attend d'ordinaire d'un jeune homme à qui tout s'est trouvé facile. Dans *le Parasite*, la fantaisie et un rayon du ciel de Grèce; dans *les Parasites*, la réflexion et le mouvement : que d'heureuses promesses ! M. Pailleron avait vingt-six ans. Il était de relations agréables, élégant de maintien sans fadeur d'élégance, beau de la même beauté et de la même grâce de poète qu'eurent aussi en leur jeunesse Alfred de Musset et Alphonse Daudet. Il se maria brillamment, à l'heure propice et, ce qui est le grand point, dans son propre monde. L'alliance contractée par lui le faisait gendre de l'un des souverains littéraires du siècle. Attaché à la première de nos Revues, joué à l'Odéon, déjà sollicité par la Comédie-Française, marié à son goût et suivant les convenances, il avait jeté à temps les assises de sa vie.

Il avait aussi donné à son esprit toute la bonne substance qu'y peut donner, par l'étude, un poète comique. Ce qui est l'attrait de M. Pailleron pour un historien et un juge classique des lettres, c'est qu'entre tous ses émules du théâtre contemporain, il est imprégné des traditions moyennes de notre littérature et des mœurs moyennes de notre pays. Dès ses premiers pas, on sentait en lui ce qu'on peut appeler un homme du répertoire; l'ancien et le nouveau lui étaient également familiers. Çà et là, il troussait le vers comme Gresset ou Regnard; il savait son Musset et son Marivaux ; il s'était rompu aux procédés de Scribe ; il était tout nourri des premiers poèmes

dramatiques d'Augier; il n'avait même pas négligé
en ses années d'apprentissage Picard ni Andrieux.

M. Pailleron a-t-il l'étoffe d'un maître? on ne peut
encore en décider. Il est à tout le moins un disciple
heureux des maîtres. Et qu'on ne croie pas que ce
soit peu de chose!

II

Rien, nous l'avons dit, ne pressait M. Pailleron. La
grande faute de sa vie, c'est qu'il s'est encore trop hâté.

M. Pailleron n'a pas, à ses débuts, labouré une
fois pour toutes sa langue et son esprit du rude travail qui extirpe les pierres et les mauvaises herbes
pour pénétrer aux sucs nourriciers. Il résulte de là
qu'il est resté trop longtemps sans style; qu'il n'a
façonné son vers que bien lentement; qu'il ne s'est
pas encore fait aujourd'hui une prose qui soit bien à
lui. De là vient aussi qu'il s'est plus attardé qu'il n'est
convenable dans l'imitation et dans les reprises d'idées
déjà traitées par d'autres. Si M. Émile Augier n'avait
pas écrit *la Ciguë*, M. Pailleron probablement n'eût
jamais pensé au *Parasite*. Il se souvenait de *Gabrielle*
lorsqu'il composait *Hélène* « tragédie bourgeoise », et
je ne pense pas qu'il ait pu se dissimuler que, dans
les Faux Ménages, madame Armand remplit à l'égard
de son fils Paul et de la pauvre Esther, exactement

le même rôle que M. Duval, dans *la Dame aux Camélias*, à l'égard de son fils Armand et de la malheureuse Marguerite Gautier. Je sais bien qu'en dépit de
toutes les lois féodales, que les jurisconsultes nous
fabriquent sur la propriété littéraire et artistique, le
droit imprescriptible du poète est de prendre où il le
trouve le thème sur lequel il modulera ses variations.
Nous, public, nous ne lui demandons rien que de
dépasser et d'enrichir ce qu'il imite. Tel n'est pas
toujours le cas de M. Pailleron. Il a bien choisi ses
modèles, il n'a pas assez complètement dégagé son
talent propre.

En son fond de nature, ce talent est de fine qualité. Il est bien français. M. Pailleron a l'imagination
légère et déliée. *Le Second Mouvement, l'Autre Motif,
l'Étincelle, le Monde où l'on s'amuse, Petite Pluie*, etc.,
reposent sur des idées trouvées, qui sont spirituelles
et justes. Ces bons bourgeois de Louviers, qui recueil-
lent d'enthousiasme la fille de leur bienfaiteur, qui
tout de suite méconnaissent les qualités de la modeste
orpheline, précisément parce qu'ils l'ont recueillie,
qui la trouvent d'abord un peu trop sans façon, puis
gênante, puis envahissante, puis intolérable; ces
deux jeunes mariés, dont aucun tête-à-tête ne rassasie
l'amour goulu qu'ils ont l'un pour l'autre et qui, dans
la solitude où ils sont allés cacher leur bonheur, rencontrent, au bout de six mois, la monotonie, les que-
relles et les plans de procès en séparation; ce Machiavel de la galanterie, qui, cherchant dans une réunion

mondaine le secret d'une intrigue amoureuse dont il a intérêt à connaître l'héroïne, se dit : « Je vais raconter devant toutes ces dames assemblées, sans nommer personne, une histoire d'amant résolu à rompre, et celle dont l'éventail s'agitera, ce sera celle-là ! » Et tous les éventails s'agitent; cette jolie veuve à qui l'on demande toujours son cœur et jamais sa main; ce ne sont pas de ces sujets qui font époque dans l'histoire du théâtre. Ils se tiennent dans les vraies limites du monde et de la nature humaine. L'âme tout entière est dans l'un de ses replis; il n'est que de le développer avec aisance. C'est à quoi M. Pailleron s'entend de façon supérieure. Il possède la véritable adresse, celle que l'on n'aperçoit que par ses effets. Il fait courir son idée vers le dénouement à travers les vicissitudes les plus naturelles et les plus attachantes. On est amusé, on rit, on s'attendrit. On n'a sous les yeux que d'honnêtes gens, d'honnêtes cœurs et des mœurs toujours décentes. Et, au bout de tout cela, on gagne encore quelque chose à la réflexion. On reconnaît que ce qu'on était disposé à prendre pour une simple bluette renferme en soi beaucoup de sens et qu'on a eu comme une maxime de Vauvenargues ou de Champfort, mise en scène et débitée en dialogue.

Mais le style! mais la saveur du vers! mais le ton de la prose! Ah! comme ici l'on regrette que M. Pailleron ne se soit pas plus efforcé après l'aisé début du *Parasite*!

III

Nous possédons de lui, un volume de vers, *Amours et Haines*, qu'il a publié en 1869, quand il était déjà lancé en pleine carrière. On y surprend bien sa mollesse de travail. M. Pailleron est poète ; ce ne serait pas la peine de s'occuper de lui s'il ne l'était pas. On peut donc recueillir dans ce volume une demi-douzaine de pièces, qui sont inspirées et où l'accent ni le mot ne font défaillance à l'inspiration. Les trois pièces, *l'Accusé*, *la Morte*, *Celles-là*, réunies sous le nom d'*Histoires tristes*, nous révèlent en M. Pailleron, avec une source première de philosophie qui ne s'est point tarie, une faculté d'ironie, concentrée et pathétique, dont on ne retrouve guère la trace dans son théâtre. Les cruautés indifférentes de la nature et de la société y palpitent. Dans le tableau d'un prétoire de police correctionnelle, tous les détails sont d'une réalité pittoresque et âpre :

> . . . .
> Un Christ au-dessus d'eux regardait tout cela ;
> . . . .
> En face, tout debout, l'homme se tenait là,
> Son mouchoir à la main pour cacher sa figure ;
> C'était un pauvre diable à la tête un peu dure ;
> Il avait l'air stupide et sombre, il parlait bas ;
> Il était sous le coup de cet écrasement
> *De démentir des gens ayant fait leurs études !*

Cela est tout ensemble vu, imaginé, exprimé. Je

recommande également au lecteur les pièces *Au Bal*,
la Tombe, *le Jardin*, fusées fébriles de sentiment
mondain ou sensations de la vie de tous les jours,
comme celles-ci :

> Je passais... J'entendis, de la route poudreuse,
> Que derrière le mur on riait aux éclats,
> Et je poussai la porte. — A travers les lilas,
> Voilà ce que je vis dans la maison heureuse :
>
> . . . .
> Et par ce beau soleil flottait sur tout cela,
> Je ne sais quoi d'ému que le printemps apporte ;
> J'entendis le Bonheur murmurer : « Je suis là. »
> Et je sortis rêveur — en fermant bien la porte !

Mais je cite la fleur.

La majeure partie du volume (idylles légères,
graves et mélancoliques, écrites en strophes variées)
ne contient que des amours sans flamme et des haines
pâles, des à-peu-près de mélancolie et d'allégresse, des
choses presque senties et pas du tout rendues. On est
d'abord alléché par le sujet : *la Hêtrée*, *les Brumes*,
la Belle Gelée, *l'Hirondelle*, *le Rhône*. Ce sont là
des moments de la nature, faits pour le poëte ! De
tels titres, tombant sous nos yeux, dans un de ces
nids d'acide carbonique que nous appelons à Paris un
beau troisième sur une belle avenue, nous communiquent soudain les mêmes élans vers l'être qui agi-
taient Charles Bovary, dans sa chambre d'étudiant
de Rouen. «... En face, au delà des toits, le grand
ciel pur s'étendait avec le soleil rouge se couchant.

Qu'il devait faire bon là-bas! Quelle fraicheur sous la hêtrée! Et il ouvrait les narines pour aspirer les bonnes odeurs de la campagne, qui ne venaient pas jusqu'à lui... » Hélas! il nous faut vite refouler nos élans. M. Pailleron non plus ne fait pas venir jusqu'à nous les bonnes odeurs de la campagne.

Qu'il soit ému lui-même de ses idylles, je le crois volontiers; son émotion un peu superficielle ne sait pas réfléchir l'objet qui la cause et en fixer l'image en quelques traits simples, vibrants, précis. Parcourons ensemble, cher lecteur, *la Belle gelée* prise pour type. M. Pailleron commence par lancer assez bien son impression d'un jour de décembre :

> Chanson aux dents, bâton en main,
> Du talon frappant le chemin.
> A travers la bise et le givre.
> S'en aller par vaux et par monts,
> Buvant le ciel à pleins poumons,
>   C'est vivre !

Mais tout de suite il s'échappe. Il va, il va, il va. Cela ne lui fait rien pendant qu'il y est, d'aller jusque vers le pôle :

> Vers ce pôle éternel aimant
> Où rayonne éternellement
>   L'aurore.

Ah! quand le soleil rit sur la gelée blanche dans la prairie de Marne, entre Chelles et Lagny, ou sur le givre qui pend aux branches dépouillées des arbres,

dans les bois de Chaville, de Carnelle, d'Écouen, et
que l'on est poète, et que l'on est peintre, et que
l'on est absorbé du regard comme de l'âme en ces
heures choisies, on s'en va bien penser au pôle et à
son aimant!

L'excès voulu de la sensation n'en est ici que la
pauvreté. Je ne parle pas de l'arbre, dont M. Pailleron
fait « un lutteur qui s'est mis nu » ni « du torrent
glacé qui a l'air d'un gladiateur ». Des images ou-
trées, des allégories, des paraboles, des prédications
morales, il n'est pas de procédé auquel M. Pailleron
ne recoure, devant son paysage, pour essayer de nous
en faire voir ou sentir quelque chose. Vain recours!
Richesse impuissante des strophes et des rimes, trop
vite acceptées comme elles viennent! On voudrait voir
avec le poète et par le poète, le chêne qui s'élève
solitaire au milieu du pré jauni par les ardeurs de
l'été; on ne le voit pas. On voudrait sentir la brume
qui sort vivifiante du sein du fleuve, qui amollit les
contours de tout ce qui se voit, qui fond en de
magiques transparences les plaines et les monts, les
maisons et les arbres, les citadelles sur la hauteur et
les villas sur la rive; on ne la sent pas. On voudrait
aspirer le beau jour d'hiver clair et sec qui pénètre
les moelles de santé contente et de force; on ne l'as-
pire pas. Avec trois petits mots en pareille occasion,
Uhland, Mathison, Burns, Leopardi, disent tout. Et
M. Pailleron, aussi, quand il veut! Mais peut-on
vouloir se donner tant de mal!

C'est avec la même indifférence dans la construction

de la phrase et la même résignation à l'à-peu-près
dans l'expression que M. Pailleron a abordé le théâtre.
Son vers dramatique est resté — jusqu'à la tragédie
d'*Hélène*, ou tout au moins jusqu'aux *Faux Ménages*,
— d'un sans-gêne dont il est à peine croyable qu'avec
son goût inné de l'élégance, il ne se soit pas aperçu.
Rien de serré ni de caressé ; à tout moment, le cours
de la proposition interrompu pour amener plus commodément la rime et pour marquer la césure à la
bonne franquette ; de sorte que des couplets de six ou
huit vers ne sont qu'une suite de propos entrecoupés
et de mots jetés en interjection. C'est de la prose
rimée ; et encore cette prose est-elle fade et relâchée.

Je veux bien qu'on se passe de style au théâtre.
Peu m'importe le style, pourvu que le drame, la
composition générale, la fable et les caractères pro-
cèdent et se comportent de telle façon qu'ils me saisissent et m'enlèvent et ne me laissent pas le temps
de remarquer si la langue parlée par les personnages
en scène est ou non suffisamment dégrossie. Avec
M. Pailleron, il m'importe beaucoup. Son tour d'esprit et d'imagination le porte de préférence vers les
sujets fins et délicats, où le spectateur s'aperçoit
trop que sa jouissance est incomplète et troublée,
quand le style manque. Vous peignez des travers et
non de larges passions comiques, des nuances du sentiment et non des éclats de l'âme, des sensations de
plaisir et de tristesse, et non la grande joie qui
déborde ou la violente douleur qui sanglote ; vous
cherchez pour vos drames bourgeois des situations

héroïques qui ne sont pas celles que nous présente
communément la vie; vous invoquez la Fantaisie et
elle vous suffit, dût-elle ne vous fournir que l'étoffe
d'une scène? bref, vous ne filez que l'or précieux et
la soie subtile. La soie et l'or demandent un travail
achevé. Dès qu'elle n'est point parfaite, la trame en
paraît rude et terne, encore que semée par places de
quelques chatoiements.

La perfection, née du style et de l'expression, voilà
ce qui manque à tous ces agréables tableaux de genre,
le *Mur mitoyen*, le *Second Mouvement*, le *Dernier
Quartier*, *Petite Pluie*, l'*Autre Motif*, l'*Étincelle*, qui
sont tous d'une conception générale si adroite et
presque tous d'une invention si nette. Tous nos lecteurs ont présent à la mémoire le joli petit acte de
l'*Étincelle*, qui roule sur une méprise du sentiment :
madame de Rénal ne croit pas qu'elle aime Raoul de
Géran et Raoul de Géran croit qu'il aime Antoinette.
La pièce mérite son nom. Elle étincelle, en son cours,
de verve, d'esprit et de rapidité. Cependant prenons
une scène, la plus charmante et la mieux filée de
toutes, celle où Raoul cherche, comme il le dit, à
faire jaillir l'étincelle du cœur d'Antoinette. Celle-ci,
insouciante, gaie, rieuse, demande à Raoul, sans
tenir autrement à le savoir : « Qu'est-ce qui prouve
qu'on aime et qu'on n'aime pas, là ! » Trouvez-vous
que la réponse de Raoul vaille bien la peine d'être
faite?

« _Ah ! quand on aime, on ne rit plus, on pleure et

l'on s'étonne d'être heureuse. On est inquiète, anxieuse tourmentée, mais l'on se sent minutieusement et délicieusement vivre. Il y a quelqu'un que l'on fuit et que l'on cherche, que l'on appelle et que l'on redoute, qui vous obsède et qui vous charme, quelqu'un qui habite votre cœur, qui remplit votre pensée, qui hante vos songes, qui vous a chassée de vous-même et s'y est installé en maître... c'est lui... etc. »

Tout cela n'est pas mal, je n'y contredis pas, surtout avec ce que Delaunay chargé du rôle de Raoul y ajoute du sien. Mais, quand il s'agit de ces recherches du cœur, quand il s'agit d'un sentiment dont il existe déjà cent et cent analyses divines et qu'on peut décrire divinement cent et cent fois encore, il nous faut de l'exquis ou il ne nous faut rien. On peut faire du demi-Scribe ou du demi-Sardou, on ne fait pas du demi-Musset ou du demi-Marivaux.

IV

Hélène, tragédie bourgeoise en quatre actes (1872) et les *Faux Ménages*, comédie en quatre actes (1869) sont les deux ouvrages les plus considérables de M. Pailleron, au moins par l'étendue et la gravité du sujet choisi. M. Pailleron les a écrits l'un et l'autre en vers. L'un et l'autre ont plus de style ou portent l'empreinte de plus d'effort vers le style que se-

précédentes esquisses de nos travers et de nos troubles
de cœur ; en revanche, ils ont moins de fonds solide.
M. Pailleron n'y paraît pas aussi capable de saisir de
plein les sujets forts que le faisaient espérer quelques-
uns de ses vers de jeunesse, ni aussi capable de les
développer selon les lois de leur genre que le faisaient
attendre sa fertilité de ressources et sa science de
mise en œuvre. C'est un malheur pour M. Pailleron
qu'*Hélène* rappelle en son objet moral *Gabrielle*, et
qu'en lisant *les Faux Ménages* on ne puisse pas ne pas
se souvenir de *la Dame aux Camélias*. L'ampleur et
la sûreté des œuvres mères fait trop ressortir la
marche incertaine des œuvres dérivées.

Lorsque M. Dumas oppose à la passion de deux
jeunes gens pour l'en écraser, les lois et les préjugés
de la société, il choisit une situation simple dont on
voit tous les jours des exemples, et les phases qu'il
en met en saillie sont toutes des phases nécessaires.
Armand Duval est taillé sur le patron de l'un quelconque des jeunes hommes de son temps ; il y a des
traits de Marguerite Gautier dans toutes les aimables
créatures que leurs fautes, la soif de vivre ou leurs
malheurs ont condamnées au même genre d'existence ;
elle est un type général, et cependant elle vit de la
vie individuelle la plus jaillissante et la plus intense.
Esther et Paul, dans *les Faux Ménages*, ne vivent pas ;
ils ont l'allure de mécanismes arbitrairement construits ; leur aventure est toute spéciale ; deux ou trois
scènes sont fortes, deux ou trois mouvements sont

humains, le reste sort de la logique et de la vérité.

Lorsqu'au début d'une période nouvelle de développement pour la littérature, les opinions et les mœurs, M. Émile Augier s'est proposé de réagir contre les passions idéales de l'âge précédent, lorsqu'il prétend obliger les plus romanesques à reconnaitre tout ce qui se cache de poésie saine dans le mariage, tout ce qui s'y déroule de progrès actif et doux vers le bonheur, lorsqu'il veut écrire pour l'épouse l'apothéose systématique de l'époux, il prend le plus banal des mariages assortis et le plus ordinaire des bons maris. Un avocat trop occupé, une femme délaissée à proportion de ce que le mari travaille davantage pour la prospérité commune, l'un à la ville, parmi ses dévorants soucis, l'autre seule aux champs, parmi les ivresses de la perfide nature ; voilà le drame. M. Pailleron, dans *Hélène*, nous conte une foule d'histoires qui ne sont jamais arrivées ; si bien que le médecin Jean et sa femme Hélène, plus héroïques que Gabrielle et Julien et même plus pathétiques, s'emparent beaucoup moins vivement de notre esprit. M. Pailleron n'entre pas, comme M. Augier et M. Dumas, dans le large courant de la poésie et du drame, parce qu'il ne reste pas comme eux dans le large courant de la nature et de la vie sociale réelle.

Ici, comme dans ses comédies légères, l'adresse de M. Pailleron est extrême à faire surgir les incidents et à les faire accepter par le spectateur. Mais il y en a trop et de trop inattendus. Avec la tragédie d'une situation sociale, comme dans *les Faux Ménages*, avec deux beaux caractères, défendant l'honneur et la félicité du mariage contre les conséquences d'une faute, comme dans *Hélène*, qu'avons-nous besoin de tant d'événements? Ils dissipent l'attention et il faudrait au contraire la fixer sur un point unique.

Je n'ai d'ailleurs, je l'avoue, que défiance pour des titres collectifs comme *les Faux Ménages*, et pour la méthode de drame qu'ils supposent. Cet usage de nous offrir sur la scène une collection simultanée de variétés, appartenant à la même espèce, n'est sans doute pas né d'hier : témoin *les Précieuses ridicules*. L'abus qu'on en a fait ne date guère que de nos jours. Peu de pièces démontrent mieux que *les Faux Ménages* les vices du genre. La série de médaillons que dessine l'auteur et qui représentent de vrais faux ménages, ne sert qu'à encadrer un sujet principal qui n'est presque pas un tableau de faux-ménage, qui est une aventure d'inclination contrariée. Avec les faux ménages accessoires, qui sont du domaine du vaudeville, nous tombons bien au-dessous du niveau habituel des choses; nous nous élevons bien au-dessus avec l'inclination contrariée d'Esther et de Paul, qui est belle et vertueuse; tout le long de la pièce, nous sommes réduits à nous demander ce qu'a voulu au juste peindre l'auteur, si c'est le désordre des passions ou l'héroïsme de la femme régénérée ou l'admirable folie d'une âme droite et chaste, pour qui le monde n'est rien, ou les représailles brutales de la loi sociale. En tout

cas, il n'a ni dressé la caractéristique du faux ménage
dans ses traits universels, ni décrit une variété particulière de l'espèce ou une espèce saillante du genre.
Ajoutons que M. Pailleron n'est point à l'aise avec les
mœurs vicieuses, et qu'il n'est pas plus fait pour
prendre en leur exacte mesure les dérèglements que
les fougues sublimes. Sa main si adroite s'alourdit
quand il y touche. Il est possible qu'il existe quelque
part des abrutis tels que le comte Ernest des *Faux
Ménages* ou de jeunes *gentlemen*, aussi inconscients
dans leur coquinerie que M. René de Rive d'*Hélène*.
Mais il faudrait nous les expliquer. Tous deux sont
inexplicables dans les conditions où nous les produit
M. Pailleron.

V

M. Pailleron veut-il enfin se préparer à produire un
chef-d'œuvre complet? Veut-il savoir comment on
s'y prend pour incarner un ensemble de circonstances
réelles dans un caractère vrai et un personnage vivant?
Veut-il se donner une bonne leçon de style et goûter
en sa franche éclosion la langue du vers? Il n'a pas
besoin de chercher plus longtemps ses modèles hors
de chez lui. Qu'il relise le second acte de *l'Âge ingrat*
et qu'il se récite chaque matin à lui-même deux ou
trois répliques du *Chevalier Trumeau*!

C'est la perle de son écrin, le *Chevalier Trumeau*!

C'est le régal le plus friand qu'on ait servi depuis
longtemps à ceux qui sont de la pure France. Pal-
sambleu ! Voilà enfin parler français ! Avec *Pendant le
bal*, qu'enlèvent si lestement mesdames Reichemberg
et Samary, *le Chevalier Trumeau* est le dernier en date
des ouvrages de M. Pailleron, tous les deux en une
seule scène. A *Pendant le bal*, je préfère de beaucoup
le Chevalier Trumeau, que M. Pailleron, je ne sais
pourquoi, n'a donné à aucun théâtre. *Pendant le bal*
n'est encore que le plus réussi des à-peu-près de
M. Pailleron ; ce gentil caquetage sur le bal n'en rend
pas toute la fièvre délicieuse. Dans *le Chevalier
Trumeau*, il y a plus qu'une conversation en vers ; il
y a une action pressée et vive, une ravissante petite
comédie de l'éternel féminin ; les alexandrins y
sont de la bonne facture, l'expression créée, le mot
en sa place. Depuis le cri de révolte d'Isabelle, qui
nous transporte tout de suite dans l'empire éthéré du
caprice,

> Et moi, bien aux regrets de dire : « Non mon père!... »

jusqu'à sa languissante capitulation :

> Ah! vilaine Marton, ce sera bien ta faute!

c'est tout le pétillant langage de la fantaisie comique ;
c'est une pluie rafraîchissante de vers robustes, de
vers alertes, de vers pleins, de vers imagés, de vers
distillés et perlés. Tout porte. Avec chaque seconde

naît un mouvement nouveau du cœur et de l'esprit, et avec chaque mouvement de l'esprit ou du cœur, s'élance le vers subit et insolent, qui vous a un air de gloire, comme s'il savait et comprenait lui-même qu'il est on ne peut mieux pris en sa taille de souple acier.

Le second acte de *l'Age ingrat* a aussi jailli d'un seul jet. La comtesse Julia Wacker est vivante, frappante et au juste point. Elle a bien encore un léger tort ; c'est d'être née près de deux ans après la miss Clarkson de M. Dumas, et de traiter le commandant de Sauves, comme son illustre aînée traite le duc Maxime de Septmonts. Il est dit qu'à chaque sillon où M. Pailleron met le pied, il se lèvera un vol de réminiscences. Mais, Julia Wacker ne fût-elle qu'une transposition de miss Clarkson, la transposition a été, cette fois, exécutée de main d'ouvrier. D'autres avant M. Dumas et sa miss Clarkson, avaient déjà esquissé quelques traits de la physionomie de l'étrangère à Paris (*les Curieuses*, *Dora*, etc., etc.). D'autres, après l'énergique condensation de M. Dumas, avaient le droit de revenir sur un type général qu'il a spécialisé en le colorant de romanesque. La comédie de M. Dumas, en effet, perd beaucoup de sa portée au moment où l'on s'aperçoit qu'elle n'est plus que l'épilogue des aventures d'Atar Gull et de l'oncle Tom. Le grand avantage de M. Pailleron sur ceux de ses contemporains qui se sont proposé avant lui de dessiner ou de peindre l'étrangère à Paris, c'est de n'avoir pris de l'étrangère que ce qui est l'étrangère même. Nul n'a

marqué d'une psychologie plus spirituelle ni mis plus
vivement en relief la nature de ce brillant parasite, le
genre de ferment qu'il a apporté dans les mœurs
françaises et comment il les désorganise.

M. Pailleron n'a rien tourné au noir; ce n'est plus
depuis longtemps son goût. Il n'a pas cherché la
vigueur; ce n'est pas son génie, et il n'eût rien créé
d'aussi vigoureux que miss Clarkson. Il est cependant
allé bien au vrai des choses et bien au fond. Julia
Wacker est-elle Anglaise ou Américaine? qui le sait!
Que faisait-elle l'an dernier à Madrid et que fait-elle
cette année à Paris? Allez le demander à Rome! N'est-
ce qu'une Célimène? Est-ce une baronne d'Ange? Est-
ce pis? Ce serait tout bonnement une fort honnête
personne, quakeresse, épiscopale, méthodiste ou
unitarienne, venue en Europe pour se distraire des
saints dimanches de Philadelphie, que nous n'en
serions pas surpris. Ce vague et cet indéterminé, que
n'a pas miss Clarkson, mettent le sceau à Julia
Wacker. Ils combinent en elle la double dose propor-
tionnelle de vérité et de poésie qui fait qu'un caractère
emplit toute la perspective de la scène. Si la comédie
de l'Age ingrat, au lieu d'être dispersée entre deux ou
trois actions et une vingtaine de personnages qui
sollicitent tous une part égale d'intérêt, se trouvait
concentrée autour de la seule Julia Wacker, si celle-ci
était le personnage générateur des trois actes de la
pièce, au lieu de jouer dans le second un rôle épiso-
dique, mal annoncé par le titre, M. Pailleron aurait
enfin traité en maître l'un des grands sujets de comé-

die de caractère que fournit au poète dramatique
l'état actuel de la société parisienne. Il eût tenu son
chef-d'œuvre.

Ce chef-d'œuvre, il le doit au théâtre contemporain
et à sa propre renommée. Avec sa vie si heureusement et si sérieusement fondée dès le début, avec ses
dons naturels qui ont trouvé si vite leur emploi,
M. Pailleron, à quarante-six ans, n'est déjà pas bien
excusable de ne l'avoir pas encore écrit. Nous ne
serions guère excusable nous-même d'avoir tant
insisté sur les insuffisances de son aimable et charmant théâtre, qui, en définitive, plait et mérite de
plaire, si nous n'étions persuadé qu'il porte en lui
quelque chose d'achevé, qu'il n'a pas fait sortir et
que nous sommes en droit d'exiger. Par l'effet de
cette nonchalance, que nous lui avons reprochée,
M. Pailleron ne se connaît peut-être pas assez lui-
même. Comme il n'a pas su ce que ses reins refu-
saient de porter, il n'a pas su non plus ce qu'ils ont
de vigueur et de souplesse. S'il s'est attaqué deux ou
trois fois à des sujets qui restaient au-dessus de son
niveau acquis, il n'a jamais développé complètement
son originalité native. M. Pailleron n'en peut rester
là. Il ne voudra pas que la postérité, quand elle fera
son inventaire, soit réduite à diviser la somme de
ses ouvrages en deux catégories : ceux où il n'a pas
su obliger son talent à produire, en la forme accomplie, tout ce qu'il contenait, et ceux où il l'a faussé en
prétendant le contraindre à donner ce qu'il ne conte-

naît pas. Après tant de tableaux spirituels et fins,
auxquels manque le dernier coup de pouce de l'artiste, nous attendons l'œuvre maîtresse de sa veine.
Le moment est venu avant que sonne pour lui la cinquantaine, âge ingrat pour la poésie comme pour la
galanterie ; car c'est l'âge où nous dit son adieu définitif la compagne ailée et toujours souriante de notre
vie, l'Imagination, qui n'aime pas plus l'approchante
vieillesse que l'Amour et la Fortune.

(*Figaro*, 2 *avril* 1881.)

RÉALISME ET NATURALISME

M. ALEXANDRE DUMAS FILS CONTRE M. ZOLA
LA PRÉFACE DE « L'ÉTRANGÈRE »

Les préfaces de M. Dumas fils sont toujours diverse-
ment appréciées ; il est rare qu'elles ne soient pas un
événement. Celle qu'il vient de mettre à l'Étrangère a
été pour le public lettré un coup de cloche fort inattendu. Elle sonne la grande conversion littéraire de
M. Dumas fils. Il n'y est question qu'incidemment
de l'Étrangère. M. Alexandre Dumas y traite de la
théorie générale du drame. Or, il se trouve qu'à présent son art poétique ne diffère plus beaucoup de
celui d'Horace et de celui de Boileau.

Ce n'est certes pas un reproche que nous lui adres-
sons là. Nous le félicitons, au contraire, vivement de
venir se ranger, après tant d'autres, sous la loi des
deux législateurs de l'art d'écrire. En matière d'art

et de poésie, comme en matière politique et philosophique, il n'existe qu'un bien petit nombre de vérités,
toujours les mêmes. La grande invention et l'originalité saine ne consistent pas à y ajouter, mais à en
rajeunir la démonstration et la mise en œuvre.
M. Alexandre Dumas, dans la première partie de sa
préface, expose et déroule d'une main sûre les lois
de l'art théâtral, les règles du drame, les nécessités de la scène. Toute cette première partie est un
modèle de bon sens. M. Alexandre Dumas, en reprenant les anciennes maximes, les confirme par des
expériences qui lui sont personnelles et par les sug-
gestions d'un esprit qui n'est qu'à lui. Sa leçon est
des plus actuelles. Il l'adresse à des gens de notre
temps. C'est M. Zola et les naturalistes que vise
M. Dumas, et c'est eux qu'il atteint.

Comme le temps marche! comme ils sont loin, les
jours où M. Alexandre Dumas était l'idole des jeunes
réalistes! Il inaugurait alors ou se piquait d'inaugurer
un art nouveau. Il avait autour de lui ou à sa suite
des prophètes dont la voix prêchait le drame de l'avenir, un drame sec, brutal, toujours en ligne droite,
qui dédaignerait les conventions et les circonlocu-
tions scéniques du vieux temps, et lui-même marchait à la tête de la nouvelle école, confiant et
superbe, avec trois œuvres magistrales autant qu'au-
dacieuses : la Dame aux Camélias, qui a fait verser
tant de larmes; le Demi-Monde, d'une conception si
simple et d'une composition si ample; Diane de Lys,
avec son type de grande dame si vrai, si poétique, si

rigoureusement déduit de la logique des situations sociales. L'âge est venu, l'aiguille a avancé de quelques heures sur le cadran du siècle; le naturalisme a suivi le réalisme; et M. Alexandre Dumas fait face en arrière contre M. Zola. Le révolutionnaire de la veille est devenu comme toujours, le conservateur du lendemain.

On connaît la prétention du naturalisme. Au lieu d'exprimer la nature, il entend la copier exactement et telle qu'elle est; au lieu de nous en communiquer l'impression juste et profonde, il entend la rendre elle-même avec toutes ses surfaces visibles, tangibles et sensibles; bref, il nous annonce qu'il identifiera, sans métaphore, l'art avec la nature et la réalité. Une telle prétention se heurte à des impossibilités matérielles qui sont invincibles. Zeuxis peut bien tracer sur la toile un raisin si vrai, que les oiseaux se précipitent pour le becqueter : le premier coup de bec leur apprendra que cela ne se mange pas. Le seul plaisir que la grappe du peintre eût pu leur offrir, c'est celui des yeux. Voilà la jouissance d'art qu'ils ne sentent pas, bien différente de la jouissance naturelle et naturaliste qu'ils auraient eue a s'enivrer de la saveur de la vigne. Le romancier peut bien nous décrire la voiture à Pierrotin [1] et son personnel de voyageurs de Paris à l'Isle-Adam avec une telle puissance de vérité, qu'il nous semble que nous y sommes. Nous n'y sommes pourtant pas. Dans le voyage

1. Balzac. *Un Début dans la Vie.*

réel, nous éprouverions mille impressions diverses, nous ferions mille petites actions indifférentes, nous vaquerions à mille petits soins vulgaires ou inavouables, d'un détail si infini, que, si le romancier voulait noter exactement et complètement l'histoire d'une heure réelle et naturelle pour un seul homme, il lui faudrait écrire au moins dix volumes. Et il ne sera pas, encore, avec ses dix volumes, dans la réalité de la nature! Car l'heure réelle que nous avons passée sur la banquette de la patache, à côté de Pierrotin, du comte de Sérizy, de Brideau et des autres, à travers les monts et les bois, avec la jolie descente de Maffliers-sur-Stors et la vallée de l'Oise, était toute vive et toute animée; l'heure n'a duré qu'une heure, et même moins; tandis que les dix volumes du blocknotes naturaliste nous prendraient cinq jours à lire; et ces cinq jours seraient d'un fastidieux accompli. Le romancier est donc obligé de choisir parmi cent mille incidents qui sont tous également réels, comme il choisit parmi des milliers de sujets, qui sont tous également dans la nature. Du moment qu'il choisit, nous avons le droit de lui demander compte de tout ce qu'il s'approprie et de tout ce qu'il exclut; nous ne lui permettons de nous offenser ni de nous ennuyer. La nature finit; l'art commence.

Chaque art a ainsi sa perspective propre, qui n'est pas celle de la nature; et on rend la nature avec d'autant moins d'exactitude qu'on s'éloigne plus de la perspective de l'art. M. Alexandre Dumas le démontre sans réplique, pour ce qui est du

théâtre. Que parlez-vous du ·naturalisme, avec le
mannequin qui figure dans *l'Assommoir* la chute de
Coupeau? Le mannequin est peut-être un personnage
naturaliste; est-ce que c'est une personne naturelle?
Que parlez-vous de dialogue réaliste, quand le même
mot paraît neuf à la ville et poncif sur la scène,
quand la même plaisanterie qui, débitée au théâtre
devant quinze cents personnes accumulées les unes à
côté des autres, les soulève toutes ensemble d'une
seule explosion de rire, nous laisse froids dans un
salon, où manque l'électricité de la salle de spectacle! Sur le droit que s'arrogent les naturalistes de
tout dire à la scène comme on le dirait à la ville,
M. Alexandre Dumas fait la remarque topique : « Il y
a, dans la vie réelle, des choses qu'on dit quand on
est deux et qu'on ne dit pas quand on est trois. Or, au
théâtre, on est toujours trois. » Rien de plus juste et
de plus décisif.

Ce qu'il y a encore de curieux dans la préface de
l'Étrangère, c'est qu'on y peut suivre pas à pas le
processus de l'esprit de M. Alexandre Dumas. Personne, de nos jours, n'a plus osé que lui au théâtre.
On verra, par sa préface, qu'il connaît sa témérité,
qu'il en sent les périls, qu'il n'a risqué aucune hardiesse sans calculer longuement si elle était de nature
à supporter l'optique et l'acoustique morales, particulières au théâtre. Nous assistons à toutes ses méditations et à toutes ses hésitations, et combien il ourdit
de ruses avant de livrer quelqu'une de ces batailles
(les Idées de Madame Aubray, la Femme de Claude,

11

Monsieur Alphonse) où les personnages sont comme
des soldats chargés de donner l'assaut au public,
pour implanter dans les esprits, par le droit de la victoire, quelque thèse sociale inopinée. M. Alexandre
Dumas est passé maître dans ce genre de straté-
gie et de balistique théâtrales. Tout lui a réussi.
Mais qu'il prenne garde de lasser la fortune! Il a
atteint l'extrême limite. Le rôle de réformateur des
lois n'est interdit ni à l'auteur dramatique ni au
romancier, puisque tous deux peignent les mœurs
dont les lois sont l'émanation ou qui émanent elles-
mêmes des lois. Cependant, le drame risque de
perdre beaucoup en naturel, en puissance et en émotion, quand il n'est pas à lui-même son principal objet.
Je me défie d'un drame qui est le produit prémédité
d'une thèse sociale préconçue. Au contraire, la thèse
sociale me domine et m'enlève quand elle sort d'un
drame qui a été conçu et écrit en dehors de toute
thèse.

Tel est l'effet qu'ont produit *Antony*, en 1831, et
Angèle en 1833. En voilà un, le premier des Dumas,
qui n'avait besoin ni de théories ni de préfaces! Quelle
richesse! quelle imagination, semant sans cesse des
fruits d'or! Quel génie, et quelle profusion de génie!
M. Dumas fils parle admirablement de son glorieux
père. Nous ne savons s'il n'a pas encore été un peu
froid pour le prodigieux trouvère, fils du soleil et des
terres vierges de l'équateur, qui a enchanté notre
jeunesse. Le grand et bon Dumas se demandait, avec
inquiétude, dans les derniers temps de sa vie, s'il

resterait quelque chose de lui. Il ne restera rien, hélas!
et, cependant, tout restera. Alexandre Dumas père
n'a donné à aucun de ses écrits la forme qui fait qu'on
dure. Ses œuvres elles-mêmes périront; le fonds en
sera probablement impérissable. Le trésor de légendes
que Dumas laisse derrière lui descendra jusqu'à la
foule profonde, et ces légendes, soumises à une élaboration continue par l'imagination populaire, pourront
défier les siècles. Dans trente ans d'ici, on ne lira plus
*les Trois Mousquetaires, le Chevalier d'Harmental,
Monte-Cristo, la Dame de Monsoreau.* Mais, dans mille
ans, les nourrices berceront les petits enfants avec le
joli conte de Dantès et de son ile; et peut-être, dans
une langue qui n'est pas encore née, quelque poète
qui aura, lui, le fond et la forme, mêlant ensemble
Artagnan, Porthos, Bussy, Marguerite de Bourgogne,
Chicot, le capitaine Roquefinette, le bonhomme Buval,
écrira, avec les débris de tant de récits magiques,
quelque poème aussi indestructible que celui que le
divin Arioste a composé avec les fragments du cycle
carlovingien.

(Gaulois, 12 novembre 1879.)

II

M. ZOLA ET M. ÉMILE AUGIER
« LE MARIAGE D'OLYMPE »

I

M. Zola est un homme de beaucoup de talent qui est en ce moment dans le plein de sa saison. Il s'est fait un style à lui, plus rapproché, il est vrai, du style figuré des romantiques, qu'il méprise, que de celui de la nature, qu'il affecte d'aimer seule ; il compose des romans de mœurs qui sortent du commun selon une méthode à lui, beaucoup plus éloignée, il est vrai, de la méthode de Balzac et de Flaubert, qu'il admire, que de celle de nos romanciers du XVIIᵉ et du XVIIIᵉ siècle, qu'il taxerait sans hésiter, du haut de son dédain (l'auteur de *Manon Lescaut* excepté), de tout sacrifier à la convention. Par malheur, cet écrivain de tant de mérite a une araignée dans le plafond : je lui demande pardon de prendre la langue des héros de *l'Assommoir* ; cette langue est la seule qui rende parfaitement ce que je veux dire. L'araignée de M. Zola, qui est une araignée à mille pattes, sans cesse renaissantes plus on les coupe, cette araignée lui picote et

lui martelle incessamment la matière grise d'une certaine façon qui fait qu'il s'en va, à travers rues et
carrefours, prêchant aux multitudes qu'il a découvert
un procédé littéraire jusqu'ici inouï, l'observation du
réel et du vrai, et qu'il est en train de conquérir pour
le théâtre et le roman un droit jusqu'ici refusé à
l'écrivain, le droit de peindre le vrai et le réel.

Je ne serais pas autrement choqué de cette prétention de M. Zola s'il ne l'affichait que de loin en loin.
J'ai déjà eu l'occasion de faire remarquer à mes lecteurs que notre époque a la spécialité de découvrir la
mer Méditerranée. Thiers croyait qu'il avait inventé le
système d'équilibre et qu'il n'était donné qu'à lui de le
comprendre. M. Taine nous enseigne dans son volume
l'*Ancien Régime* et il démontre à grands renforts de
documents inédits, qui lui ont coûté certainement de
la peine à déterrer de leur poussière, qu'il existait avant
1789 des sergents recruteurs et qu'ils s'y prenaient
très vilainement avec les jeunes novices dont il s'agissait d'extorquer la signature. Avez-vous lu l'intro-
duction du *Cours de physiologie* de Claude Bernard ?
Cet homme d'un cerveau si vaste et si méditatif se
persuadait que la méthode empirique datait de lui.
Il était infiniment moins fier de posséder le lumineux
génie de conquérant par lequel il avait forcé le secret
du diabète et réduit le *curare* à la condition très
docile de préparateur en physiologie, que d'avoir
formulé le premier des règles pour la recherche de la
vérité qui, un certain nombre d'années avant lui, se
trouvaient déjà mot à mot dans Bacon et dans Aristote.

14.

Une manie qu'on partage avec le grand Bernard est
jusqu'à un certain point vénielle, pourvu qu'on la
laisse quelquefois reposer. Il n'y a pas de jour de
sabbat pour celle de M. Zola Elle le travaille six jours
et le tourmente le septième. S'il prend la plume dans
l'intervalle de deux ouvrages romanesques, c'est toujours pour nous expliquer le roman expérimental.

A propos de la reprise du *Mariage d'Olympe* au
Gymnase, il vient de reprendre lui-même sa chanson
habituelle. Le morceau intitulé *la Fille au théâtre*,
qu'il a publié dans le *Figaro*, contient beaucoup de bon
et de très bon. Pourquoi faut-il que M. Zola ne l'ait
écrit que pour enfourcher le *dada*, l'agaçant *dada*? Il
expose une centième fois de plus le programme naturaliste selon lequel il compose ou croit qu'il compose
ses romans. Le vrai! le réel! Le réel! le vrai! J'aime
autant : *Il était un petit navire.* Oh! rien n'est beau
que le réel; je ne dis pas le contraire. Seulement cela
n'est pas d'une nouveauté révolutionnante. Il me
semble que grand-papa Boileau avait déjà avancé
quelque témérité analogue. Le répugnant tombe sous
l'empire de l'art comme le reste; d'accord. C'est
encore là un axiome de grand-père. *Il n'est pas de
serpent ni de monstre odieux...* Eh! monsieur, à quoi
bon tant de théories? Faites des romans puisque vous
les savez si bien faire. Le libraire vous les achète;
c'est qu'ils se vendent. Le public les lit; c'est qu'il
juge, à tort ou à raison, que les serpents, les limaces
et les asticots y sont assez embellis par votre art pour
plaire aux yeux. Mais laissez-nous tranquilles avec

votre rhétorique de l'avenir, qui n'est pas paradoxale, qui est vieille comme le premier livre qu'on a écrit, aussi vieille et vingt fois plus vieille que la description des Harpies dans l'*Énéide*. A force de vous entendre crier : « Il n'y a de possible au monde que le roman expérimental », on s'imaginera que vous sous-entendez : « Dans le roman expérimental, il n'y a que Zola. » Et ce n'est pas sans doute votre intention.

II

Si *le Mariage d'Olympe*, ainsi que le remarque jus-tement M. Zola, n'est pas une pièce qui se suive, ce n'est pas par la raison que M. Émile Augier s'est trop peu soucié, en l'écrivant, d'une poétique soi-disant nouvelle qui serait le naturalisme : c'est par la raison, bien ancienne, que M. Émile Augier ne s'est pas soucié de respecter les règles, de tout temps admises, de la bonne comédie, ou n'était pas, par génie naturel, en état de les observer. M. Émile Augier a le don du rire; il n'a peut-être pas la vigueur psychologique nécessaire pour la comédie forte. Il a l'imagination tournée vers la poésie, vers le pathétique, vers le gai ; il ne l'a peut-être pas assez munie pour la préhension souveraine des mœurs et des caractères. C'est un second Regnard, moins pur de style, plus original en ses combinaisons, plus varié en sensations poétiques, plus pénétrant et de plus de portée que l'autre. Il reste plus maître de son sujet en vers qu'en prose. Il a écrit des œuvres, non seulement charmantes, mais de grande allure, quand il a laissé parler sa divine fantaisie; il a faibli précisément quand, corrompu par les succès de M. Dumas fils, il s'est entiché de réalisme et de naturalisme. Il y a mille fois plus de réalité et d'observation vraie dans *la Ciguë* que dans *les Effrontés*, dans *Paul Forestier* ou *Philiberte* que dans *le Fils de Giboyer*, dans *Gabrielle* et *l'Aventurière* que dans *le Mariage d'Olympe*. Ôtez *les Lionnes pauvres*: les essais que M. Augier a faits de comédie réaliste et de satire naturaliste sont tous manqués, celui-ci un peu moins, celui-là un peu plus. L'heureux M. Koning, à qui tout réussit, n'a pu faire réussir *le Mariage d'Olympe*.

C'est que le public ne rencontre dans *le Mariage d'Olympe* rien de ce qu'il est toujours venu chercher au théâtre : ni le drame, si ce n'est trop tard, à la dernière scène, ni l'amusement et le rire, ni la vérité des caractères, des passions et des mœurs, ni ce respect des convenances et des conventions qui exaspère M. Zola et qui consiste dans le discernement exact des relations nécessaires que la nature des choses établit entre le spectateur et le spectacle, entre les yeux et la scène.

Olympe et Irma, pour ne pas citer d'autres rôles, ne sont pas des caractères et n'ont pas de vérité. Une femme galante qu'a une fois mordue l'âpre désir du mariage et le désir plus âpre d'être du monde ne s'inquiète guère, quand son but est atteint, si le mariage est ou non folâtre, si la vie du monde est

vide ou non, si la vie en famille est ou non ennuyeuse.
C'est une ambitieuse ; son ambition est satisfaite ;
l'ambition ne connaît pas plus l'ennui que la mauvaise humeur. Je ne dis pas qu'une courtisane mariée
devient nécessairement une chaste matrone parce
qu'elle a épuisé le plaisir, coupe et calice, quoique le
phénomène se présente plus souvent qu'on ne croit.
Elle devient une femme très décente et d'une tenue
irréprochable, parce qu'elle a été induite à se marier
par l'horreur du déclassement. Une duchesse de
naissance pourra faire asseoir un comédien à sa table ;
elle, jamais : un comédien n'est pas pour elle un
représentant de l'art. c'est le spectre de la bohème et
du cabotinage. Une femme née dans le monde et qui
y a toujours vécu pourra succomber, dans telle ou
telle circonstance donnée, à la tentation d'accepter
une belle parure qui lui est offerte ; elle, jamais. Elle
ne s'exposera pas, pour une misérable perle de dix
mille francs donnée par un nigaud, à perdre les
cent mille bonnes livres de rente que lui a apportées
l'époux si difficilement conquis. Une femme honnête
et considérée peut être saisie, à l'extrême rigueur,
d'une certaine nostalgie de certaines choses ; elle,
jamais. La nostalgie de la boue, quand on n'a pas
encore la considération et que tout à coup on en
jouit ! le regret de l'avant-scène des Variétés, quand
on est magnifiquement assise à l'Opéra de Vienne,
dans la loge d'une véritable princesse ; les soupirs
vers Mabille quand on s'entend appeler comtesse dans
les premiers salons de l'Autriche ! Allons donc !

La courtisane mariée au gré de son calcul restera, autant que vous voudrez, sans moralité et sans principes; si son tempérament l'exige, elle se réservera, vers le rempart, trois chambres bien secrètes, au quatrième, sur le jardin; s'il faut un crime pour empêcher d'éclater les mystères de sa vie, elle ne reculera pas devant le crime; elle écrasera tout de son mensonge et de son orgueil méchant; elle fera tout le bas, tout le vilain, tout l'horrible qu'il vous plaira de supposer; il y a une chose, une seule, qu'elle ne fera jamais: c'est jeter une seconde fois son bonnet par-dessus les moulins après qu'elle a eu tant de peine à le repêcher. Et c'est justement ce que ne cesse de faire Olympe pendant trois actes! Paris en possède bien, à l'heure qu'il est, quatre ou cinq, de ces parvenues de la galanterie, qui portent sur leur voiture blason et couronne comtale acquis en légitime mariage. Les unes ont été enrichies par le mari, et les autres l'ont enrichi. Quelle est celle qui fait parler de ses passions et de ses aventures? Quelle est celle qui plaide en séparation? Quelle est celle qui sort de la pénombre consacrée par M. le maire. et bénie par M. le curé? Quelle est celle qui s'accorderait jamais la permission de paraître dans un théâtre, si ce n'est un théâtre classé et réputé moral, tel que la Comédie-Française ou l'Opéra? Dans quelques années d'ici, quand le monde pourra feindre de ne pas connaître le passé, celle-ci fera de son mari un député et celle-là mettra le sien dans le conseil d'administration d'Anzin ou de Saint-Gobain. Aucune d'elles, une fois glissée dans le

monde, n'y commettra les fautes de tact et n'y étalera
le mauvais ton incurable que M. Émile Augier attribue
faussement à Olympe mariée. La promptitude à se
transformer selon les milieux est une des qualités
maîtresses de la nature féminine. D'un manant on
peut faire un millionnaire et un duc sans en faire un
gentleman. Quand une courtisane intelligente et dis-
tinguée en sa fâcheuse profession veut être femme du
monde, c'est un air qu'elle prend aussi aisément que
si elle n'avait de sa vie été autre chose.

Et Irma, la mère d'Olympe? la mère vraie ou la
mère par destination. On se demande si c'est M. Émile
Augier qui a conçu cette Irma ou si ce n'est pas plutôt quelque Éliacin échappé d'hier des saints parvis.
L'importante personne qui tient de la nature ou d'un
choix réfléchi l'emploi de mère dans la haute galanterie n'a guère de ces façons évaporées. C'est une
femme sérieuse qui traite avec des hommes sérieux
d'affaires sérieuses. Elle ne cherche pas le mot pour
rire; elle ne plaisante pas; elle ne se livre pas. Elle
s'habille simplement et tout de noir, comme un notaire.
De fait, elle est notaire: elle arrange des contrats, des
inventaires et des règlements de compte. Quand elle a
eu le bonheur que la chère petite se soit bien mariée,
elle exige sans doute que sa pension de retraite soit
fixée à un chiffre convenable et que les termes en
soient exactement payés; mais de venir réclamer en
personne et de tomber sans crier gare au sein de la
noble famille, pour quelle folle la prend-on? pour
quelle femme sans éducation et sans expérience? On

sait vivre, que diable ! On sait qu'il ne faut pas s'en
aller tuer la poule aux œufs d'or sous prétexte de
s'assurer sa part de l'omelette.

III

Le public ne sait pas tout cela. Mais il sent bien que
les personnages en scène ne font entrer ni ne peuvent
faire entrer dans son esprit aucune explication admis-
sible de tout ce qui se passe et de tout ce qui se fait
sous ses yeux. Il s'ensuit que l'intérêt tombe. On ne
s'intéresse pas à ce qu'on ne s'explique pas.

Je disais tout à l'heure qu'Olympe et Irma manquent
de vérité. Mais, quand bien même elles seraient vraies,
c'est-à-dire telles dans la vie qu'on nous les représente
au théâtre, ce serait tout comme pour le public, n'en
déplaise à M. Zola, puisque l'auteur ne réussit pas à
lui faire admettre qu'elles sont vraies.

Sur quinze cents personnes qui vont voir *le Mariage
d'Olympe*, combien y en a-t-il qui ont passé seulement
une soirée dans un salon de la haute galanterie? Peut-
être pas cinquante. Et sur ces cinquante, combien y en
a-t-il qui ont été capables de regarder, d'observer et
de raisonner ce qu'elles voyaient? Peut-être pas cinq,
peut-être pas une seule. Tous ces gens-là ne s'embar-
rassent donc guère que ce qu'on représente devant eux
soit conforme ou non à la réalité. Ils ne possèdent pas
de moyen de contrôle; ils n'ont pas dans les poches de
documents humains, et, en eussent-ils, ce n'est pas

pour opérer ce travail de vérification qu'ils sont venus
au théâtre. Il ne s'agit pas pour eux de vérité : il s'agit
avant tout de vraisemblance. Il s'agit moins de leur
montrer des choses arrivées que de leur inspirer la
croyance raisonnée ou l'illusion qu'elles sont arrivées.
Là est la grande loi du théâtre. En cela réside l'impérieuse convention scénique. C'est au dramaturge lui-
même à créer pour les spectateurs la vraisemblance
et à les si bien ravir en son drame, qu'ils voient et
touchent la conformité absolue de ce qu'il invente
avec ce qui est et qu'ils n'ont jamais vu ni touché.
Celui qui sait faire cela peut tout se permettre, en
dépit des réclamations de M. Zola et de son école. Il
peut prendre parti, quoi que prétende M. Zola, pour
ou contre ses personnages, pourvu qu'il s'arrange de
manière à engager le public dans ses sympathies et
dans ses haines. Il peut rester impartial et se faire
impitoyable, pourvu qu'il sache rendre le public inac-
cessible à la pitié. Il peut peindre à son gré Clorinde,
fille de la fantaisie ; Marion Delorme, fille de l'histoire ;
Marguerite Gautier, Musette et Mimi, qui ont vécu de
notre temps et que nous avons connues. Il peut même
professer, avec M. Zola, que le temps du genre scientifique au théâtre est à la fin venu et transporter la
« pourriture » à la scène en qualité d'objet de science.
Tous les genres sont bons. Encore une maxime de nos
éternels grands-pères, qui décidément n'ont pas laissé
grand'chose de neuf à dire aux théoriciens de l'avenir.
Il faut seulement que le scientifique trouve le chemin
de nous attacher. Tous les genres sont bons, hors un

15

seul, que M. Zola n'ignore point. Sur cette légère exception le public est féroce. Il ne consentira pas à être ennuyé au théâtre, quand bien même on lui prouverait qu'il l'est scientifiquement.

Tout le naturalisme du monde n'y fera rien.

(*Revue Bleue*, 15 janvier 1881.)

QUELQUES MOTS SUR SARDOU

I

« DANIEL ROCHAT »

I

M. Sardou a du chagrin. Il s'est épanché dans le cœur de M. Albert Wolff. Le *Figaro* a publié la conversation. C'est un document des plus intéressants. Il prouve une fois de plus qu'on peut être un *pratiquant dramatique* de premier ordre ou de première habileté et ne rien entendre à la théorie de l'art théâtral. Le lendemain de *Daniel Rochat*, M. Sardou, vétéran des planches, fait comme le conscrit M. Zola, le lendemain de son échec au Palais-Royal; il prétend ratiociner et nous démontrer par une série de déductions que le public a tort de s'ennuyer à *Daniel Rochat*. Le fait est que le public s'ennuie et que le moindre grain de comique ou de pathétique le tou-

cherait plus que les plus beaux raisonnements du
monde. Le beau du théâtre, c'est qu'il est impossible
de s'y ennuyer par cabale et de s'y amuser par cote-
rie. On peut porter aux nues le roman à la mode ou
le déchirer à belles dents sans même l'avoir lu; on
ne peut pas être dans sa stalle de la Comédie-Française
et bâiller si le drame émeut ou être ému si l'on bâille.

M. Sardou n'a pas craint d'objecter Molière à M. Albert Wolff, qui est un routier, et qui a eu la malice
de nous raconter Molière jugé par M. Sardou. L'opinion de M. Sardou sur Molière se résume en ceci :
Avec toutes les qualités que la critique exige de
Sardou, combien connaissez-vous de Molières qui
pourraient être Sardou? On reproche à M. Sardou
d'avoir bâti sa comédie sur le quiproquo né des mots
de *temple* et d'*église*; mais Molière, Molière ! Est-ce
qu'il n'a pas bâti *l'École des Femmes* sur le quiproquo
des deux noms de La Souche et d'Arnolphe? Du
moment que le public se met à discuter la vraisemblance des antécédents et la donnée première de l'action qui se déroule devant lui, aucune pièce de Molière
ne peut plus subsister.

II

C'est peut-être bien vrai, ce que dit là M. Sardou.
C'est même absolument vrai. Mais savez-vous ce que
fait Molière, malin? Il s'arrange de manière que le

public n'a aucune envie de discuter les contes bleus
qu'il lui sert.

On me joue *l'École des Femmes*. J'ai lu je ne sais où,
dans Voltaire ou dans La Harpe, que tous ces personnages qui se rencontrent toujours au même endroit
sur la place publique et qui, pour toute explication,
se disent naïvement :

> La place m'est heureuse à vous y rencontrer.

c'est l'enfance de l'art. Je suis bien prévenu par la
sollicitude de La Harpe ou de Voltaire. Mais, dès
que me voilà à la comédie, Arnolphe et Agnès s'emparent de moi si fortement et me possèdent si bien,
que je ne m'aperçois plus si l'action se passe sur la
place publique, dans une maison close, ou sur le
coche d'eau de Paris à Melun. Ça m'est égal. Arnolphe,
Horace et Agnès seraient en ballon que je n'en aurais
pas moins sous les yeux le saisissant spectacle du
quadragénaire amoureux et de l'innocente et cruelle
jeunesse suivant son penchant. *Les Fourberies de Sca-
pin* et *l'Étourdi* ne se conçoivent et ne se développent
en France qu'à cause et par suite d'aventures aussi
embrouillées que dénuées d'intérêt qui se sont passées,
il y a vingt ans, chez les Levantins, à Naples, à
Venise, à Alger. Mais Molière prend bien soin de ne
nous conter tout au long ces histoires à dormir debout
qu'à la dernière scène. Et qu'est-ce que vous voulez,
quand je viens d'être secoué pendant cinq actes de
rire et d'admiration, qu'est-ce que vous voulez que je
chicane l'auteur sur ces combinaisons rétrospectives

qui ne viennent là que pour en finir? Je ne les écoute
même pas. Elles sont nécessaires pour que le spectacle
se termine et que je m'aille coucher. Elles ont été
inutiles pour que je m'intéresse au spectacle.

Molière est encore plus hardi et plus artificieux que
ne le croit M. Sardou. Il ne prend même pas toujours
la peine de nous expliquer ni les origines de l'action,
ni les antécédents des personnages : cela flotte et
reste vague. Le spectateur imaginera ce qui lui plaira.
Vous êtes-vous jamais demandé ce que viennent
faire tous ces gens d'humeur diverse chez Célimène?
Y viennent-ils pour passer le temps, pour nouer des
intrigues, pour demander la dame en mariage légitime, pour lui proposer des fiançailles sans notaire?
Possédez-vous le moindre renseignement sur la
maîtresse du lieu, ses origines, son état social? Qu'est-
ce que cette Célimène qui demeure à deux pas du
Louvre et qui y reçoit la meilleure compagnie? Est-ce
une femme de condition en train de glisser vers l'état
de femme galante, comme l'insinue la prude Arsinoé?
Que d'obscurités accessoires! Mais je ne songe à les
relever que deux siècles après Molière; je ne les relève
qu'à force d'y penser, en le faisant exprès, dans mon
cabinet et la plume à la main. Au théâtre, je suis
ébloui de cette mondaine supérieure qui possède
toutes les grâces et toute l'agréable scélératesse qu'on
voit régner dans la vie du monde. Qui elle est, de
quelle naissance, d'où elle vient, comment le deman-
derais-je? Et à quoi bon? Je ne connais qu'elle. C'est
tout le portrait de la séduisante comtesse Z***, une

abonnée du mardi, chez laquelle j'ai dîné et qui m'a
mené dans son avant-scène pour voir *le Misanthrope*,
moi quatrième, avec Clitandre, du *Jockey Club*, Acaste,
du *Petit Cercle*, et Oronte, de l'Académie française.

III

M. Sardou s'arrange-t-il comme Molière pour que
le public n'aperçoive pas ses artifices? C'est tout le
contraire.

M. Sardou ne s'occupe qu'à appuyer sur l'artifice.
Il emploie deux actes entiers de *Daniel Rochat* à en-
chevêtrer des ficelles pour faire paraître explicable
l'inexplicable mariage d'un athée systématique et
d'une croyante résolue. De sorte que, quand le public
les voit ensuite se quereller sur la religion, il n'a plus
qu'une idée : Mais pourquoi donc Léa et Daniel ne se
sont-ils pas dit tout cela avant? Le public fait tout ce
qu'il peut pour s'intéresser à l'action présente; il n'y
réussit pas, précisément parce qu'il a déjà dans la
tête deux actes tout entiers, où le mariage a été préparé. Il revient toujours à son idée : Mais ils ont eu
deux actes pour se conter toutes ces belles choses,
dont ils sont remplis, sur la foi et sur la science! Que
diable allaient-ils faire tous les deux dans cette galère?
Que diable allaient-ils faire dans ce mariage? Et
M. Sardou s'écrie qu'aucun drame n'est possible si
l'on n'accepte pas l'hypothèse sur laquelle il est construit. Nous lui répondons : Si aucune hypothèse n'est

inacceptable, pourquoi ne savez-vous pas faire accepter la vôtre? Là est toute la question.

Je n'ai voulu que relever les consolations inattendues que M. Sardou tire pour lui-même de la lecture de Molière. M. Maxime Gaucher, entre autres, a jugé à fond *Daniel Rochat*, et de manière qu'il n'y ait plus à y revenir. Il faut pourtant faire remarquer que le quiproquo tiré des mots d'*église* et de *temple* n'est pas plus possible grammaticalement qu'il ne l'est moralement. M. Sardou suppose que Daniel Rochat, avant le mariage, ayant dit : « Nous n'irons pas à l'*église* », Léa a pu et dû croire que la question du mariage devant le pasteur restait intacte parce que les lieux de culte chez les protestants s'appellent des *temples* et non des *églises*. Chez les protestants français, oui; mais pas chez les protestants américains ou anglais. Ceux-ci disent *church* en leur langue; et, quand ils parlent français, ils ne disent pas, comme leurs coreligionnaires du pays de France : « Je vais au *temple* »; ils disent : « Je vais à l'*église* ». Mais M. Sardou n'entre pas dans ces détails. Il cherche avec grand soin l'exactitude de l'ameublement. Il se reprocherait de nous présenter le poêle de Ferney autrement qu'il n'est. Ce genre d'exactitude lui suffit. Il nous dira sans sourciller que le mariage exclusivement civil est à peu près inconnu en Angleterre; or, l'Angleterre est le pays de l'Europe où, sans aucune espèce de comparaison, il se fait le plus de mariages exclusivement civils. Il dit même en parlant de la Suisse les *douze cantons*. Est-ce la langue qui a deux

fois fourché à l'acteur? Mais, à deux représentations,
j'ai entendu : les *douze cantons*! Cela va retomber sur
nos pauvres collégiens. Les réformateurs de l'enseignement public s'écrieront de nouveau qu'on ne leur
apprend pas assez de géographie; et on va les en
bourrer encore plus qu'on ne fait!

IV

Ce qui est bien plus intéressant que *Daniel Rochat*,
c'est l'attitude du public. Il y a dans la salle le parti
de Léa et le parti de Daniel. Chacun d'eux siffle et applaudit tour à tour. Les deux partis ne sont pas aux
mêmes places. L'orchestre et les premières loges
tiennent pour Léa; la galerie d'en haut pour Daniel.
Tout l'entre-deux, toute la masse reste calme. Elle ne
comprend rien, absolument rien, à la querelle des
deux amants. La pièce de M. Sardou, même à supposer
qu'elle fût dramatiquement construite, aurait encore
échoué devant l'indifférence du public pour ce qui en
est le sujet capital : la lutte entre le mariage civil et
le mariage religieux.

C'est que le drame de *Daniel Rochat* avance sur la
passion publique d'au moins dix années. Il peint un
état psychologique social qui n'est pas encore et qui
ne sera peut-être jamais réalisé en France. La France
possède une école qui regarde le mariage civil comme
une usurpation de la loi sur la conscience; elle possède
une autre école qui regarde le mariage religieux

15.

comme une superstition et qui prétend opposer aux croyances chrétiennes la religion nouvelle de l'état civil. Ces deux écoles ne comprennent jusqu'à présent qu'un très petit nombre d'adeptes.

La presque unanimité des Français professe pour le mariage civil un respect sans idolâtrie et elle tient le mariage religieux pour la consécration nécessaire du mariage naturel. Les Français se marient devant le maire et devant le prêtre sans y chercher finesse. Ils ont réduit, dans leur pratique, le catholicisme à son minimum. Mais, plus ils mettent de discrétion à être catholiques. moins ils comprennent qu'une secte quelconque vienne les inquiéter dans cette religion réduite et adoucie. La masse des spectateurs n'a ni la foi solide et ardente de Léa, ni l'athéisme doctrinal de Daniel. Ils ne sont plus au point de Léa; ils ne sont pas encore au point de Daniel. Non seulement la malheureuse aventure de ces deux jeunes gens leur paraît inconcevable, mais ils n'y peuvent pas attacher d'intérêt, parce que, dans l'état actuel de leurs mœurs et de leurs idées, ils ne sont pas plus disposés à se rire du mariage civil qu'à proscrire le mariage religieux.

Aussi ai-je dit qu'ils ne comprennent rien à la pièce de M. Sardou; et c'est littéral.

Savez-vous ce qui va arriver, si la pièce passe vingt représentations? Beaucoup de gens se figureront que c'est une pièce contre les protestants. Les bons bourgeois du faubourg Poissonnière, qui ne connaissent que peu ou point le protestantisme, vont en accuser

l'intolérance. Le jour de la troisième représentation,
à la sortie, sous le vestibule, j'ai entendu un homme
d'une cinquantaine d'années, tête chauve, la panse
heureuse, le teint fleuri, l'air important et doux, qui
disait à sa fillette, âgée d'environ dix-sept ans : « Vois-
tu, Victorine! Voilà comment elles sont, ces protes-
tantes d'Amérique! Toujours dans l'exagération religieuse! Nous autres catholiques raisonnables, nous
allons à la mairie sans difficulté. »

(*Revue Bleue*, 28 février 1880.)

II

A PROPOS D'« ODETTE ».

C'était à la dixième représentation d'*Odette*. La
toile venait de tomber sur le premier acte. J'étais
placé, dans la loge, derrière deux jeunes femmes,
l'une juive de Trieste, l'autre petite-fille d'une créole
espagnole et d'un colonel danois. Leur race les met
toutes deux à l'abri de nos idées littéraires acquises.

— Eh bien, madame, dis-je à la Triestine, que
pensez-vous du premier acte?

Elle répondit d'abondance de cœur :

— Oh! que c'est amusant!

— Oh! oui, c'est bien amusant, reprit en écho l'Américaine du Sud.

— A la bonne heure! fis-je. Vous voilà empoignées toutes deux! Grand triomphe pour l'auteur.

— Empoignées! répliqua la Triestine. Je ne saisis pas bien le sens que les Français attachent à ce mot, mais il me semble que je le sens et le devine. Empoignée, ce serait pour moi beaucoup dire. Je n'ai pas été précisément empoignée.

Je m'adressai à la Péruvienne :

— Et vous, madame, n'avez-vous pas été un peu émue?

— Moi, émue? Pas le moins du monde.

— Eh quoi! est-ce que, par hasard, vous trouveriez fade la catastrophe des Clermont-Latour?

— Fade? s'écria la Triestine. Pas du tout fade.

Et la Péruvienne continua :

— Fade, ce mari qui revient tout à coup de voyage et trouve son bonheur brisé; cet amant qui s'introduit nuitamment chez la femme qu'il aime et se trouve face à face avec le mari; ce pauvre enfant endormi, que la gouvernante dérobe à la mère, sur l'ordre du père; cette femme, qui est chassée du logis en toilette de bal et se trouve sans asile en sortant de l'Opéra! Fade, tout cela? Vous voulez vous moquer de nous.

— Poignant, alors? Il faut que ce soit fade ou poignant.

— Pour vous, peut-être, dit la Triestine, pour

vous et vos pareils, qui vous empêtrez de Boileau,
d'Horace et d'Aristote. Oui, pour vous qui croyez à
des lois de l'art, et qui cherchez midi à quatorze
heures, il est nécessaire que de tels événements, présentés sous leur aspect tragique, soient poignants ou
qu'ils restent fades! Moi, je les trouve amusants; je
m'amuse pour mon argent, et que m'importe le
reste?

Je voulais objecter que, dans la vie réelle et selon
la nature, des événements de ce genre sont émouvants ou terribles, à moins que certaines circonstances ne les rendent par un certain côté franchement comiques; qu'ils peuvent être à la fois
émouvants, comiques et terribles; mais qu'on ne se
les figure guère comme un simple objet de distraction. Je voulais ajouter que justement l'auteur nous
place dans la vie réelle et non dans le monde de la
fantaisie...

La Péruvienne m'interrompit, en faisant sa gentille moue de Lima.

— Voici, dit-elle, le second acte qui commence.
Laissez-nous tranquilles avec vos questions et écoutez.
On dit que le second acte est le plus amusant des
quatre. Je m'amuse. Georgina s'amuse. Que demandez-vous de plus? Y a-t-il déjà tant d'auteurs qui
soient amusants!

Telles ont été les impressions de la Triestine et de
la Péruvienne sur le premier acte. Elles ne se sont
point transformées pendant tout le cours de la pièce.
Une ou deux fois seulement l'émotion a jailli.

Vous connaissez le drame. Il n'a aucun besoin, pour subsister, du premier acte; on pourrait retrancher le second presque tout entier, quoique fort joli, sans que le troisième ni le quatrième en souffrissent aucun dommage. Tour à tour femme du monde qui garde la fierté de son rang, et fille d'Opéra qui se passe la fantaisie d'une liaison de cœur avec un escroc, le personnage principal, Odette, reste inexplicable et inexpliqué. Le mari, la mère, la fille, qui devraient occuper, ininterrompus, toute la scène, sont noyés parmi une quinzaine de comparses. Ceux-ci surgissent à un moment donné, et en ce seul moment, pour tirer une ficelle ou pousser quelque bouton électrique qui fera marcher un drame dans lequel ils sont d'ailleurs inutiles. Mais on est ravi, fasciné, amusé. En sortant du théâtre, les gens profonds vous disent que l'auteur a voulu plaider la cause du divorce; les gens du métier s'aperçoivent fort bien qu'il a cousu ensemble deux ou trois comédies ou drames, sans rapport entre eux, afin d'obtenir quatre actes; la foule des spectateurs se disent : « Je suis tout de même content d'avoir vu ça! » et ils ne savent pas ce qu'ils ont vu ni si réellement ils ont vu quelque chose.

En général, les critiques dramatiques, qui veulent mortifier M. Sardou, lui reprochent dédaigneusement de n'avoir pas encore démontré qu'il soit rien de plus que le fils et l'héritier de Scribe. — Peste ! un second Scribe, à cette heure, ne nous paraîtrait

pas si à mépriser. Scribe nous a laissé un théâtre
aussi varié que Calderon et Lope de Vega, et où tout
est beaucoup plus selon les proportions. Seul, peut-
être, entre les poètes, les romanciers et les dramaturges de son temps, Scribe a saisi et rendu la
moyenne exacte de la vie française et du caractère
français; seul aussi, il s'en est tenu à la moyenne
vraie de poésie qu'il y a dans le caractère français
et dans la vie française. Je ne parle, d'ailleurs, ici que
des comédies-vaudevilles de Scribe; je ne parle pas
de ses opéras, où l'on admirera de plus en plus la
vivacité et la largeur du sens historique; je ne parle
pas de ses comédies en cinq actes, fines leçons de
sagesse, enveloppées dans une action dramatique où
tout se lie et se fond, l'exposition, le nœud, le
dénouement, sans choc et sans fatigue; je ne parle
pas de ses opéras-comiques, vrais contes des *Mille et
une Nuits* de l'existence moderne, dans lesquels c'est
lui qui, avec son art inouï à tirer le merveilleux
du réel et le vrai de l'invraisemblable, joue le rôle
généralement attribué aux fées, aux génies et aux
magiciens.

Les facultés de M. Sardou ne s'étendent pas en des
directions aussi diverses.

Tandis que Scribe tire ses inépuisables procédés
du cœur de son sujet, M. Sardou n'hésite pas à tirer
son sujet de son procédé et à créer des personnages,
conçus tout exprès pour mettre en relief le procédé
et pour le faire valoir. Sa comédie la plus populaire
et la plus souvent citée, *les Pattes de Mouche*, a été

écrite selon cette méthode. Avec *les Pattes de Mouche*, avec tel ou tel acte de *Nos Intimes*, de *Maison Neuve*, de *Nos bons Villageois*, M. Sardou remporte haut la main sur Scribe la palme de la dextérité, mais seulement celle-là.

Singulier phénomène littéraire que M. Sardou.

M. Sardou est certainement le premier tacticien de la scène française. Scribe, que nous venons de nommer, et Beaumarchais, qui a écrit l'imbroglio de *la Folle Journée*, sont moins stratégistes que lui. Il semble que, par les yeux de l'esprit, il aperçoive et embrasse vingt acteurs se mouvant en même temps sur la scène comme Bonaparte, dont il a le masque, imaginait et embrassait trois ou quatre corps d'armée en marche. Il possède à son service les deux puissances de l'art dramatique, le rire et les larmes. C'est, de plus, un écrivain de la bonne race et un poète. Il a l'esprit, l'humour, la divine imagination. Quelles brillantes sonates il sait introduire à l'occasion dans la prose hachée et relâchée de la comédie contemporaine! Avec quelle force de vérité, avec quelle inspiration de poésie il embrasse un caractère et une position sociale (par exemple Dora et sa mère), même quand il doit les laisser très vite en chemin pour courir après les tours d'adresse!

Et de tant de dons, qu'a-t-il tiré?

On va m'accuser de paradoxe : il en a tiré à ses débuts une adorable idylle comique en deux actes,

les *Prés-Saint-Gervais*; il en a tiré ensuite, tout le
long de sa carrière, des fragments de pièce, ici un
acte, là une scène, ailleurs un couplet de prose qui
sont d'un maître; et pas une seule pièce complète.
Il n'est pas une de ses pièces les plus fameuses qui
ne pèche par l'excès de richesse, l'un des pires
défauts qu'il y ait au théâtre. Quand je suis dans
mon fauteuil, lisant *Gil Blas* ou *Don Quichotte*, que
m'importe où me mène l'auteur? Je le suis sans
peine à travers ses digressions, ses arabesques, sa
philosophie variée de la vie. Pourquoi? Parce que
j'ouvre et ferme le livre à mon gré. Dès qu'il me
lasse, j'interromps ma lecture et me repose sans
perdre la suite de l'aventure. Au théâtre, je suis
captif dans ma stalle. Je ne peux pas me dérober
aux histoires enchevêtrées les unes dans les autres,
ni prendre et laisser la pièce comme il me plaît. Je
veux donc être mené rapidement vers un but défini.
Je veux savoir tout de suite de quoi il s'agit et où je
vais. Avec M. Sardou je le sais rarement tout de
suite, et même il arrive que je ne le sais à aucun
moment de la pièce. Si je crois tenir le sujet au premier acte, il m'échappe au second et j'en trouve un
autre au troisième. Trop de sujets! trop de monnaie brillante! trop de richesse! Je suis venu voir
une comédie et j'en ai trois. Mais trois n'en font
pas une.

Non vraiment! Il n'y a que les *Prés-Saint-Gervais*.
Là, le second acte s'adapte avec précision au premier
comme l'antistrophe à la strophe. *Amant alterna*

Camenæ! Là, on voit poindre, éclore et s'épanouir un caractère de jeune homme, charmant, héroïque et vrai. Là, la multiplicité des personnages ne bouleverse pas l'unité et l'harmonie du sujet; la simplicité de la péripétie dominante n'est pas altérée par la richesse des incidents. Le sergent La Roze, le marchand drapier Nicole, madame Nicole, Toinon, bref, tous les personnages sont ce qu'ils doivent être et aboutissent où ils doivent aboutir. Il était écrit de toute éternité que tous ces gens-là se rencontreraient un jour ou l'autre dans une partie de campagne décisive pour eux tous aux Prés-Saint-Gervais. Ce n'est qu'un opuscule, ces *Prés-Saint-Gervais*, mais de la meilleure facture française. La statuette est façonnée de main d'ouvrier. Elle a chance de durer. Mais, si tout le reste survivra, je me le demande.

M. Alexandre Dumas a atteint la comédie forte et le drame. M. Sardou n'a fait toute sa vie que côtoyer l'un et l'autre; il était cependant mieux doué de nature que son contemporain et son émule. Il a toujours été bien plus facile et fertile en invention; il a toujours eu l'imagination plus heureuse et l'esprit plus fortuné; il lui est supérieur en culture. Même il a effleuré vingt et vingt sujets de comédies fortes, pris dans le vif de l'existence moderne, dont M. Dumas ne s'est jamais seulement avisé. Et, avec cela, nous en sommes toujours à attendre que M. Sardou nous donne sa *Dame aux Camélias* ou son *Demi-Monde*, voire simplement sa *Diane de Lys*.

C'est que M. Sardou a cherché le succès et non la perfection. C'est qu'il a été le serviteur du public et de ses goûts un peu vulgaires d'amusement et non un pur amant du grand art. M. Sardou a réussi, en somme, dans ce qui était l'entreprise principale de sa vie. Il a le succès, le public l'applaudit; son nom remplit en ce moment la salle dans deux théâtres. Est-ce assez de cela pour lui et pour nous?

(*Figaro*, 28 novembre 1881.)

III

TOUJOURS « ODETTE » ET « LA FIAMMINA ».

Moi, je suis tout bonnement ravi.

Voilà donc enfin engagée une querelle littéraire, une vraie, et qui n'est que littéraire, sur un sujet sérieux, entre deux des notabilités de la littérature contemporaine. C'est un régal, dont notre âge, porté vers d'autres disputes, n'est pas prodigue. Nous serions tentés d'exciter les deux adversaires, plutôt que de les calmer, pourvu qu'ils restent littéraires. — « M. Sardou m'a pillé ma *Fiammina*! » s'écrie M. Mario Uchard. — Je viens de relire *la Fiammina*;

savez-vous que M. Mario Uchard a raison! — « Mon
Odette m'est propre, réplique M. Sardou. Il ferait
beau voir qu'on n'eût pas le droit d'écrire *Odette*
parce que *la Fiammina* existe! » — Je suis allé, hier
soir, revoir *Odette*. Parbleu! M. Sardou n'a pas tort
du tout.

Ah! qu'il est donc difficile de décider entre
M. Sardou et M. Mario Uchard! Et qui décidera?

Au bon vieux temps, au temps où les poètes s'en
allaient crottés par les rues, et où le grand Corneille
portait, dit-on, lui-même sa chaussure à raccom-
moder chez le savetier, au temps où l'écrivain rêvait
d'un sonnet à tourner, plus souvent que d'un château
à bâtir, l'affaire n'eût pas présenté de bien grosses
difficultés. On eût choisi les premiers venus pour
arbitres à l'hôtel de Rambouillet ou parmi les mousquetaires du roi et les clercs de la basoche qui faisaient la loi au parterre de la Comédie. Ces arbitres,
ramassés au hasard, n'eussent point tâtonné. Ils ne
connaissaient qu'une règle de jugement : l'art et le
plaisir du public. Ils auraient rendu au galop l'une
ou l'autre de deux sentences qu'il est facile d'imaginer.

Ils auraient dit, condamnant M. Sardou : « Vous,
Sardou, avez-vous mieux fait que *la Fiammina*? Nous
discernons ou croyons discerner que, par sorcellerie
et maléfice, manipulant *la Fiammina* de fond en
comble, vous avez transformé une jeune fille à
marier en un jeune homme *item*, un peintre célèbre
en un *gentleman* titré et homme du monde, une

prima donna qui a de la conduite et de la tenue en une
comtesse dépravée qui court les stations balnéaires.
Ce faisant, avez-vous dépassé de plusieurs coudées le
drame de Mario Uchard? Non? Nous décidons alors
que vous avez commis un plagiat abominable parce
qu'il ne rapporte aucun gain certain au public. N'er-
gotez pas. Emprunt littéraire mal employé; emprunt
littéraire défendu. »

Ou bien, mettant hors cause M. Mario Uchard, ils
auraient dit : « Vous, Mario Uchard, oserez-vous nier
qu'en vous prenant votre idée, la partie adverse en
a tiré des effets qui n'étaient pas dans vos moyens, et
qu'elle a composé quelque chose d'égal ou de supérieur à *la Fiammina*? Non? Alors, de quoi vous plai-
gnez vous? C'est encore vous qui êtes redevable à
Sardou. Vu le brocart de droit

> Regnard a l'avantage
> D'avoir été le bon larron,

nous absolvons Sardou et, vous, Uchard, rendez-lui
grâce. On vous oubliait; vous revivez en lui. »

C'est qu'en fait de droits d'auteur, le premier qu'on
reconnaissait en ce temps-là, c'était le droit du
public sur les auteurs et sur les œuvres.

Aujourd'hui, il y a la question de propriété littéraire. Celle d'art et de plaisir public ne passe qu'a-
près. Le mélange de gloire et de gain, comme dit
dans *la Métromanie* cet aimable fou de Damis, le

mélange de gloire et de gain complique bien les choses.

En l'affaire actuelle, la question de droit de premier occupant et de propriété est justement insoluble.

M. Mario Uchard eût été heureux de saisir la Société des auteurs dramatiques et d'apprendre par elle où commence le droit absolu d'un auteur et où il finit. M. Sardou a décliné cette juridiction. Que M. Mario Uchard n'en ait pas de regrets! Jamais la Société dramatique n'eût pu lui donner une réponse satisfaisante. M. Mario Uchard menace maintenant de saisir le tribunal civil. Jamais le tribunal civil, la cour d'appel ni la cour de cassation ne s'y retrouveront. Il sera un jour possible à l'historien littéraire de déterminer, dans une certaine mesure, quelle est la part dans le génie de M. Sardou du génie des autres. Mais comment un tribunal quelconque pourrait-il établir, par des motifs juridiques, qu'un auteur a tort ou raison de s'inspirer de ce qu'on a fait avant lui? Comment pourrait-il calculer la dose et la valeur des emprunts forcés qu'un auteur prélève sur ses confrères? Comment pourrait-il établir qu'un auteur, qui s'empare de l'idée d'un autre et qui la rhabille, a commis en effet un larcin?

Voici M. Sardou, défendeur, devant le juge civil ou commercial. Il déclare qu'il n'a jamais vu ni lu *la Fiammina*. Le moyen de lui prouver le contraire! Vous direz que ce n'est pas vraisemblable, soit. Il soutient, en ce cas, qu'il n'a jamais ni revu ni relu

la Fiammina depuis le jour de la première représentation, 12 mars 1857; qu'il a totalement oublié tout
ce qu'il y a dedans, et qu'il ne peut avoir mis dans
Odette de réminiscences que celles que lui a portées
à son insu la mémoire latente. Cela, c'est vraisemblable et possible. Quiconque écrit sait combien il est
difficile de distinguer, dans le travail du cerveau, la
mémoire latente de l'inspiration.

Mais le thème, le thème qui est identique dans
Odette et *la Fiammina*! Vous nous la baillez belle
avec l'identité du thème! L'histoire des littératures
démontre à toutes ses pages que, quand une idée est
dans l'air, dix et vingt auteurs la trouvent simultanément. D'ailleurs, l'avocat de M. Sardou, s'il cherche
avant tout le succès de la cause, pourrait bien s'écrier
en sa péroraison : « Messieurs les juges, considérez
la Fiammina; c'est un drame bâti sur un thème qui
se développe de scène en scène avec un accroissement
régulier et constant de l'émotion; considérez ensuite
notre *Odette*; c'est un ricochet d'amusements les plus
spirituels du monde dans lesquels s'enchâssent, çà et
là, deux ou trois scènes de drame, traitées avec un
art supérieur; mais où est le thème, dans *Odette*, le
thème suivi, dominant, dévorateur du reste? Et l'on
vient nous accuser d'avoir dérobé un thème, nous qui
n'avons pas de thème! » Ce genre d'argumentation,
qui condamnerait littérairement l'œuvre, serait la
justification absolue de l'auteur devant un juge civil
ou commercial. Notez qu'il y a une différence qui
n'est pas mince entre les deux ouvrages, aux endroits

même où ils se rapprochent le plus et sont le plus près de se confondre. Dans *la Fiammina*, Henri, dès le début de la pièce, apprend que sa mère est vivante et qui elle est ; et précisément, de ce fait qu'il connait sa mère, résultent les incidents les plus violents du drame. Dans *Odette*, Bérangère croit que sa mère est morte, et de l'idée qu'a eue M. Sardou de la laisser ignorante de sa mère dans le moment même qu'elle la voit et lui parle, naissent sans effort ni violence les effets les plus touchants et les plus pathétiques de l'œuvre. Non! non! En ce moment-là, *Odette* n'est plus *la Fiammina*.

Et pourtant, M. Sardou eût-il écrit *Odette* si *la Fiammina* n'avait été préalablement écrite par M. Uchard? *Chi lo sa?*

M. Uchard lui-même eût-il écrit *la Fiammina* s'il n'avait eu à son service des mots, des tours de phrases, un art de disposer les arguments, une grammaire, une syntaxe, une prosodie, une rhétorique, une dramaturgie, qu'il a pris dans le domaine public séculaire de l'esprit français et dans le domaine public éternel de l'esprit humain? Or, tous ces ustensiles, si l'on pouvait dresser un inventaire juridique et faire une liquidation notariée des productions de l'esprit comme on fait l'inventaire et la liquidation d'un héritage, ces ustensiles, que nous oublions volontiers, forment pour la plupart des écrivains, les quatre-vingt-quinze centièmes, à tout le moins, de la matière, ouvrée par eux, dont ils se disent et se croient propriétaires.

Le malheur de M. Sardou, pris à partie par
M. Mario Uchard, c'est que justement il passe de son
côté pour le plus vigilant et le plus soupçonneux des
propriétaires. Pas à Marly, où chacun éprouve ses
bienfaits et célèbre sa magnificence ; mais sur son
domaine littéraire. Là, il est féroce ; M. Mario Uchard
le lui rappelle, non sans malice.   .

> Quoi! tu veux qu'on t'épargne et n'as rien épargné?

Et quoi! vous adaptez, ne fût-ce qu'une ou deux
scènes de *la Fiammina*, et vous inventez mille précautions contre l'adaptation!

Autrefois, un auteur dramatique se faisait un plaisir
et un devoir d'éditer la brochure de sa pièce dès le
lendemain de la première représentation. Il était im-
patient d'être connu, goûté et admiré par le lecteur
dans le même temps que le spectateur l'applaudissait. Plus il avait un public divers, plus il était fier
de sa gloire ; car c'est la gloire qu'il cherchait, même
au prix de l'argent. Aujourd'hui, la gloire est une
denrée qui n'est guère cotée plus haut sur le marché
dramatique de Paris que sur le marché politique de
Berlin. Les plus illustres de nos auteurs dramatiques
imitent l'accapareur qui retient le blé dans ses ma-
gasins, afin d'en faire hausser le prix. Ils retiennent
la brochure par devers eux, de peur sans doute que
leur pièce étant déflorée par la lecture, l'exploitation
théâtrale n'en souffre. Ils redoutent trop de lecteurs
et l'excès de l'admiration publique.

C'est M. Sardou qui a patronné et pratiqué le plus

16

ardemment ce système. Et pourquoi? pour dérouter les adaptateurs d'Angleterre, d'Allemagne et d'Italie! Jugez donc! Si, l'on allait adapter une de ses pièces, publiée trop tôt! Si en l'adaptant à Pétersbourg, à Vienne, à Turin, à Londres, on allait proclamer que M. Sardou est le roi du théâtre dans l'univers entier! Quelle douleur pour lui! quelle mortification! quel désastre!

Il paraît que, sous l'influence de M. Sardou, on va préparer de nouveaux traités contre l'adaptation. Le ciel nous en garde! Nous trouvons bon que M. Sardou fasse *les Pattes de mouche* après que Bayard et Laya ont fait *l'Étourneau* et qu'il fasse *Odette* après que M. Mario Uchard a fait *la Fiammina*. Nous ne commettrons jamais le solécisme de goût qui consiste à soutenir l'équivalence de *Divorçons*, cet irrésistible éclat de rire, avec *Brutus lâche César*. Que M. Sardou adapte, qu'il adapte surtout pour faire *Divorçons*! Mais, de grâce, qu'il soit aussi permis aux autres d'adapter! S'il existe quelque part en Europe, un La Fontaine et un Phèdre, appartenant à deux langues différentes, qu'on n'empêche pas le premier d'adapter le second! qu'on n'introduise pas de nouvelles entraves pour l'esprit dans la jurisprudence, le droit public et les lois! Que les pouvoirs publics se modèrent un peu dans la sollicitude dont ils comblent la propriété littéraire!

Elle va bien, depuis trente ans, la propriété littéraire, dont M. Mario Uchard vient de revendiquer avec tant d'éclat les droits, lesquels droits M. Sardou, de son côté, n'est guère disposé à sacrifier. Elles vont bien, depuis trente ans, sur la matière, les lois, la doctrine et la jurisprudence. Ils vont bien aussi, les traités de nation à nation. La propriété littéraire finira bientôt par être si bien préservée, qu'il n'y aura plus de littérature. Personne n'aura plus le droit d'écrire. Tous les genres et tous les sujets appartiendront, par arrêt, à quelqu'un.

Gœthe, aujourd'hui, pourrait refuser à Pierre Leroux licence de traduire son *Werther* ; et ainsi notre littérature manquerait d'un livre qui est l'un des chefs-d'œuvre de la prose française au xixᵉ siècle et un modèle achevé dans le genre si difficile et si ingrat de la traduction. Aujourd'hui, Marmontel pourrait interdire à Favart d'écrire *Annette et Lubin* et *les Trois Sultanes*. Marie-Joseph Chénier ne pourrait pas faire passer dans notre langue, Grey vivant, l'admirable mélancolie du *Cimetière de campagne*. Molière et Thomas Corneille s'enverraient l'un à l'autre du papier timbré à propos de *Don Juan*. Lesage aurait dix procès internationaux pour chaque volume qu'il publierait de *Gil Blas*.

Il est bien à souhaiter qu'on s'arrête enfin dans une telle voie. Il faut de la propriété littéraire. Pas trop n'en faut. Un poète a sans doute le droit de vivre tout comme un financier ; et c'est pourquoi la loi est sage qui lui accorde la disposition et la jouissance de son œuvre pendant un certain nombre d'années. Mais défendre à autrui les imitations, les adaptations,

les transpositions d'un genre dans un autre, c'est
peut-être déjà beaucoup trop. Et cela ne suffit pourtant ni à nos auteurs dramatiques, ni à nos romanciers !

Alphonse Karr réclamait une loi en un seul article
ainsi rédigé : *La propriété littéraire est une propriété*.
C'est la formule qui paraît inspirer de plus en plus
les écrivains dont le nom fait recette et avec eux, le
législateur et le juge. Cette formule menace de forger
des chaînes si lourdes pour le génie, l'inspiration et
l'intelligence, qu'il serait peut-être temps de lui en
opposer enfin une autre, tout aussi simple et tout
aussi radicale :

La propriété littéraire n'est pas une propriété

(*Figaro*, 16 décembre 1881.)

IV

« FÉDORA »

I

Serait-il donc vrai que tout a été dit, qu'il ne
reste à peindre ni passions, ni caractères, ni mœurs,
et que le théâtre, sous la main de ceux qui lui
doivent la célébrité de leur nom, ne saurait plus être
qu'un feuilleton dialogué ?

Après *Un Roman Parisien* de M. Octave Feuillet, qui tient l'affiche du Gymnase, le Vaudeville, sous le titre de *Fédora*, vient de nous offrir un roman russe à Paris, par M. Sardou. Quand il s'agit d'art dramatique, on ne peut pas mettre tout à fait sur le même rang M. Sardou et M. Octave Feuillet. Le premier est un maître de la scène, quoiqu'il n'ait pas encore donné au public une comédie qui soit son œuvre maîtresse et quoiqu'il y ait maintenant peu de chances pour qu'il la donne jamais. Le second n'est au théâtre qu'un élève des maîtres, consciencieux et bien doué. Il n'empêche qu'avec toute sa maëstria, M. Sardou, en écrivant *Fédora*, n'a rien fait de plus que ce qu'a fait d'une touche moins aisée et moins déliée M. Octave Feuillet, en écrivant *Un Roman Parisien*.

Et pourtant, quel sujet M. Sardou avait conçu! Un homme est soupçonné d'en avoir attiré un autre dans un guet-apens et de l'avoir tué. Il y a une femme secrètement engagée à l'égard du mort. Cette femme, affamée de vengeance, se jette à la poursuite du meurtrier; elle tâche à s'en faire aimer pour lui arracher l'aveu de son crime et le livrer ensuite à l'échafaud. La femme est jeune et belle; le meurtrier supposé, le meurtrier certain est séduisant et jeune. Et, pendant que la femme se met à capter avec une froide perfidie l'amour de celui qu'elle veut perdre, elle se prend à son propre piège et tout à coup elle découvre qu'à son tour elle va aimer le meurtrier de son amant. De plus poignant sujet de drame, la

vie moderne n'en fournit guère; de poète plus
capable que M. Sardou d'exposer, nouer, conduire et
dénouer ce drame, il n'y en a pas un, en France,
à l'heure qu'il est. M. Dumas fils possède bien,
comme M. Sardou, le ton bref, sobre, haletant, qui
convient aux situations de ce genre. Il ne possède
pas, comme M. Sardou, la fertilité d'esprit et les
ressources de style qui seraient nécessaires pour en
résoudre les difficultés psychologiques, ou tout au
moins les dissimuler au spectateur sans affaiblir le
pathétique. De cette puissance tragique du thème
fondamental et de cette appropriation parfaite du
talent de l'auteur au thème qu'il s'est choisi, qu'est-
ce qui résulte avec M. Sardou? La débandade. C'est
toujours la même chose! Il faut que M. Sardou ait
été ensorcelé. Il commence par découvrir, au moins
une fois sur trois, un sujet qui sort des entrailles
mêmes de notre époque, vivant, neuf, admirable,
— tel *Rabagas*, tel *Dora*, — et il ne l'a pas plus tôt
trouvé qu'il le plante là. Il fait partir un cerf dix
cors; il a l'air de le courir, et, tout le long de la
chasse, il ne s'occupe qu'à viser à droite et à gauche
du menu gibier.

Voyons par le détail ce que M. Sardou a tiré d'une
conception fondamentale qui était si simple et si
large et qui, largement et simplement traitée, pouvait être si féconde.

II

Au premier acte, nous sommes à Pétersbourg. Un
capitaine de la garde, Wladimir Garischkine, fils du
chef de la troisième section, vient d'être frappé d'une
balle mystérieuse dans une maison isolée. On le
rapporte chez lui sans connaissance. Il meurt entre
les bras de la princesse Fédora, une jeune veuve
avec laquelle il est fiancé, mais sans que les fian-
cailles aient été rendues publiques. Les premières
recherches de la police donnent à croire que le
meurtrier est le comte Loris Ipanoff et qu'il a agi en
qualité d'exécuteur des arrêts rendus par le nihilisme contre la troisième section. On se précipite
chez lui pour l'arrêter; déjà il a fui. La princesse
Fédora jure qu'elle saura découvrir le meurtrier et
qu'elle vengera Wladimir, son bien-aimé. Tout cela
rapide, sommaire, foudroyant, selon la méthode et
le style du premier acte d'*Odette*. La toile tombe. Le
public a été vigoureusement saisi. Il n'y a qu'un
cri : « Voilà ce qui s'appelle un premier acte! » On
se répand dans les couloirs pour se communiquer les
uns aux autres ce qu'on éprouve.

« Convenez, mon cher, que Sardou est étonnant.
Quel premier acte! On n'a pas eu le temps de respirer. — Oui; mais on n'a pas eu non plus le temps
de sentir. — Un mouvement merveilleux dans tout
l'acte! — Oui; mais l'émotion a été en raison

inverse du mouvement. Cela vous a-t-il remué, ce lit
d'agonie tout au fond de la scène, dans le clair-
obscur de la chambre à coucher, ce jeune homme
qui se meurt, la femme qui se jette, avec un désespoir qui nous devrait déchirer le cœur, sur le corps
de son amant expiré? — Remué, je ne sais. Mais
pris et joliment pris. Comme Sardou manœuvre ses
personnages! Tous ces domestiques, ces médecins,
ces agents de police, Fédora, l'attaché d'ambassade,
qui entrent, sortent, reviennent, pleurent, s'agitent,
bourdonnent autour du lit du mourant! M. Sardou
ne s'embrouille pas une seconde. Tout est ordonné
et détaché avec une lumière discrète : comme c'est
bien une chambre de mort! Admirable, vous dis-je!
admirable! — Oh! pour cela, vous n'admirerez
jamais trop. M. Sardou n'a pas pour rien le profil du
Premier Consul. Il possède quelque chose du génie
tactique et stratégique de son ménechme. Sur le
champ de bataille et sur le champ d'exercice du
théâtre, Sardou est Bonaparte. — Ah! que oui!
Est-ce assez réglé, hein? la scène où l'officier de
police Gretch interroge les domestiques, l'attaché de.
l'ambassade de France et la princesse? C'est vu;
c'est frappant; c'est réel. — D'accord! Le fait divers,
dialogué par l'auteur, est mis en action dans cette
scène avec une intensité dont je suis émerveillé
comme vous. Savez-vous ce qui me chiffonne? Il me
semble que j'ai déjà vu quelque chose de pareil au
musée Grévin dans *l'Histoire d'un crime*. Probablement, cette réminiscence fâcheuse est la raison pour-

quoi l'interrogatoire de M. Sardou me fait l'effet
d'être en cire comme l'autre. Et puis, savoir si cet
interrogatoire, si bien réglé, servira de quelque chose
pour le développement du drame! — Ainsi vous
n'êtes pas content? — Pas content! Je serais bien
difficile! Pris en soi, ce premier acte est un pur chef-
d'œuvre de conduite scénique. Feuilleton très empoi-
gnant. Je palpite, positivement, de connaître le
second numéro... — Alors, vous êtes content? — Je
suis content et j'ai de la défiance. Voyez-vous, mon
cher : M. Sardou m'a trop souvent attrapé avec son
premier acte. Un premier acte de M. Sardou est
généralement un chef-d'œuvre. Mais, généralement
aussi, ce chef-d'œuvre est comme le pont de Solférino,
ainsi nommé, disait jadis la légende parisienne,
parce qu'il ne mène à rien. »

Nous rentrons. La toile se lève sur le second acte.
Une soirée à Paris, chez la comtesse Olga Soukaref.
Le comte Loris Ipanoff, qui s'est réfugié en France,
est l'un des familiers du salon de la comtesse Olga.
La princesse Fédora s'y est fait présenter. Elle est
venue, elle aussi, à Paris, pour surveiller Ipanoff.
Elle a même amené avec elle une escouade de la
troisième section commandée par Gretch. Maintenant
l'action est dans son brûlant. La princesse a réussi à
se glisser dans le cœur d'Ipanoff. Elle n'a cependant
acquis aucune certitude. Loris Ipanoff est-il vraiment
affilié à la secte nihiliste? est-il vraiment l'assassin?
Sa fuite l'accuse. Mais, d'autre part, il prend si peu
la peine à Paris de se cacher! Il vit dans un monde

si peu suspect de politique! Son front reste limpide; sa main, ce serrement de main qui ne trompe pas, n'exprime que franchise et loyauté. Enfin, à la soirée de la comtesse Olga, la princesse trouve le stratagème qui force Loris à se démasquer. Le coup de pistolet de la maison fatale, c'est lui qui l'a tiré. Fédora bondit : « Ah! misérable, c'est toi!... — C'est moi qui l'ai tué, réplique Ipanoff; mais il n'y a pas crime! Je suis innocent. — La preuve! la preuve! réplique Fédora. Mais prouve-la donc, cette innocence! »

Nous sommes arrivés au plus haut point de tension du drame. Rien ne s'oppose, ce semble, à ce que le comte Loris Ipanoff nous fournisse tout de suite la pareuve que demande Fédora. Mais, s'il le faisait, il n'y aurait pas de troisième acte. Par un artifice habile, l'auteur suspend les explications d'Ipanoff. « Eh bien! dit Fédora, cette nuit, à une heure, chez moi! » L'acte finit là-dessus. Vous le voyez : le feuilleton est coupé à l'endroit pantelant; c'est encore « la suite au prochain numéro ». Chez Fédora, au troisième acte, tout s'explique aisément et à la décharge du comte Loris, qui est plus malheureux que coupable. Wanda, sa femme, donnait des rendez-vous à Wladimir, dans la maison isolée. Le mari a surpris les deux amants. Wladimir, en voyant Loris, a fait feu sur lui et l'a légèrement blessé. Loris a riposté et Wladimir est tombé atteint d'un coup mortel. Loris a entre les mains les lettres de Wanda à Wladimir. Vous penserez peut-être que le comte

Loris se fût épargné bien des traverses en expliquant tout cela tout de suite, à Pétersbourg, aux officiers de police, procureurs et juges de S. M. le tsar. Sans doute! sans doute! Mais, si le comte Ipanoff avait tenu cette conduite qui paraît plausible et si, ce qui est probable, la police russe avait ajouté foi à son récit, non seulement nous n'aurions pas eu ce troisième acte, mais encore nous n'aurions pas eu de pièce du tout. Quoi qu'il en soit, le comte Ipanoff est innocent ou, à tout le moins, excusable. Fédora ne ressent plus que mépris pour l'indigne Wladimir, qu'elle voulait venger. Elle aime le loyal comte Loris éperdument; les situations et les fortunes se conviennent comme les cœurs; Wanda, si elle existe encore, ne saurait être un obstacle en Russie, où l'on a le divorce. Qu'est-ce qui les arrête tous deux? Qu'ils se marient et que cela finisse! A quoi bon un quatrième acte? Ils se marient bien; mais cela ne finit pas; il y a tout de même un quatrième acte. Au cours de ce quatrième acte, il arrive une foule d'histoires, toutes plus effroyables l'une que l'autre, qui font que Fédora court risque de passer pour une espionne atroce et vile aux yeux d'Ipanoff. La pauvre Fédora s'empoisonne et meurt sur la scène.

Que d'objections à faire, surtout contre le quatrième acte! Mais le public ne languit pas. M. Sardou connaît le secret de ne pas le lâcher un instant. On s'en va ébloui et secoué comme d'une soirée de physique amusante. Ce Loris Ipanoff est un homme bien malheureux! On lui prend sa première femme:

il commet sans le vouloir un meurtre; sa seconde
femme se suicide; entre temps, il est condamné à
mort pour nihilisme, lui qui n'a jamais vu de nihi-
listes; son frère, accusé d'être son complice, est jeté
dans un cachot où la crue subite de la Néva le vient
noyer; sa vieille mère meurt de douleur sous les
coups qui la frappent. La merveille de la pièce ou
son infirmité est qu'on ne pense que le lendemain à
tant d'infortunes. Sur le moment, et pendant qu'on
y assiste, on s'amuse bien trop.

III

Est-ce là réellement une pièce en quatre actes,
comme l'annonce l'affiche? C'est, tout au plus, une
pièce en deux actes, précédée d'un prologue et suivie
d'un épilogue. Le vrai sujet du drame n'est traité
que dans le deuxième et le troisième acte. Ces deux
actes pourraient avec avantage se ramener à un seul;
le prologue pourrait être retranché sans aucune
espèce d'inconvénient, et l'on se passerait sans peine
de l'épilogue. Selon toute vraisemblance, il a été
ajouté un épilogue afin que la comédienne chargée
du principal rôle eût une occasion de mourir bel-
lement sur le théâtre. — De cette façon, le roman
russe de M. Sardou se termine comme le roman parisien de M. Octave Feuillet; il lui fait concurrence. Je
n'accuse point M. Sardou de plagiat ni de réminis-

cence. On peut trouver tout seul et sans plagiat, de
ces traits de génie. Seulement M. Sardou aura
calculé que ç'a été autrefois une fureur d'aller voir
s'empoisonner mademoiselle Croizette à la Comédie-
Française; que c'est un délice, en ce moment, d'aller
voir s'empoisonner mademoiselle Lucy Brindeau au
Gymnase, et que ce serait bien un autre remue-
ménage, parmi les amateurs de beaux spectacles,
quand on saurait qu'au Vaudeville, tous les soirs,
c'est madame Sarah Bernhardt-Damala elle-même,
αὐτὸ τὸ θηρίον, qui s'empoisonne *coram populo*. Ce
calcul est fort licite. Il n'a pas grand'chose à démêler
avec l'art pur. Retranchons donc l'épilogue. Retranchons aussi, s'il vous plait, le prologue. — Eh quoi?
n'avez-vous pas dit que ce premier acte était un
chef-d'œuvre? — Hélas! quand je l'ai dit, je connaissais ce premier acte et rien de plus. Maintenant que je
sais qu'il ne sert à rien, comment voulez-vous que
je le traite de chef-d'œuvre? C'est un hors-d'œuvre.
La première scène, surtout, m'en parait prodigieuse.
Le nihilisme et ses complots d'une part, le prochain
mariage du capitaine Wladimir et de Fédora d'autre
part, nous y sont exposés et révélés par un domestique et par un joaillier juif qui est venu chez le
comte Wladimir sous prétexte d'offrir ses services
aux futurs époux. Cet honnête trafiquant a d'autant
plus vivement capté l'attention des spectateurs que
le personnage en est joué très en relief et au naturel
par l'acteur qui en est chargé. Et, après que nous
nous sommes intéressés particulièrement à lui, il ne

17

reparaît plus! Et c'est à ce passant que l'on confie
tout ce qu'il est nécessaire que nous sachions et que
ne sache pas le comte Loris, pour que la pièce soit
intelligible et possible! Passez, muscade! Le tour en
est adroit, mais un peu trop sans façon; et la pièce
est semée de ces tours-là.

Reste le drame même. Restent les scènes qui
mettent aux prises la princesse Fédora et le comte
Loris Ipanoff. Je voudrais les louer sans réserve. Je
le voudrais bien sincèrement, à cause de ce que les
amants des hautes lettres étaient en droit d'attendre
de M. Sardou et qu'ils n'en ont jamais obtenu ; je
ne le puis. La lutte de Loris et de Fédora, au troisième acte, n'est dramatique qu'à la condition qu'on ne
songe pas combien elle est inexplicable. Dans l'analyse que j'ai donnée de la pièce, j'ai négligé de dire
que Fédora, en rentrant chez elle au sortir de la
soirée de la comtesse Olga, a pris soin de mander, en
son hôtel du Cours-la-Reine, Gretch et son escouade
de police russe. Comme Loris lui a avoué le meurtre,
comme les explications qu'il a promis de fournir
peuvent, après tout, achever de démontrer son crime
au lieu de prouver son innocence, Fédora a pris ses
mesures pour que Loris, coupable, ne puisse lui
échapper. Elle a placé Gretch et ses agents dans une
pièce attenante à celle où elle se propose de recevoir
le comte Loris Ipanoff. C'est par la pièce où se
trouve Gretch qu'elle fera passer Loris après l'au-
dience qu'elle a jugé bon de lui accorder. Gretch
et ses *bravi* ont pour mission de bâillonner Loris et

de le ligoter; ils le jetteront dans un yacht qui attend
sur la Seine et ils le mèneront au Havre, où ils le livre-
ront à une frégate qui les attend et qui les transpor-
tera à Pétersbourg. Or, Pétersbourg, pour le comte
Loris, c'est la potence. Foin de ceux qui diront que
cette combinaison est un peu trop fantastique et que
M. Camescasse, qui n'est pas aussi zélé que l'était
M. Andrieux sur le chapitre des extraditions, veille
sur de tels complots et saura les déjouer. Les contes
à dormir debout ne me choquent pas au théâtre, si
les sentiments et les actes restent vrais. Je comprends
donc très bien que Fédora, une fois persuadée de
l'innocence de Loris et ivre de l'amour qu'elle a pour
lui, ne veuille plus laisser partir le comte Loris : elle
sait que Gretch est là avec son bâillon, ses menottes,
son yacht sur la Seine et sa frégate au Havre. Ce que
je ne comprends pas du tout, c'est que Loris veuille
s'en aller. J'admets, parce que j'y suis forcé, que
M. Sardou, lui, ne veuille pas que Loris veuille
rester ; en effet, si Loris consent tout de suite à rester
chez Fédora dès que celle-ci l'en supplie, adieu la
lutte entre Loris et Fédora, adieu cette belle scène de
drame ! Mais enfin pourquoi Loris lui-même tient-il
à partir? Personne ne l'a vu entrer dans l'hôtel du
Cours-la-Reine. Les pendules marquent deux heures
du matin; il est jeune et amoureux; elle est jeune et
belle et elle ne lui cache point qu'elle est amoureuse ;
et il résiste quand elle le retient! Pourquoi? Que
M. Sardou daigne nous le dire ! Parce que Loris
respecte celle qu'il aime? parce qu'il ne veut pas

qu'un soupçon l'effleure? Très bien! Le beau suprême
des sentiments et de l'âme est tout aussi bien dans la
nature humaine que l'amour voluptuaire et le cœur
qui ne demande qu'à se contenter. (Je dois avertir
mon lecteur que cette maxime « Le cœur ne demande
qu'à se contenter », n'est pas de moi; elle est du
profond Bourdaloue.) Le malheur est que M. Sardou
a négligé complètement de nous monter au diapason
de Corneille et de Calderon. Son Loris Ipanoff, jeune
et séduisant, ne se distingue en aucune façon des
milliers de jeunes gens séduisants dont regorge le
monde. Du moment que Loris Ipanoff n'est ni un
saint ni un héros, comment est-ce qu'il lutte contre
l'enchanteresse Fédora! combien une lutte de ce
genre ne doit-elle pas lui paraître offensante s'il
songe à Fédora, ridicule s'il songe à lui-même!

La scène viii du second acte, que le *Figaro* a publiée
dans son numéro du 12 décembre, n'est pas indigne
de l'honneur que le *Figaro* lui a fait. Au théâtre, cette
scène a paru admirable à la masse du public, irréprochable aux connaisseurs. Le stratagème bien
simple dont Fédora use pour arracher à Loris son
secret constitue un coup d'art dramatique de premier
ordre. C'est du meilleur Sardou! Fédora, qui se sent
sûre d'être aimée, apprend brusquement à Loris
qu'elle a reçu l'ordre de revenir à Pétersbourg et qu'il
faut qu'elle le quitte. « Vous partez, s'écrie Loris
atterré, et je ne peux pas vous suivre! » Fédora lui
répond le plus naturellement du monde : « Aujour-
d'hui?... non! mais dans quelques jours... Après mon

pardon, pourquoi n'aurais-je pas le vôtre? » Que
voulez-vous que fasse Loris? Il dit tout, il avoue le
meurtre. Toute la scène, au théâtre, avec ses vicissitudes de passion vindicative et de passion amoureuse, est d'une vérité dominatrice. Je ne crois pas
pourtant que le *Figaro* ait rendu service à M. Sardou
en la publiant. Le papier imprimé a un grand avantage : il souffre tout. Il a un grand inconvénient : il
trahit tout. En lisant la scène après l'avoir vue, on
s'aperçoit qu'elle est mal écrite. L'expression est
banale. La phrase est fade et plate ; elle ne rend pas
et ne fait pas effort pour rendre ce que l'auteur a
conçu. Qu'est devenu M. Sardou, le Sardou des jours
pauvres, le Sardou des *Prés-Saint-Gervais*, qu'il
méprise aujourd'hui comme on nous assure que
M. Ambroise Thomas, directeur du Conservatoire,
membre de l'Institut, grand officier de la Légion
d'honneur, a la faiblesse, impertinente envers lui-
même, de mépriser *le Caïd*, son chef-d'œuvre? Qu'a
fait M. Sardou de son style, de son esprit, de son
imagination, en acquérant des terres, un château, des
rentes et l'Académie française? A peine deux ou trois
traits, dans *Fédora*, rappellent le Sardou qui aurait
pu s'inscrire un nom durable dans les fastes de notre
littérature nationale. J'en cite un. La comtesse Olga
s'ennuie terriblement. Elle ne sait plus que tenter
pour ne pas mourir de désespoir. « Peut-être, lui dit
un de ses amis, n'avez-vous pas essayé... — Si! j'ai
essayé ! — Mais vous ne savez pas ce que je voulais
vous dire ! — J'ai essayé tout de même ! » Voilà qui

est femme! voilà qui est russe! Mais M. Sardou nous fait bien expier ces deux ou trois traits de son bon temps. Dans la scène qu'a publiée le *Figaro*, voici ce que nous trouvons : « FÉDORA : Vous n'allez pas écouter cette musique. — LORIS : J'aime mieux la vôtre. — FÉDORA : Me voilà forcée, par politesse, *de vous chanter au moins un petit air!* »

Il y a plus d'une de ces fleurs de galanterie dans *Fédora*. J'ai soumis au lecteur la moins triviale.

IV

L'adresse de M. Sardou, cette fois, n'eût pas réussi jusqu'au bout à faire illusion au public, si M. Sardou n'avait eu dans son jeu, pour cette partie difficile, outre son adresse ordinaire, une carte majeure qui a tout enlevé. L'intérêt qui s'attache à une pièce de M. Sardou se doublait de la curiosité fiévreuse qu'on avait d'assister au nouveau et extraordinaire début de l'artiste, incessamment préoccupante, qui nous a quittés, il y a deux ans, Sarah Bernhardt, et qui nous est revenue madame Sarah Bernhardt-Damala. Qu'a-vait fait d'elle l'absence, qui est, à plus d'un titre, le plus grand des maux? On était naturellement assez inquiet. L'inquiétude n'a pas été longue. La rentrée de madame Sarah Bernhardt est un triomphe. L'artiste doit être d'autant plus sensible à son succès que, dans l'enthousiasme qui l'a accueillie il n'entre presque plus rien de la sympathie passionnée d'autrefois pour la personne même de l'artiste.

Le temps est passé où tout Paris avait pour doña Sol les yeux de Carlos et de Hernani. Il admire encore, il admirera toujours madame Sarah Bernhardt ; il n'est plus amoureux d'elle, qui a été si capricieuse avec lui et qui, chose insolente, l'a délaissé ! Paris, maître exigeant, veut, comme Louis XIV, qu'on lui soit assidu. Quand le petit moujik du premier acte est venu annoncer « la Princesse », quand elle a paru, tout Paris qui était là est resté de glace pour son idole. Ce moment eût perdu toute autre qu'elle. Heureusement, parmi les dons de cette femme exquise et supérieure, l'un des plus rares, quoique le moins aperçu du public, est la vaillance, une vaillance infatigable et invincible. Le silence de Paris lui tombait en pleine poitrine : elle a eu le courage de ne le pas entendre ; elle l'a écarté et comme anéanti d'un de ses gestes de reine. Dès la fin du premier acte, l'acclamation pour elle était furieuse et unanime. Et qu'était-ce à la fin de la pièce ! Grâce à madame Sarah Bernhardt, la première représentation de *Fédora*, au Vaudeville, est devenue un véritable événement littéraire et artistique. Nous ne répéterons pas les mots de beau, d'admirable, de sublime, qui couraient partout dans la salle. Madame Sarah Bernhardt a été mieux que tout cela : elle a été accomplie.

Comédienne accomplie ? Je ne dis pas cela. Je ne sais même pas si c'est un terme en sa place que

d'appeler madame Sarah Bernhardt une comédienne.
J'appelle comédien l'artiste dramatique qui, comme
l'irréparable Provost, peut être tour à tour Argan
parmi ses lavements et le baron Montrichard, type
absolu du préfet sous les armes ; qui, dans un rôle
comme celui d'Arnolphe, sait être à la fois profondément comique et profondément tragique; qui a
patiemment étudié les effets qu'il produit et qui les
produit divers et dissemblables parce qu'il en connaît
la raison et la règle. On ne démêlera jamais si
madame Sarah Bernhardt possède la rhétorique ou
seulement la grammaire de l'art auquel elle s'est
vouée. Il est aisé de démêler, par ce qu'on sait de
la portion de sa vie qui appartient au public, qu'elle
n'a guère eu le temps d'étudier ni l'une ni l'autre.
Pourrait-elle exprimer et rendre sur la scène — et
c'est là le métier propre du comédien — des formes
de passion, des attitudes, des positions sociales
dont l'idée à la ville ne lui agréerait pas? Elle est
admirable dans les passions dont Paris et la haute
vie sont le cadre. Pourrait-elle être Jacqueline, femme
de notaire dans une garnison de cavalerie? Elle est
princesse jusqu'au bout des ongles. Pourrait-elle
être Adrienne, bourgeoise repentante, résignée et
assagie? Dirait-elle, comme les disait madame Allan,
ces vers saignants et doux :

> N'accuse pas Julien, n'accuse que la vie
> De ton illusion si promptement ravie!...

Je pose ces questions. Même en ce moment où elle

est plus que jamais la glorieuse et victorieuse Sarah, on ne peut pourtant pas oublier qu'elle n'a pas réussi à se rendre maîtresse du rôle de Clorinde [1] l'un des plus dignes qu'il y ait de tenter une véritable comédienne.

Mais, à supposer qu'elle ne connaisse ni la rhétorique ni la grammaire de son art, comme elle en possède l'éloquence et la poésie! comme elle aime son rôle, quand elle l'aime! comme elle le fond dans le tissu de son âme et dans toutes ses fibres! La vie ne lui est plus rien que ce rôle. Tout l'univers tient pour elle dans l'espace en planches de quelques pieds carrés où elle vit le drame qu'on croit qu'elle joue. Les inspirations les plus subtiles, les plus délicates, les plus téméraires du génie féminin jaillissaient d'elle à chaque instant, l'autre soir : simplicité, justesse, audace, elle avait tout. Ce qu'on doit le plus admirer dans madame Sarah Bernhardt, ce n'est pas ses effets du quatrième acte, quand elle s'empoisonne et meurt : ces sortes d'effets appartiennent à un art relativement facile. Une comédienne jeune et de figure aimable, qui n'aura ni la science consommée ni la spontanéité géniale, en fera presque autant, pourvu qu'elle soit bien stylée par un directeur comme M. Koning et comme M. Perrin ; sa mort sur la scène paraîtra même ou plus touchante ou plus terrible, parce que le poison détruira en elle plus de jeunesse et de plus beaux contours. Ce par quoi madame Sarah

1. *L'Aventurière.*

Bernhardt ravit et subjugue, c'est la tenue générale du rôle, de la diction et des gestes. C'est une inépuisable série de riens incomparables. Dans la grande scène avec Loris, au deuxième acte, il faut qu'elle passe par des nuances diverses d'amour, de haine et de colère. Ses attitudes sont toutes d'une beauté souveraine.

Il y a un moment, après l'aveu du meurtre, où le comte Loris lui dit : *Vois... je te fais horreur!* Elle répond : *Oh! pas à ce point!* L'intonation qu'elle met dans ces trois mots sera bien discutée. C'est une intonation qui frise la gaminerie; et c'est ce qui paraît bien hardi dans un tel moment. Elle n'y a point pensé ; cela lui est venu ainsi. L'instinct qui est en elle l'a avertie qu'elle ne devait pas essayer de dire cet : *Oh! pas à ce point!* comme Chimène dit : « Va! je ne te hais point! » Hardiesse heureuse! vulgarité superbe! Le ton vulgaire, loin de heurter les angoisses de la situation, y est aussi accommodé que possible, parce que la vulgarité est ici ce qu'il y a de plus hautain ; parce que celle qui parle ainsi d'elle-même est une grande dame engagée dans une aventure de casse-cou ; parce que cette grande dame est Russe et Phanariote ; parce qu'elle ne peut plus se dissimuler les étranges perplexités de son cœur; parce qu'elle s'en venge et s'en soulage en les raillant et en les bafouant.

V

Oserais-je adresser à madame Sarah Bernhardt une critique, légère et pourtant assez grave? Je tremble de l'oser quand je songe à cet appareil nerveux si sensible, qu'il a sauté tout d'un trait des bords de la Seine aux chutes du Niagara, parce qu'un beau jour le plus courtois d'entre les critiques s'était montré plus tiède que de coutume dans l'éloge. Cependant il faut parler. Je conseille à madame Sarah Bernhardt de se défier de ses robes.

La robe usurpe chaque jour un peu plus de place au théâtre, et j'en suis fâché. Le grand inconvénient de tant de falbalas, c'est que l'actrice en scène ne peut s'empêcher de sentir qu'elle les porte. Le commun de ces dames les exhibent avec une satisfaction sans déguisement. Des comédiennes sérieuses en oublient quelquefois les exigences de leur personnage ; madame Sarah Bernhardt elle-même, qui est tout entière la proie de son rôle, a çà et là des éclairs de distraction pour ses robes. Deux ou trois fois, lundi soir, elle a subordonné son geste et son attitude à la préoccupation de faire valoir les chefs-d'œuvre de son couturier. Eh bien, franchement, ce n'était pas la peine ! Sa robe du quatrième acte ferait très bien pour une Chinoise de paravent. Celle du deuxième acte est

tout bonnement immense. Ce n'est rien que de le dire ;
il faut le voir. Un tohu-bohu de couleurs qui fait
perdre la tête aux yeux ! M. Arnold Mortier, l'historien spirituel et imaginatif des premières représentations, a vu cet arlequin-là vert, rouge, rose, noir et
violet. Je l'ai vu vert, jaune et blanc, avec je ne sais
quel tas de fleurs au côté gauche et des paquets iné-
narrables de rubans, de peluche et de crevés. Quel est,
juste ciel ! le caporal tailleur du 2ᵉ Margouillats qui
a pu fabriquer un pareil monument ! On a dit dans les
journaux, avant la représentation, que madame
Sarah Bernhardt se fournit maintenant à Vienne. Ce
n'est pas possible. Elle se fournit à Anspach, à Kœnigs-
berg, à Memel, dans le Thal du vieux Munich. C'est
l'idéal d'une toilette bavaroise pour un gala à Fest-
saalbau. Il fallait bien que madame Sarah Bernhardt
nous rapportât quelque chose de ses voyages !

(*Revue Bleue*, 16 décembre 1882.)

M. OCTAVE FEUILLET

« . UN ROMAN PARISIEN »

I

La grande poésie, la grande histoire et la grande
critique s'en sont allées l'une après l'autre. Le théâtre
a longtemps résisté; mais le voilà depuis quelque
temps assez malade! Ces dix dernières années forment
la période de notre histoire littéraire la plus pauvre
peut-être ou plutôt la seule pauvre en œuvres dramatiques durables que nous ayons traversée depuis
longtemps.

Il semblait qu'après 1870, la politique, dont le pays
avait repris le goût salutaire, les passions qu'elle
excite, les mœurs qu'elle engendre, ses vertus, ses
vices, ses travers, d'une part, la forte secousse subie
par la patrie française d'autre part, dussent fournir à
la comédie des sujets encore intacts qu'elle traiterait
avec hardiesse, ou faire surgir quelque forme
nouvelle du drame patriotique et militaire. Il n'en a
rien été. M. Sardou a entrevu un jour la comédie

politique ; il l'a esquissée, il l'a manquée, et il n'y est
plus revenu. MM. Erckmann-Chatrian nous ont donné,
le mois dernier, un drame militaire et patriotique.
Quoique le roman, *Madame Thérèse*, dont ils ont tiré
leur pièce soit une œuvre attachante, originale, saine,
profondément et simplement poétique, ils n'ont offert
au public du Châtelet qu'un spectacle décousu, sans
intérêt et sans couleur. En mêlant deux genres incom-
patibles, le leur propre et celui des anciennes pièces
de Franconi, ils sont presque tombés au-dessous de
celles-ci. Les rapsodies militaires de l'an 1832, où l'on
voyait Napoléon surpris et entouré par douze mille
Autrichiens, qui leur faisait mettre bas les armes par
le seul effet de son attitude imposante ; où le Sergent
s'écriait avec un étonnement si burlesque : « Encore
des Cosaques ! *Mais ils ne savent donc pas que la bataille
d'Austerlitz est perdue depuis deux heures !* » — ces
rapsodies grossières avaient du moins une qualité :
le mouvement. MM. Erckmann-Chatrian prendront
sans doute leur revanche avec *la Guerre* ou avec *Alsace*.
Dans cette dernière œuvre, ils ont imprimé au drame
national une allure digne de lui et tout à fait nouvelle.
Malheureusement, les auteurs ont choisi sans nécessité un titre qui pouvait éveiller des susceptibilités
sérieuses, et, tant qu'ils maintiendront leur titre, la
représentation de ce drame saisissant et large ne
saurait être autorisée. En l'état MM. Erckmann-
Chatrian n'ont tenté qu'une fois l'épreuve de la scène
avec le drame national et guerrier : ils n'ont pas
réussi.

Ce qui reste aujourd'hui au théâtre, ce sont des fantaisies, assez souvent charmantes, qui n'ont été composées que pour faire valoir le talent de tel ou tel comédien et qui valent cependant quelque chose en dehors de lui; ce sont des vaudevilles où renait l'art de l'imbroglio, qui fut porté, de 1820 à 1840, à son point de perfection et qui s'était un peu perdu depuis. C'est beaucoup, si l'on veut; ce n'est pas assez. On souhaiterait que l'auteur de *Lucrèce*, d'*Agnès de Méranie*, de *Charlotte Corday* nous eût laissé quelque héritier dans le drame historique et shakespearien ; que l'auteur de *la Ciguë*, de *Gabrielle*, de *l'Aventurière* et de *Philiberte*, eût trouvé quelque continuateur dans la comédie poétique. On souhaiterait, à défaut d'un peintre rude et puissant de nos mœurs politiques, un peintre juste et toujours en fraîcheur, tel que fut Scribe, de la vie française moyenne et de la société française. On souhaiterait surtout que le théâtre fût plus largement théâtral et moins anecdotique. Ce sont des anecdotes sans portée que la plupart des pièces qui ont, de nos jours, cent représentations. C'est encore une suite d'anecdotes dialoguées que M. Octave Feuillet vient de mettre au théâtre et de faire représenter au Gymnase sous ce titre : *Un Roman Parisien.*

11

M. Octave Feuillet appartient à une classe
d'écrivains qui ont plutôt la vocation que le génie,
plutôt la réflexion, le talent, l'étude et la *maëstria* que
l'inspiration continue. Aussi longtemps qu'il a eu le
bon esprit de ne pas forcer son naturel, il a captivé et
ravi le public, surtout la jeunesse et les femmes, qui
sont pour le romancier, le poète et l'auteur dramatique le seul public bien enviable et bien approprié.
En 1840, année qui marque un zénith dans l'histoire
de la poésie comme dans celle de l'éducation et des
idées politiques, M. Octave Feuillet avait dix-huit ans.
Il était en train de faire sa rhétorique, à Louis-le-
Grand, sous d'excellents maîtres qui possédaient la
tradition et le goût. Déjà il s'essayait; il rimait et
prosait. C'était le temps où les générations grandis-
santes lisaient avec passion Walter Scott, George Sand
et Mérimée. Quelques-uns y joignaient Musset. Le
jeune Feuillet fut dans ce courant. *La Chartreuse de
Parme* venait de paraître (1839), suivant de huit
années *le Rouge et le Noir* (1831). On n'avait pas
encore découvert quel grand esprit, quel génie vigoureux, souple, fin, passionné, traversé de mille et
mille sensations, était Stendhal. Je ne serais pourtant
pas surpris que M. Feuillet eût lu, goûté et dévoré

la Chartreuse au moment qu'elle paraissait, et deviné
en elle l'un des prodiges du siècle : il y a de çà, de là,
trop rarement, une goutte de Stendhal dans M. Octave
Feuillet. Tenons-nous-en à George Sand et à Walter
Scott. Il n'est que de fondre l'un et l'autre en d'a-
droites proportions; on a *Bellah*, qui est le premier,
selon la chronologie, des romans de M. Feuillet, et
qui n'est pas le dernier selon l'art.

Depuis, M. Feuillet a représenté éminemment dans
notre littérature le pur romanesque : c'est là son don
et son domaine. Purement romanesque est *Dalila*;
purement romanesque encore est *le Roman d'un
jeune Homme pauvre*. Mais ce romanesque ne coule
pas toujours de source : il est construit; il sent la
lampe; il s'exprime en un style où l'imagination
toute seule ne donne pas la substance, où la rhétorique
dont on s'est nourri et muni apporte, à certains
moments, une part un peu trop sensible. Figurez-vous
une physionomie féminine qui a le caractère, le feu,
la saillie; mais sur le teint se répand comme une
nuance d'huile presque imperceptible. N'est-ce pas
assez pour rompre l'aisance de cette physionomie et
pour en troubler l'attrait? M. Octave Feuillet n'a pas
eu le coup d'aile, il ne s'est dégagé sans effort que
dans *la Petite Comtesse* et dans *Julie*; avec quel pathétique exquis, il est vrai, avec quel charme qui vient
de l'expérience accomplie des mouvements du cœur!
Du moins, lorsqu'il se tenait dans le pur romanesque, M. Octave Feuillet suivait son penchant, inné
ou acquis, mais profond et sincère. Les créatures

qu'il façonnait à loisir d'une main savante pouvaient être absurdes : elles étaient adorables. Il connaissait les mœurs mondaines et le train du monde ; il en possédait la mesure exacte.

Tout à coup, entre 1863 et 1867, le voilà féru de la tarentule du jour ; il se lasse de tous les beaux sentiments et de toute la délicatesse dont on le vante ; il quitte l'empire du bleu pour celui de la pratique ; il veut montrer à son tour qu'il sait peindre des hommes forts, des choses fortes, des réalités fortes. Et moi aussi, je joue du bistouri ! Et moi aussi, j'ai une massue ! Hélas ! c'est justement quand il a pris la résolution de se faire pratique, réaliste, naturaliste, qu'a paru à découvert tout ce qui se dissimulait en lui d'arbitraire et d'artificiel. Vous souvenez-vous de *Montjoye*? Vous souvenez-vous de cet homme très fort, qui ne voit dans ses semblables que des instruments de fortune et dans les idées que des moyens de retentissement pour lui-même, qui n'estime et ne cherche rien que l'éclat d'une grande position sociale, qu'il entend conquérir *per fas et nefas* — et qui commence de propos délibéré sa vie par prendre femme sans mariage, par se donner des enfants sans état civil, par présenter au monde régulier, qu'il a soif de dominer et d'éblouir, une famille dont il lui a caché l'irrégularité ! Quel conquérant du monde que celui qui, pour le séduire et le subjuguer, s'attache au pied le boulet d'une faute grossière qui est de celles que le monde pardonne et admet le moins ! Et vous souvenez-vous aussi comment cet ambitieux sans conscience et ce spécu-

lateur sans entrailles, qui a froidement ruiné et réduit
au suicide son premier associé, devient en vingt-quatre
heures un héros de probité et de vertu?

Le Roman Parisien procède des mêmes erreurs que
Montjoye, avec cette aggravation qu'il y a dans *Montjoye* un caractère et un sujet, bien ou mal conçus, et
qu'il n'y a dans *le Roman Parisien* qu'une série d'événements forcés qui étourdissent le spectateur pour le
laisser à peu près indifférent, au moins jusqu'au
cinquième acte. M. Octave Feuillet s'est piqué encore
une fois de se mettre lui-même sur le pied d'auteur
très fort qui ne recule pas devant la nécessité d'une
besogne brutale; il a prétendu opposer dans son drame
beaucoup de réalisme outré à beaucoup de vertu romanesque; il n'a été ni romanesque ni réaliste; il a été
invraisemblable et inexplicable.

III

Exceptons *Julie*, drame simplement conçu et simplement exécuté, où nous nous sentons enveloppés,
au premier mot, par le sujet. *Julie* étant exceptée, on
peut dire qu'en général M. Octave Feuillet se montre
assez lent et assez pénible à se débrouiller d'une
exposition. Dans *le Sphinx*, il nous faut attendre la
troisième scène pour apprendre que le mari de Blanche
de Chelles navigue pour le moment dans les mers

de Chine. Le détail est pourtant d'importance ;
M. Alexandre Dumas, M. Meilhac, M. Sardou eussent
certainement trouvé moyen de nous le faire connaître
avant la fin de la première scène. Ici, c'est bien pis.
On ne sort point pendant quatre actes de l'exposition.
A chaque nouveau quart d'heure on se trouve lancé
dans un sujet nouveau.

Au premier acte, au lever du rideau, on est en
pleine fête ; la maîtresse de la maison, madame de
Targy — Marcelle de Targy — vient d'achever un
duo avec le célèbre ténor Juliani ; du fond d'un petit
salon, les invités lui envoient, sans qu'on l'aperçoive
encore elle-même, de chaleureux applaudissements.
Ils discutent entre eux son talent. « Quel effet magnifique produirait cette voix à l'Opéra ! dit l'un. — Oh !
réplique un autre, à l'Opéra il faudrait en rabattre ; on
aurait bien de la déception ! » Marcelle arrive alors,
radieuse et fière, au bras de Juliani. Le spectateur
pense à part lui : « Bon ! je tiens le sujet ; j'ai
devant moi une femme chez qui l'amour de l'art prime
l'amour du mari et du foyer domestique ; l'amour
déréglé de l'art et la gloriole artistique la perdront,
nous allons assister à la grandeur et à la décadence
d'une femme du monde égarée sur les planches. »
Mais paraît le mari, Henri de Targy. Marcelle témoigne
pour lui de l'amour le plus dévoué et le moins équivoque. Tout ce qu'elle dit respire le bonheur, le contentement, la raison. Le spectateur se dit : « Allons ! ce
n'est pas ça ! Le ténor n'était là que pour la mise en
scène. Maudit ténor ! il m'a jeté sur une fausse piste. »

Cependant nous apprenons que la mère de M. de
Targy, qui a voulu à toute force que ses enfants
donnassent cette fête, n'a pas consenti à y assister
elle-même : elle est en proie à une maladie nerveuse,
étrange et compliquée : c'est depuis la mort de son
mari. Cette mort, s'il faut en croire les commérages
de l'un des invités, le baron banquier Chevrial, a été
bien soudaine. Un mystère plane sur elle. « Diantre !
imagine le spectateur. Est-ce que par hasard madame
de Targy mère aurait aidé son mari à mourir ? Voilà
un drame bien noir ! Mais enfin là est peut-être le
sujet. » Madame de Targy mère apparaît. Son entrée
subite, à la façon d'un spectre, donne le frisson.
Madame de Targy a un poids sur la conscience. Que
va-t-elle révéler contre elle-même, la malheureuse ?
Rien du tout. Le poids ne pèse pas sur elle ; il pèse
sur la mémoire de son mari défunt.

M. de Targy avait reçu autrefois d'un sien ami
M. de Fervières, prédécédé, un dépôt s'élevant à la
somme de deux millions sept cent mille francs qu'il
devait, d'après les intentions dudit M. de Fervières,
remettre, en de certaines circonstances données, à
mademoiselle Thérèse d'Ambleuse, devenue depuis la
femme du baron banquier Chevrial. Cette Thérèse est
la propre fille, mais adultérine, de M. de Fervières.
Les circonstances fixées d'avance par M. de Fervières
se sont produites, et M. de Targy père n'a ni rendu ni
révélé le dépôt à madame Thérèse Chevrial. Sept cent
mille francs ont d'abord été emportés par la faillite,
impossible à prévoir, d'une maison anglaise où cette

somme était placée. Pour réparer cette perte partielle
dont il n'était responsable en aucune façon, ni selon le
code, ni selon la morale usuelle, M. de Targy père a
eu l'idée bien fâcheuse et un peu baroque de faire
quelques opérations de Bourse et il y a englouti le
reste du capital à lui confié. Or, deux millions sept
cent mille francs, c'est juste le chiffre qui représente
la fortune actuelle du jeune ménage Targy. S'ils resti-
tuent à madame Chevrial, c'est pour eux la ruine.
« Nous rendrons tout, ma mère, » dit Henri de Targy ;
et la toile tombe. Notez que la mère d'Henri a admiré
sa généreuse résolution, qui lui rend à elle-même la
paix du cœur et que Marcelle n'a fait aucune objection.
Le public, là-dessus, est très intrigué. Ils vont tout
rendre : c'est fort bien. Mais si la malheureuse histoire du dépôt confié à M. de Targy le père est le
fondement et le fond de la pièce, et si cette histoire
est dès à présent liquidée, la pièce par cela même est
finie ; il n'y a plus de pièce ! Que peut donc bien
être la pièce?

Au second acte, nous sommes chez l'illustre banquier baron Chevrial.

Le baron banquier Chevrial est, nous le savons,
le mari de mademoiselle d'Ambleuse. A lui vont revenir les deux millions sept cent mille francs dont
Henri de Targy est décidé à s'acquitter. Je vous
donne le banquier Chevrial, *alias* Montjoye, pour le
plus impudent gredin des quatre-vingt-six départements. Tout le monde lui rend cette justice, y compris Henri de Targy, qui le connait de longtemps.

Lorsque Henri se présente chez lui et lui expose l'objet qui l'amène, Chevrial ne fait aucune difficulté d'accepter cette aubaine inespérée, au nom de sa femme et en contraignant celle-ci à se soumettre. Loin d'être touché de l'abnégation et du désintéressement d'Henri, cet homme vraiment affreux conçoit l'atroce projet de séduire à prix d'argent et de posséder la brillante madame de Targy devenue pauvre; et, afin de poursuivre plus commodément son honnête dessein, il offre une place dans ses bureaux à Henri de Targy, lequel consent! Thérèse Chevrial n'est pas comme son mari : elle ne peut s'empêcher d'admirer tendrement la noblesse de cœur d'Henri, et elle ne réussit pas à le cacher. Bravo! Voilà cette fois le sujet! Que nous étions sots de ne pas l'avoir deviné! Nous allons voir comment la belle et vertueuse Marcelle, vaincue par la gêne et le dénuement, succombera aux séductions métalliques de ce butor de banquier, et comment le trop faible Henri va se laisser aimer par Thérèse. Ce bouleversement de deux familles ne sera pas trop encourageant pour les gens qui rendent les dépôts qu'on leur confie, et il est un peu bien dur d'avoir attendu le sujet pendant deux actes. Mais, au moins, c'est un sujet de haute psychologie où la touche habile de M. Feuillet va se montrer. Eh bien, vous ne le croiriez pas! Ce n'est pas encore ça.

Au troisième acte, en effet, Marcelle a la fantaisie de se faire enlever par le ténor, de qui nous n'avions plus entendu parler; et, au quatrième, ce scélérat de

Chevrial, qui ne pense plus du tout à Marcelle, donne
à souper, en sa petite maison, à mademoiselle Rosa
Guérin, du corps de ballet. A la fin de ce quatrième
acte, d'ailleurs, il se trouve que la moitié des personnages sont morts de la façon la plus tragique. Le
ténor a sombré dans les flots de l'Atlantique; également, madame de Targy; le banquier est frappé sur
la scène même d'une attaque d'apoplexie au moment
où, la coupe en main, il célèbre le vin, le jeu et les
belles. Vous jugez si, pour le coup, le spectateur est
ému, non pas de ce qu'ils meurent tous, mais de ce
qu'après quatre actes il n'a pas encore sa pièce et
qu'ils sont tous morts.

Le dernier acte relève le drame. Ce n'est pas qu'il
soit plus vigoureusement noué et dénoué que les
autres. Entre le troisième et le quatrième acte, l'auteur
a tout bonnement noyé madame de Targy; il nous
informe tout bonnement, au cinquième, que c'était
là une fausse nouvelle, et il ressuscite Marcelle, à
cette seule fin que celle-ci s'empoisonne et meure,
cette fois réellement et définitivement, sous les yeux
du spectateur. Ce dénouement n'est pas sans avoir
déjà beaucoup servi, même dans les œuvres de
M. Feuillet. Il y avait quelque chose de semblable
dans *le Sphinx* et d'analogue dans *Julie*. Mais on
a pleuré et on a été subjugué. Ainsi, jadis, tout ce
que contient d'enfantin le dernier acte de *Montjoye*
avait disparu dans les larmes.

IV

Il faut bien pourtant que M. Octave Feuillet
ait eu un but en écrivant *Un Roman Parisien*. Nous
supposons qu'il se sera donné pour objet de faire
quelque chose qui fût d'une moralité terrible contre
la perversité du siècle. Ce dessein apparaît évidemment dans le coup vengeur qui foudroie Balthazar-
Chevrial au quatrième acte, parmi les lumières, les
fleurs et les femmes. Quand le rideau s'est levé sur
le quatrième acte, quand nous avons vu s'asseoir
autour d'une table babylonienne un essaim de jolies personnes en travesti, nous avons un instant
frémi : nous nous sommes demandé si M. Octave
Feuillet, de l'Académie française, M. Octave Feuillet,
l'idéal trouvère de toutes les délicatesses et de
toutes les quintessences, ne s'était pas proposé de
surprendre et d'enlever les suffrages de son public
par le procédé éblouissant et vulgaire d'une exhibition
plastique. Les Muses en soient louées ! Notre erreur
était complète; la mort de Chevrial l'a dissipée. Il
fallait nous étaler l'orgie pour en tirer ensuite un
salutaire effet de terreur. Le malheur est que la
terreur ne s'est pas communiquée de la scène à la
salle.

Pourquoi?

Nous touchons ici au principal vice de la pièce : le vide des personnages et le ton faux des mœurs. Ce vice-là, dans une pièce signée d'un nom qui compte, est bien plus mortifiant pour l'auteur que le décousu des événements. Son Chevrial n'est pas un monstre, c'est un simple jocrisse de perversité. — Décidément M. Octave Feuillet ne s'entend pas aux caractères pervers, à moins qu'il ne les enveloppe, comme sa Dalila, de fantaisie. Il fera bien d'y renoncer. Tous ses scélérats sont factices et superficiels. Qu'est-ce que Juliani, quand il machine d'enlever Marcelle ? Est-ce bien un séducteur machiavélique et sans scrupule? N'est-ce pas plutôt un étourneau? Il ne ressent pour Marcelle ni amour ni passion ; il nous laisse entendre qu'il ne croit pas à son talent de cantatrice, et tout de même il l'enlève! Apparemment pour avoir le plaisir de se mettre sur les bras une maîtresse plaintive et coûteuse et pour traîner à travers les deux Amériques, dans la troupe dont il est l'*impresario*, une *prima donna* qui ne fera pas d'argent ! Singulière opération pour un *impresario* et pour un homme à bonnes fortunes! Qu'est-ce que Marcelle, quand elle suit le ténor? Elle ne l'aime pas; c'est l'odieuse pauvreté qu'elle fuit : elle veut se refaire une fortune et un grand état en se faisant un nom dans les arts. Très bien! Mais alors comment part-elle sans avoir entre les mains un engagement en bonne forme? Est-ce là une femme dépravée par des calculs égoïstes? N'est-ce pas plutôt une inconcevable linotte qui n'a pas la moindre précaution?

Et le banquier Chevrial, pour en revenir à lui,
l'homme fort entre tous de la pièce! Ce gaillard-là n'a
aucune notion ni de la friponnerie supérieure ni du
don-juanisme de banque. Quand il poursuit de ses
vœux perdus la danseuse Rose Guérin, est-ce qu'il
n'imagine pas de la ruiner en lui conseillant, de parti
pris, des opérations de Bourse désastreuses, afin que,
ruinée, elle lui cède! Le beau plan! Brigander une
danseuse et lui piller d'abord ses économies pour
trouver le chemin de lui plaire! J'ignore, naturellement, si jamais on a essayé de ce moyen-là avec le
corps de ballet : il est peu probable qu'il ait réussi.
Un banquier séducteur et qui tient sagement sa comp-
tabilité galante comble l'objet de ses soupirs avant;
c'est après qu'il rentre dans ses fonds en donnant à
la chère petite quelques bons conseils de Bourse.

On n'en finirait pas de disséquer toute cette coquinerie bucolique. Elle ne saisit pas, elle n'effraye pas,
elle n'inspire pas d'horreur, parce qu'on sent trop
qu'elle est de convention. Cette placidité du spectateur devant tant d'actions méchantes est encore ce
qui peut se produire de plus heureux pour l'auteur.
Nous nous révolterions contre lui, au troisième acte,
si nous étions entrés dans le courant de son drame.
Nous ne supporterions pas la brusque façon dont
Marcelle, bien née, bien élevée, spirituelle, jusque-là
éprise de son mari, va rejoindre le ténor et se livrer
à lui. La fuite de Marcelle est traitée vraiment d'une
main trop lourde. En général, M. Octave Feuillet a
l'enlèvement un peu bien facile : voir l'enlèvement

de Blanche de Chelles par lord Ashley dans *le Sphinx*.
Ici toute mesure est dépassée.

V

Conclusion. Il n'y a pas, au demeurant, de motif
pour qu'*Un Roman Parisien* ne fournisse pas au Gymnase la même carrière heureuse qu'*Odette* a fournie
l'an dernier au Vaudeville. Le cinquième acte a un
pathétique qui soutiendra la pièce. Du moins, nous le
souhaitons pour l'auteur ; nous le souhaitons aussi et
surtout pour le théâtre où on le joue.

Tout ce qu'un directeur peut faire pour assurer à
une pièce les deux cents représentations de rigueur,
l'habile directeur du Gymnase l'a fait. Il a déployé
toutes voiles au vent. Ce n'est pas seulement l'élégance et la richesse de la mise en scène qui est
remarquable ; c'en est la justesse. Ce n'est pas seulement ses premiers sujets que M. Koning a mis au
service de M. Feuillet ; il a pris les soins les plus
minutieux pour que ceux des comédiens du Gymnase
qui ont encore le moins d'acquis parussent à la hauteur des premiers rôles. Le plaisir est bien rare et
presque merveilleux d'un drame en cinq actes où l'on
n'a à relever dans l'exécution, chez les utilités
grandes et petites et même chez les simples comparses, ni une intonation, ni une attitude, ni un geste,

ni un simple détail de costume qui soit faux. Là est
le mérite propre du directeur.

Et, quel que doive être le sort final d'*Un Roman
Parisien*, M. Koning, en s'adressant à M. Octave
Feuillet pour lui demander une pièce, a fait également une chose qui lui mérite la reconnaissance des
hautes lettres et des amants des lettres. Il est allé
chercher celui des auteurs dramatiques de ce temps
qui a le plus de conscience littéraire, je voudrais,
pouvoir dire le plus de génie et le plus d'aptitude
naturelle pour le théâtre.

(*Revue Bleue*, 4 novembre 1882.)

TROISIÈME PARTIE

QUESTIONS THÉATRALES

ET

PHYSIONOMIES DE THÉATRE

HOMÈRE ET L'OPÉRETTE

« LA FUITE D'ULYSSE »

Où sont les sources vraies de l'opérette? Qui a inventé l'opérette et le genre héroï-comique?

Les uns disent : C'est celui-ci, et les autres : C'est celui-là. On cite Crémieux, Halévy, Meilhac. Il y a des érudits qui se prononcent pour Scarron et le *Virgile travesti*; quoiqu'on ne trouve pas dans le *Virgile travesti* ce je ne sais quoi d'épique qu'on remarque dans la marche des dieux d'*Orphée aux Enfers* ou dans la scène des rois de *la Belle Hélène*, et sans quoi l'opérette perd sa haute saveur. Quelques-uns évoquent le nom de Lucien. Moi, je n'y vais pas par quatre chemins; j'ai une opinion radicale; le seul et unique inventeur de l'opérette, c'est Homère en personne; le même génie primordial a créé d'une part l'épopée, de l'autre le genre héroï-comique et l'opérette.

Je n'en voudrais pour preuve que le cinquième chant de l'*Odyssée*, que je relisais ces jours derniers. Le poète y conte la séparation d'Ulysse et de Calypso. Mais oui, vraiment, c'est une opérette! Mercure,

Calypso et Ulysse, ce coquin d'Ulysse au cerveau plein de manigances, πολυμῆχίν Ὀδυσσεὺς, sont des héros tout taillés d'avance — dût l'ombre de Paul de Saint-Victor en frémir — pour le théâtre des Variétés. Il n'y aurait rien, ou presque rien, à changer au dialogue, rien aux sentiments et aux gestes des principaux acteurs de la large idylle de l'*Odyssée*, pour en tirer l'opérette dans toute sa fantaisie et dans tout son réalisme.

Cela pourrait s'intituler : *la Fuite d'Ulysse.*

Aujourd'hui que l'on soigne tant le décor au théâtre, le décor serait charmant, si on l'arrangeait tel que le dessine Homère. Sur le premier plan, à gauche du spectateur, une fontaine qui jaillit entre les peupliers et à l'ombre d'une vigne chargée de fruits ; à gauche, la grotte fraîche et friande où pendant si longtemps, chaque nuit, Ulysse et Calypso, dit le vieil Homère,

> ... μυχῷ σπειους γλαφυροιο
> Τερπεσθὴν φιλοτητι, παρ'αλλήλοισι μενοντες.

Je ne traduis pas ; cet Homère est d'une crudité et en même temps d'une grâce !... Au fond de la scène, on verrait une molle prairie, émaillée d'aches et de violettes, que caresse le flot salé ; derrière la grotte, des pans et des déchirures de roc.

SCÈNE PREMIÈRE

ULYSSE, seul.

Ulysse est assis sur un bloc de pierre. Il regarde tantôt la grotte et tantôt la mer. Ses réflexions ne sont pas gaies. La mer est devant lui, bleue, douce, infinie, avec une lumière si limpide qu'il lui semble que là-bas, là-bas, il aperçoit la fumée d'Ithaque et se dit qu'un jour de navigation le ramènerait sans peine auprès de la chaste Pénélope. Oui; mais les Cyclopes, mais Charybde et Scylla, mais l'étable de Circé! S'il allait retomber en toutes ces aventures dénuées d'agrément! Ah! que cette mer au bleu souriant est donc perfide!

D'autre part, la grotte ne lui dit plus grand'chose. Il en a à satiété, des divins tête-à-tête dans le μυχῷ σπείους γλαφυροιο, et de la φιλότητι et du μήνειν παρ' ἀλλήλοισι. Elle est enragée, la belle nymphe, tandis qu'auprès de Pénélope on dormirait si tranquille après tant de travaux! Le bon Homère ne nous mâche pas la chose; il y met moins de façons que ne ferait certainement Ludovic Halévy ou Albert Millaud. Il nous les peint tous deux, l'amante et l'amant, quand il leur arrive encore d'entrer ensemble dans la grotte comme par le passé, très divisés de sentiment, elle voulant bien toujours, lui ne voulant plus du tout; c'est textuel; ουκ εθελων εθελουσῃ. Quelle existence pour le pauvre Ulysse! Aussi n'a-t-il qu'une idée, la même qu'Arnal, dans *un Bal du grand monde*, quand il s'écriait d'un air si drôle et si ahuri : « Je voudrais bien m'en aller. »

— Mais que vois-je ! dit tout à coup Ulysse ; n'est-ce pas Mercure ? Que vient-il faire ici ? Cachons-nous derrière cette fontaine.

SCÈNE II

MERCURE, puis CALYPSO.

C'est bien Mercure en effet. Il cherche Calypso, qui sort en ce moment de la grotte. En l'apercevant, Calypso s'étonne et se défie. D'ordinaire, Mercure ne la gâte pas de ses visites : πιρος γε μῆνουτι θαμι-ζεῖς;

— Qui t'amène, Mercure ? Qu'est-ce qui arrive ? Parle !... Mais parle donc !

— Puisque tu le veux, ô codéesse, je vais parler ! lui dit Mercure, malin : mais tu n'auras rien à me reprocher ; c'est bien sur ton ordre au moins !

Et Mercure lui enfile ses histoires ! Il lui conte que cette prude de Minerve est venue dénoncer au conseil des dieux les scandales de l'île d'Ogygie. Minerve a fait rapport officiel comme quoi Calypso, nymphe sournoise, avec ses cheveux en boucle et ses accroche-cœurs (εὐπλόκαμος), retient Ulysse dans sa grotte en rocaille et l'empêche de remplir les arrêts des dieux. Encore si le temps perdu par Ulysse était un temps de plaisir pour lui ! Mais on sait fort bien dans

l'Olympe qu'Ulysse n'est pas consentant et qu'il
n'entre plus dans la grotte qu'en levant les bras au
ciel et en criant : Ανάγκη! (Le mot est dans Homère.)
Aussi l'ordre formel de Jupiter est-il que la nymphe
εὐπλόκαμος rende la liberté à Ulysse et lui fournisse
tout ce qu'il faut pour regagner Ithaque.

Ici, Calypso éclate :

— Σχέτλιοι εστὲ, θέοι! Vous voilà bien, vous autres,
dieux terribles de l'Olympe! Une malheureuse petite
déesse, isolée, ne peut pas faire la fête un moment,
sans qu'aussitôt vous preniez des airs effarouchés!
N'avez-vous donc rien, là-haut, qui vous occupe, pour
vous mêler sans cesse des affaires des autres? Que me
veut Jupiter? que lui ai-je fait? que me reproche-
t-il? Ce mortel, mon délice, mon bijou, mon joujou,
qui me distrait de l'immortalité, c'est Jupiter lui-
même qui l'a jeté chez moi! Eh! Jupiter n'avait qu'à
ne pas briser le vaisseau du Grec, avec ce tonnerre
qu'il est toujours à brandir sans qu'on sache pourquoi, ὑψιβρῆμητῆς Ζευς! J'ai recueilli l'infortuné, tout
nu; je l'ai nippé; *je le nourris*, et maintenant, les dieux
me l'envient?... Mais de quoi est-ce que je m'étonne?
Vous n'en faites jamais d'autres! A peine avez-vous
su, dans l'Olympe, la fantaisie d'Aurore aux doigts
de rose pour le jeune Orion, crac! en avant les flèches
pudiques de Diane! Le bel Orion n'en a pas eu
pour longtemps... A présent, c'est mon tour!... C'est
insupportable... Je sais bien qu'on ne résiste pas à
Jupiter et à son tonnerre... Eh bien, tant pis!...
Je résisterai. Ulysse peut s'en aller s'il veut. Je

ne le renverrai pas moi-même ; je ne me charge pas
de lui fournir des voiles, des rames, un gouvernail ;
mon île ne produit rien de tout cela ; mon île n'est pas
un chantier de constructions navales.

SCÈNE III

MERCURE, seul

Un type, Mercure, un vrai type! Paresseux, gour-
mand et jamais content. En lui s'exprime, dans son
pittoresque achevé, l'éternel chipotement des dieux
d'Homère! Chien de métier que d'être, comme il l'est,
le dieu de confiance du maître de l'Olympe! Il faut
toujours être prêt à ajuster ses talonnières, à les ôter,
à les remettre, à prendre avec soi son insensibilisateur
Duchêne, ce caducée, enduit de chloroforme, qui jette
les mortels en catalepsie. Va, pauvre bête de somme!
Qu'il gèle, vente ou pleuve, va, marche, vole; fran-
chis les déserts et les mers; plane au-dessus des
steppes sans fin où jamais on n'a senti l'odeur appé-
tissante des hécatombes ! Et il ne faut pas faire d'observations! On ne fait pas d'observations à Jupiter. Ce
gaillard-là, avec son tonnerre, ne les souffre pas.

SCÈNE IV

MERCURE, ULYSSE, CALYPSO

Ce serait la grande scène d'explications entre Ulysse
et Calypso. Il faudrait que Mercure y assistât à titre

de conciliateur. Elle se dénouerait par l'arrivée d'un
navire des Phéaciens, en route pour Ithaque, qui pren-
drait Ulysse à son bord. Je n'ai pas besoin de dire
que la scène dans l'*Odyssée* présente le même caractère
de comédie douce, touchant à la bouffonnerie épique,
que les invectives de Calypso contre l'Olympe et les
lamentations de Mercure, contraint de voyager à
travers des peuples sans éducation qui sont avares de
la fumée des sacrifices.

Ulysse, dans cette dernière entrevue, ne fait pas
trop le fier : tranchons le mot ; malgré toutes ses
manigances, πολυμῆχὰν Ὀδυσσεὺς est un peu sot.
Dame ! je voudrais vous voir à sa place. Il n'est déjà
pas si commode de quitter une fille des hommes et
de lui insinuer en face qu'on la quitte. Qu'est-ce
donc de quitter une déesse ! Ulysse commence par
refuser la hache en bois d'olivier, la besaiguë toute
neuve, les tarières, les clous et les chevilles que
Calypso lui offre pour qu'il se construise un radeau.

— Un radeau, déesse ; que me proposez-vous là, un
radeau ! Assez et trop, je connais les radeaux. Je ne
tiens pas à recommencer les tempêtes et les écueils.

Ulysse ne veut plus avoir l'air pressé de partir ;
et cependant, il part tout de même.

— Va ! lui dit-elle, demi-irritée et demi-clémente.
Cesse de gémir et de geindre du matin au soir ! Tu es
libre de rentrer chez toi. On te rend Pénélope !...
Mais qu'est-ce que tu lui trouves donc à ta Pénélope ?
Regarde ma figure ; ne vaut-elle pas la sienne ? Peut-

elle lutter avec cette taille ? A-t-elle ces lignes et ces contours d'une jeunesse éternelle!... Et tu pars!... Et tu vas braver l'incertitude des mers !

Naturellement, Calypso, à cette heure, n'est pas laide du tout. Elle a pris soin, pour l'entretien suprême, de s'habiller à son avantage; dans ce temps-là, c'était déjà comme ça. Sa figure est encadrée dans une fine gaze; son buste est relevé et soutenu par une ceinture d'or; sa tunique est d'argent lamé... Bref, Ulysse va être de nouveau entraîné dans la grotte, et, cette fois, sans soupirer Ἀνάγκη, quand paraissent les Phéaciens...

Mais, j'y pense, dans le personnel actuel des théâtres, qui jouerait Calypso? Hélas! il nous faudrait ce que nous n'avons plus, Schneider à vingt ans. Nous avons bien Théo, Hading, Granier, Montbazon; ici, tout cela ne vaut. Judic elle-même... Judic est la plus aimable des simples mortelles... Il n'y a que Schneider qui était reine et déesse.

N'est-ce pas que ce scénario pourrait faire un petit acte, très enlevé, s'il était mis en œuvre par l'une ou par l'autre des plumes alertes qui ont écrit *le Billet à Metella* et *la Chanson du colonel*, ces deux chefs-d'œuvre de poésie parisienne? Et j'en reviens à mon dire, je n'ai rien ajouté du mien à l'*Odyssée*. A peine çà et là, dans ma prose profane, ai-je transposé quelque vers de l'aède sacré. Tout cela est dans Homère; tout cela y dort enveloppé du sommeil des siècles; il n'y a qu'à le dégager et à l'aviver.

C'est que les génies simples réussissent à tisser en une seule et même trame les contrastes les plus opposés de la vie. Ils n'ont pas besoin de faire succéder l'hor ble au charmant ni de placer de parti pris et par système préconçu, le bouffon à côté du tragique. Ce procédé, dont les romantiques, vers 1830, faisaient tant de tapage, n'est en définitive qu'un procédé, c'est-à-dire quelque chose de mécanique et d'inférieur. L'art qui n'est que l'art s'étudie à faire se heurter les contraires ; la grande inspiration les marie et les fond en un tout indivisible comme fait la nature elle-même. Telle et telle comédie de Molière est un drame par la même raison et de la même façon qu'un chant d'Homère peut être une comédie.

A Athènes, au beau temps, j'imagine qu'Alcibiade, Aspasie, Périclès et le fin Lysias ont dû lire quelquefois les aventures de mer et de marins, intitulées l'*Odyssée,* du même œil dont je les lisais, l'un de ces derniers dimanches, à la nuit tombante, sur la terrasse d'un cabaret de Bougival, parmi les rires et les voix argentines des jolies croqueuses de cœurs et de fritures, tandis qu'en face de moi, de l'autre côté de la rivière, sur la prairie de l'île de Croissy, qui est aussi une île de Calypso, s'allumaient les cent feux du *Bal des Canotiers.*

(*Figaro* du 6 août 1882.)

LA FUITE DE SARAH BERNHARDT

I

Mademoiselle Sarah Bernhardt ne m'a pas fait de confidences sur son aventure; mais je suis certain que c'est encore de la faute à mademoiselle Bière [1].

Quand j'ai vu, il y a quinze jours, tout Paris s'occuper de mademoiselle Bière et s'occuper d'elle seule, je me suis dit tout de suite : « Ça va mal tourner à la Comédie-Française. » Mademoiselle Sarah ne souffrira pas tout cet accaparement du tapage par une jeune personne qui chante dans les casinos. Elle ne le souffrira pas. C'est un vol qu'on lui fait. Elle va avoir ses nerfs. Elle tirera à son tour son coup de pistolet. Elle est aussi trop malheureuse, la pauvre grande artiste! À son âge, on ne l'a pas encore seulement condamnée à mort! Certes, elle a eu une existence diverse et variée. Elle a été peintre, sculpteur, aéronaute, courriériste de Salon au journal *le Globe*. Elle a même été

1. Mademoiselle Bière, artiste lyrique, venait de passer en cour d'assises et, à la suite de débats retentissants, elle avait été acquittée.

ncendiée. De temps à autre, également, elle s'occupe de jouer la comédie. Mais déclamer avec de beaux gestes devant des magistrats en robe rouge qui tiennent tourné contre votre poitrine le glaive de la justice, fasciner des jurés, faire pleurer des gendarmes, tenir une salle haletante pendant trois jours de suite et la soulever, malgré les lois et la garde, en un trépignement final d'enthousiasme, voilà ce que vous ne connaissiez pas encore, ô Sarah, chercheuse de gloire et d'émotions! Pendez-vous, ô Sarah! Tout cela est arrivé à une artiste dramatique, et ce n'est pas à vous! Ah! si mademoiselle Sarah Bernhardt avait eu sous la main quelque *patito* infidèle pour l'étrangler, le poignarder, le piétiner, et dire au commissaire : « Il m'a délaissée; je l'ai assassiné; menez-moi jouer la tragédie devant les juges! » Mais quel admirateur voudrait délaisser celle qui est la gloire et l'enchantement de son siècle? Quel zélateur pourrait lui être infidèle? C'était sans ressource; nul cœur perfide à percer d'une balle. Il fallait cependant que le pistolet partît. Il est parti sur la Comédie-Française.

II

Mademoiselle Sarah Bernhardt n'ira pas en cour d'assises; mais elle va tâter du tribunal civil et du tribunal de commerce. Il n'y a vraiment qu'une faible femme pour se jeter aussi étourdiment dans l'inextricable filet de la procédure. Elle a pris le train; elle s'est sauvée à Sainte-Adresse; et, parce qu'elle ne voit plus la figure odieuse de M. Perrin, elle se croit là le plus en sûreté du monde. Mais les lois, mademoiselle, les lois! mais le code civil, le code de commerce et le décret de Moscou! mais les huissiers, les avocats et les juges! Toute cette engeance et toutes ces pestes vont être maintenant sur vos talons! Vous avez commis, en un seul acte, par votre hégire de Sainte-Adresse, une vingtaine de crimes, délits, dommages et dols. Premièrement, vous avez manqué à l'ordre de service fixé par l'administration (article 15 du décret du 27 avril 1850); secondement, ayant un rôle dans une pièce, vous avez refusé de le jouer (article 64 du décret du 15 octobre 1812); troisièmement, vous vous êtes absentée sans congé du lieu de résidence de messieurs de la Comédie-Française; quatrièmement, vous vous retirez n'ayant que neuf ans de service, quand vous êtes engagée pour vingt ans; cinquièmement, vous entravez autant qu'il est en vous l'action commerciale et les profits de la société en commandite, formée par acte en écriture authentique devant Me Hua, notaire à Paris, le 27 germinal an XII, avec cette aggravation que vous aviez volontairement accepté les charges et bénéfices dudit acte, après en avoir pris dûment connaissance, ainsi que vous l'avez déclaré et signé; sixièmement, subséquemment et indéfiniment, vous avez violé et continué de violer divers règlements sur la discipline en écrivant des lettres publiques contre M. l'administrateur général du Théâtre de la République et en tenant devant tous reporters généralement quelconques des propos contraires à la subordination. Savez-vous bien, mademoiselle, qu'il y a une loi parfaitement existante (articles 75 et 76 du décret de Moscou) qui permet de vous envoyer les gendarmes et de vous mettre aux arrêts ?

On ne mettra pas mademoiselle Sarah Bernhardt aux arrêts, dans sa maison de la rue Fortuny, devant le portrait de Clairin. On ne fera pas de ses splendides pénates un For-l'Évêque à son usage. On fera pis. On abreuvera sa vie de papier timbré. Elle n'a pas l'idée de tous les billets, extrêmement peu parfumés, qu'elle va recevoir par les bons soins de Mᵉ Denormandie, avoué de MM. les comédiens. Je lui prédis qu'elle regrettera For-l'Évêque. On ne peut pas rétablir For-l'Évêque : la constitution de 1875 et le droit public des Français s'y opposent. A certains égards, c'est bien dommage! Combien For-l'Évêque était une institution admirablement appropriée à l'humeur des comédiennes et admirablement conforme à leurs intérêts bien entendus! For-l'Évêque empêchait ces trop sensibles et trop héroïques créatures de courir au précipice en les empêchant d'aller jusqu'au bout de leurs susceptibilités, de leurs colères et de leurs imprévoyances. For-l'Évêque leur était un prétexte légitime pour s'arrêter net dans les casse-cou où les engageait un moment de folle humeur. En quarante-huit heures, l'orageuse Clairon sortait de là, calmée. Et, après ces quarante-huit heures, l'incident était clos, bien clos; il ne pouvait entraîner aucune conséquence ruineuse pour la coupable. Mademoiselle Sarah Bernhardt n'ira

pas à For-l'Évêque, où toute la fleur de Paris eût demandé à être enfermée avec elle, où Victor Hugo lui
aurait adressé un sonnet, où les plus illustres princesses d'Europe lui eussent envoyé des bouquets de
violettes. Mais elle perdra le rôle de Clorinde, dont
elle se promettait des merveilles ; elle ne pourra plus
paraître ni jouer sur aucune scène française ; le décret
de Moscou lui interdit les départements aussi bien que
la capitale ; elle payera aux sociétaires des dommages-
intérêts peut-être considérables, sans compter les frais
du procès. Était-ce donc la vocation de doña Sol
d'engraisser les huissiers, les agréés et toutes les autres
harpies de loi ! Oh ! sans doute elle jouera à l'étranger ; mais elle en aura vite assez des Yankees et des
Hollandais, et des triomphes dont on ne parlera pas
le soir au Jockey, au café Riche, dans les couloirs de
l'Opéra, dans les salons du quartier Monceau ! Elle
fera des statues ; elle peindra des tableaux ; elle l'a
sérieusement dit à deux ou trois reporters qui l'ont
crue. Mais il est à craindre que le public ne prête pas
autant d'attention à ses statues qu'à celles de M. de
Saint-Marsault et qu'il ne préfère pas sa peinture à
celle de M. Bouguereau, tandis qu'elle est bien certaine
que même les pires béotiens des mardis de la Comédie
n'oseront jamais lui comparer ni Croizette ni Dudley.

III

J'incline à croire que M. Perrin a eu des torts à
l'égard de mademoiselle Sarah Bernhardt. Le langage

que mademoiselle Sarah Bernhardt a tenu à diverses personnes et qu'ont répété les journaux porte l'accent sincère de la dignité offensée. Mais tout planter là et fuir sans laisser de trace, c'est aussi un procédé un peu bien vif. Quand l'envoyé de la Comédie-Française, porteur de l'ordre de service accoutumé, s'est présenté l'autre jour rue Fortuny, tout était fermé, barricadé et calfeutré. Il avait beau sonner et cogner; rien ne répondait ni ne remuait. C'était une scène du répertoire.

> Holà, quelqu'un, holà !
> Tout est-il mort ici, laquais, valet, servante ?
> J'ai beau heurter, crier ; aucun ne se présente.
> Le diable puisse-t-il emporter la maison !

Il faut avouer que, si mademoiselle Sarah Bernhardt a laissé s'accumuler la liste de ses griefs contre M. Perrin, elle a eu l'art de tout régler d'un seul coup. Entre M. Perrin et elle, l'équilibre est désormais rétabli.

Puisque les bons comptes font les bons amis, ce serait peut-être maintenant l'occasion d'essayer de s'entendre. Nous n'approuvons pas trop qu'on se dépêche de recourir aux voies de droit ; elles mèneront les deux parties plus loin que chacune d'elles n'a intérêt à aller. Les caprices de la comédienne régnante ne peuvent se traiter que par voie disciplinaire ou administrative. Il n'y a plus de For-l'Evêque ; mais il y a un ministère des beaux-arts dont le point de vue d'état est plus élevé et plus large que celui de l'administrateur général de la Comédie-Française, son agent

et son subordonné. Il nous semble que c'est ici un de
ces cas où le ministère doit faire sentir son autorité
médiatrice et réparatrice. Il lui appartient de rappeler
à l'administrateur général de la Comédie-Française que
ses pouvoirs ne sont pas ceux d'un monarque absolu,
et à la comédienne que le dépit à outrance n'est point
parmi les droits que lui concède la charte de la Comédie. Quant à nous, nous oserions supplier amicale-
ment mademoiselle Sarah Bernhardt de moins aimer
à couper la queue de son chien blanc et de ne plus
ajouter de nouvelles vocations à toutes celles que déjà
elle possède : peintre, sculpteur et auteur, avec comédienne, ce n'est pas trop sans doute, mais c'est
assez. Avec des aptitudes moins riches, mademoiselle
Sarah Bernhardt eût peut-être trouvé plus de loisir
pour étudier *l'Aventurière* et préparer le rôle de
Clorinde.

(*Revue Bleue*, 24 avril 1880.)

LE DÉCENNAT DE M. PERRIN

I

C'est au commencement de 1881 qu'expire le décennat de M. Perrin. Les auteurs qu'il a joués et les artistes qu'il a enrôlés viennent de signer une pétition au ministère des beaux-arts pour que ses pouvoirs soient prorogés. Quand le général se fait délivrer des certificats par ses auxiliaires ou par sa troupe, c'est qu'il est bien menacé. Depuis trois mois, en effet, la direction de la Comédie-Française a été l'objet de vives critiques. Le gouvernement a considéré de près l'état de la Comédie, et il ne l'a pas jugé satisfaisant.

Le gouvernement a-t-il tort?

La personne et les talents distingués de M. Émile Perrin sont ici hors de cause. On ne trouvera pas pour la Comédie un directeur plus amoureux que lui de son état, plus dévoué et plus assidu à ses fonctions, plus exact à en remplir tout le détail, ayant une expérience plus variée du théâtre, plus souple à manier l'âme irritable des comédiens, plus ferme et plus patient à les conduire, plus attentif à les rechercher, plus habile à les faire valoir. Il est le premier metteur en scène et le premier metteur en œuvre de ce temps. A ce titre, et après ces dix ans écoulés, il peut dire sans exagération : « La Comédie, c'est moi. » Sans lui, sans son application et son adresse à préparer le succès, sans le parti pris visible qu'ont toujours eu pour lui la fortune et le public, combien de pièces auraient à peine eu huit ou dix représentations qui ont fourni une longue et fructueuse carrière! combien d'artistes nouveaux venus ou nouvelles venues dans la maison ont conquis, en six semaines, une renommée et une autorité sans contestation! Et ils étaient cependant bien contestables! Mais ils avaient Perrin, ils avaient à leur doigt l'anneau d'Alcine; on les applaudissait sans se permettre de regarder ni de juger; tout ce qu'ils pouvaient faire et dire était enchanté et enchanteur.

II

Ce n'est pas à la personne qu'on peut trouver à reprendre; c'est au système. M. Émile Perrin s'est donné pour tâche de *moderniser* le Théâtre-Français. Il n'a que trop réussi. Il a tout modernisé, en effet : le répertoire, les comédiens et le public. L'équilibre entre le classique et le moderne, qui est la loi de la Comédie, est rompu; et il l'est aux dépens du classique, qui n'existe, pour ainsi dire, plus.

Répertoire et Émile Perrin sont deux vocables qui jurent. Qui dit répertoire dit un ensemble varié d'œuvres dont on rafraîchit sans cesse le public et dont on ne le fatigue jamais; on ne les laisse pas oublier et on se garde de les user par un trop grand nombre de représentations. Qui dit Perrin dit un directeur très artiste sans doute, mais encore plus *impresario* qu'artiste, qui pratique la maxime de César :

Successus urgere suos, instare favori,

et, en vertu de cette maxime, pousse tout à outrance, ses comédiens et ses comédies. Un sociétaire a-t-il l'oreille du public? une pièce a-t-elle le succès? M. Perrin ne laisse reposer ni l'un ni l'autre. Il épuise la pièce; après quoi, il en montera une autre toute fraîche, et l'on n'entendra plus jamais parler du chef-d'œuvre ou prétendu chef-d'œuvre qui a obtenu soixante représentations consécutives. Il épuise l'acteur; après quoi, il le laisse de côté, il en fabrique un autre qui ne vaut pas celui qu'il remplace, et cet autre réussit, par l'unique raison que le public n'en est pas rassasié.

Ce qui caractérise admirablement le système de M. Perrin, c'est sa seconde direction de l'Opéra-Comique. Il a alors monté *la Dame blanche* avec des décors neufs et des costumes neufs; il a engagé un ténor du nom d'Achard; pendant un an, il a donné trois fois par semaine la partition et son ténor; on ne parlait plus dans Paris que d'Achard et on s'extasiait sur l'éternelle jeunesse de Boïeldieu, qui tenait l'affiche presque tous les jours. Chaque soir, on faisait salle comble à Feydeau. Mais qu'était devenu, deux ou trois ans après, le célèbre Achard? Quant à *la Dame blanche*, cette œuvre si populaire, M. Perrin en a tellement exprimé le suc qu'après lui on ne l'a plus jouée que devant des banquettes. Si l'on veut voir maintenant un public s'abreuver avec délices de *la Dame blanche*, il faut aller jusqu'à Berlin.

A la Comédie-Française, aussi, on fait salle comble et *maximum* de recettes. La Société anonyme formée entre les comédiens sera bientôt le premier établissement financier de Paris. La prospérité de cette maison de banque commence à rendre jaloux M. de Rothschild. Seulement il n'y a plus de troupe, littéralement plus de troupe ; et la Comédie, par ce qu'elle joue, n'est plus qu'un composé du Gymnase-Dramatique et de l'ancien théâtre de la Porte-Saint-Martin. Et encore, que la Comédie y prenne garde! le Gymnase va peut-être prendre le dessus. A partir du 1er septembre, M. Koning y régnera. Et lui aussi, M. Koning, est un très habile metteur en œuvre et un très délicat metteur en scène.

MM. les comédiens ordinaires de la Nation se divisent maintenant en deux classes : 1° ceux qui jouent tous les jours; 2° ceux qui ne jouent *pas encore* et ceux qui ne jouent *plus*, lesquels forment ensemble la catégorie qui ne joue pas. « Perrin me fait trop jouer, Perrin me tuera, » disait de temps à autre

Sarah Bernhardt avec une touchante mélancolie. Elle
eût été sans doute un peu fâchée qu'on tuât ainsi les
autres à sa place. Elle avait cependant raison de dire :
« Perrin me tuera ».

Pendant des années, il n'y en a eu que pour elle et
mademoiselle Croizette, tandis que mademoiselle
Favart ne sortait de l'oisiveté que pour être reléguée
dans quelque rôle sans éclat; Favart, cette comédienne achevée, produit d'une incomparable persé-
vérance, œuvre de sa propre intelligence et de ses
propres efforts plus que de la nature, qui, parvenue
à son point de perfection, faisait penser que l'art
n'est qu'une longue patience. M. Perrin a réussi à
faire croire au public que Sarah, avec son seul
naturel, était capable de tout, et que Favart était
trop étudiée pour continuer de plaire. Qu'est-il
arrivé? Mademoiselle Sarah Bernhardt ne s'est pas
développée; Favart s'est gâtée. L'une, trop entraînée,
n'a pas cru, dans son ardeur, qu'il lui fût nécessaire
de s'exercer en dehors de la scène, de s'assouplir et
de se mûrir; et, n'ayant pas le temps de méditer sur
son art, elle s'est aisément persuadée que l'étude ne
sert à rien. Un beau jour, elle a été sur les dents;
quand elle s'est mesurée à une œuvre comme l'Aventurière, qu'on ne joue pas d'inspiration, elle a eu
conscience qu'elle ignore beaucoup des choses qu'on
ne sait pas sans se donner la peine de les apprendre.
L'autre s'est lentement découragée. Le résultat est le
même. Ni l'une ni l'autre de ces deux véritables
artistes ne peut plus donner sa mesure. Mademoiselle

Favart ne se plaint pas; la vie a produit sur elle son ordinaire effet, elle l'a rabaissée de ses ambitions et calmée. Mademoiselle Sarah Bernhardt, au plein de sa vigueur, se révolte de se sentir si jeune et déjà arrêtée en sa course. Surmenée, irritée, impuissante à se mesurer avec le rôle de Clorinde, qui semblait si bien fait pour elle — pour elle, la poétique jeune femme partie de si bonne heure, à travers les détroits et les mers, à la conquête de la Toison-d'Or, — elle a fait esclandre. Oh! le prétexte allégué est ridicule! L'esclandre cependant ne s'explique que trop, si l'on songe au régime qui lui a été imposé et que les folles générosités de la jeunesse lui ont fait accepter pendant des années. Et il en est de tous les autres comme de Favart et de Sarah Bernhardt!

Avec son moderne, M. Perrin les a tous ensorcelés, tous épuisés, tous vulgarisés et prosaïsés. Ils ne rêvent que le moderne. Il ne fallait pas parler à Sarah de jouer Bérénice ou Esther! *Le Sphinx* et *l'Étrangère*, voilà ses dieux. Ce n'est point l'épopée qui la séduisait dans doña Sol, ni la vaporeuse ballade dans Marie de Neubourg : c'était moderne, il suffisait! M. Coquelin, si l'on descendait au fond de son cœur, vous dirait qu'il y a plus de gloire à jouer *les Ouvriers* que *les Folies amoureuses*. Delaunay, qui ne se souvient plus de ce qu'il a été dans *le Menteur*, s'est affublé avec volupté du personnage de Daniel Rochat, un raisonneur qui a juste le genre d'éloquence et de distinction intellectuelle de M. Purgon. Ah! ils sont modernes, MM. les comédiens, et l'on ne s'en aperçoit que trop quand d'aventure ils donnent *le Mariage de Figaro, le Malade imaginaire, le Misanthrope*! Quelle déroute! Ils n'essayent même plus de jouer, sachant qu'ils n'y réussiront pas! Mademoiselle Samary vous débite le rôle de Toinon avec le plus dédaigneux laisser aller. Moi, Toinon? Fi! fi! Moi, une personne qui sait combien elle a de grâce et de gentillesse quand elle assiste, en qualité de miss américaine, à un mariage comme il faut! De son côté, Thiron, qui a été haut fonctionnaire contemporain dans *Bataille de Dames*, Thiron amortit tout le plus qu'il peut dans le rôle d'Argan. Il n'en veut pas, d'Argan; il tâche à se donner l'air d'un préfet qui a pris médecine.

III

Personne ne peut demander qu'on se prive des qualités et de l'expérience de M. Perrin. Mais il est temps que l'autorité supérieure intervienne plus énergiquement qu'elle ne l'a fait jusqu'ici dans la direction et dans la discipline de la Comédie. Non point certes dans la direction et la discipline quotidiennes, celles-là ne doivent appartenir qu'à l'administrateur et au comité. Mais la Comédie est une institution d'État, et les autorités supérieures de l'État ont le devoir de préserver les principes d'où l'institution est née. C'est une partie fort sérieuse de la politique en France que la haute direction de la Comédie-

Française. Il n'est pas besoin d'un sous-secrétaire d'État ni d'un ministre des beaux-arts si cette haute direction ne réside pas effectivement en eux et s'ils n'en sont pas effectivement responsables. On nous assure que M. Perrin, à son âge et avec sa renommée, n'entend subir ni ordres ni conseils d'en haut. En est-il réellement ainsi? Alors, mais seulement alors, nous aurons le regret de dire : M. Ferry et M. Turquet n'ont plus qu'à laisser partir M. Perrin ou à partir eux-mêmes. Nous ne doutons pas que les modernes, à qui M. Perrin est si propice, ne soient prêts à élever vivement la voix en sa faveur. Il y a des morts qui ne peuvent pas parler et qu'il faut pourtant que le ministre écoute. Ils s'appellent Corneille, Racine, Molière, Regnard, Dufresny, Marivaux, Le Sage, Piron, Gresset, Destouches, Beaumarchais, Voltaire, Ponsard. C'est pour eux que la Comédie a été fondée, ou plutôt c'est eux qui l'ont fondée et fait vivre. On les écarte de la maison; ils ont droit d'y rentrer. Le moins qu'en puisse imposer à la Comédie-Française, c'est de jouer le répertoire deux fois par semaine et de varier l'affiche de ces deux jours autant qu'il sera possible sans accabler les comédiens.

(*Revue Bleue*, 23 mai 1880.)

MADEMOISELLE FAVART,
SARAH BERNHARDT ET M. PERRIN

I

Muses, pleurez! Favart a quitté la Comédie-Française. Il fallait pleurer aussi quand Sarah Bernhardt, se faisant un cœur enveloppé de chêne et de triple airain, s'est confiée aux flots de l'Atlantique. Il fallait pleurer, mais pas si fort.

L'univers admire mademoiselle Sarah Bernhardt comme une grande comédienne. Je n'oserais pas dire précisément qu'elle le soit. Je n'oserais pas le dire, malgré tout l'univers conjuré en sa faveur. C'est autre chose et c'est plus qu'une grande comédienne. Si l'expression existait, c'est une grande femme. La nature, qui tisse éternellement la féminité éternelle, a pétri Sarah Bernhardt de tout ce que le protoplasma féminin a de plus subtil et de plus énergique, de plus exquis et de plus haut. Sarah parle, elle se tait, elle se lève, elle s'assied, elle marche, elle s'arrête ; et, quoi qu'elle fasse, elle est divine. Mais elle ne l'est pas autrement à la scène qu'à la ville, et dans ses rôles que dans son naturel propre. Elle ne devient pas doña Sol, ni Phèdre, ni Marie de Neubourg. Sarah elle est, Sarah elle reste. Qui pourrait le lui tourner à critique? Que pourrait-elle faire de plus adroit? Ne vaut-il pas bien autant être Sarah, chef-d'œuvre d'éternel féminin façonné par la nature, que Phèdre, création parfaite de la poésie?

L'autre jour — est-ce à Chicago? est-ce dans le Nebraska? — mademoiselle Sarah Bernhardt devait donner *Adrienne Lecouvreur*. A l'heure fixée, la salle est comble. Toutes les places hors de prix, et pas une seule vide. Malheureusement, deux artistes désignés pour remplir un rôle dans la pièce font défaut. Un chemin de fer manqué les a retenus à vingt lieues de là. Il faut changer *ex abrupto* le spectacle. Le régisseur vient annoncer au public enthousiaste qu'au lieu d'*Adrienne* il aura *Phèdre*. C'est moi qui, par premier mouvement, me serais frotté les mains de l'accident! J'aurais eu tort. L'Américain ne s'y est pas trompé; il a redemandé son argent à l'unanimité et il est rentré chez lui. Vous verrez que les historiens de l'art vont s'empresser d'enregistrer ce fait incommensurable, qu'il y a un peuple au monde qui juge que M. Legouvé fait mieux que Racine. Eh bien, non. Cette bizarrerie du goût n'existe point, même au Nebraska.

Avec l'instinct d'un monde naissant, dans leurs théâtres bâtis d'hier sur l'emplacement des forêts défrichées, les Américains ont flairé dans *Adrienne*

Lecouvreur le seul drame où Sarah Bernhardt n'a pas
besoin de faire l'effort de se figurer qu'elle est une
autre qu'elle-même. Elle y paraît accomplie, non
parce qu'elle y est comédienne, mais parce qu'elle ne
l'est plus. Pas si bêtes, les Américains! En mademoiselle Sarah, dont ils sont fous, ce qu'ils admirent,
c'est la créature plus que terrestre qui est la première entre les personnes de son sexe. Ces êtres rudes,
polybarbus et virginaux, qui représentent en ce
moment dans l'humanité le suprême masculin, ne
peuvent s'étonner assez qu'il vive sous le soleil une
femme qui ait tant de grâce et de souveraineté dans
la démarche, tant de flamme pure et de passion dans
les attitudes, tant de chasteté dans le geste, une
voix si désorganisatrice du cœur de l'homme. Ils se
soucient bien des tragédies qu'elle joue et si elle est
ou non tragédienne!

II

Mademoiselle Favart l'est. Mademoiselle Favart
possède toutes les ressources et toutes les règles de
l'art du comédien.

Elle s'est élevée lentement et par une longue
patience. De 1865 à 1870, il s'en fallait de bien peu
qu'elle n'eût atteint le sommet de son art. Il s'en
fallait pourtant de quelque chose, et je crois bien
que ce quelque chose n'eût jamais été tout à fait
franchi, quand bien même, depuis 1872, la direction

actuelle·de la Comédie n'eût pas comme jeté au rebut cette admirable artiste. Au moins il ne lui manque presque rien, quand presque tout manque à telle ou tel de ses camarades dont les jolies brebis de Panurge du mardi font fracas. Elle pouvait être à son gré Célimène ou Arsinoé, Andromaque ou Hermione, Mérope ou Phèdre, héroïne de Musset ou de Molière. Si on l'eût mise au Marivaux, elle y eût balancé Plessy. Lui donnait-on *Paul Forestier*, un drame familier et superbe? Elle l'enlevait sans lui faire quitter terre. Lui donnait-on *Julie*, une esquisse psychologique touchante et enveloppante, mais scéniquement un peu maigre? Elle s'y prenait si bien que tout y semblait large et proportionné. Que je regrette donc qu'on ne l'ait jamais vue, il y a dix années, faisant Bérénice à côté de Delaunay faisant Antiochus! Comme il lui eût dit :

> Je vous cherchais longtemps, errant dans Césarée,
> Lieux charmants où mon cœur vous avait adorée!

Et comme elle lui eût répondu :

> Adieu! servons tous trois d'exemple à l'univers
> De l'amour la plus tendre et la plus malheureuse
> Dont il puisse garder l'histoire douloureuse !

Ce serait là des délices! Avec Delaunay, elle a quelquefois joué *le Menteur* : elle y était d'un enchantement tout romantique. Car, qu'ils étaient donc, eux aussi, énervants et agaçants, ô dieu du Pinde et de l'Hélicon! ceux qui, vers 1830, se sont figuré qu'ils inventaient et créaient de toutes pièces la poésie romantique dans un pays où nous possédions déjà *le Menteur, Psyché, Amphitryon* et son prologue, *Don Sanche, Don Juan, le Barbier de Séville*! Ils en ont inventé seulement le décor extérieur et le cliquetis.

Mademoiselle Favart a cruellement expié, sous M. Perrin, sa longue domination sous M. Thierry. Celui-ci, dit-on, ne savait pas lui résister. Doux et de mœurs réglées, il semblait qu'il se fût fait de mademoiselle Favart une sorte de Madone de l'art qu'il honorait d'un culte tout intérieur et pour qui il tremblait sans cesse de concevoir quelque sentiment plus brûlant dont la pure religion a horreur pour ses déesses. Elle s'apercevait bien de cet état d'esprit d'un fort honnête homme et d'un homme de beaucoup de goût. Ce n'était pas pour elle une raison de lui ménager les prétentions, les réclamations et les assauts. Elle a été le tyran de la Comédie-Française. Elle y absorbait les créations. Elle en fermait, tant qu'elle pouvait, les portes. Pour introduire à la Comédie quelque artiste supérieure dont le talent ravissait Paris (entre autres madame Victoria Lafontaine), il fallait un acte d'autocratie ministérielle ou que l'empereur lui-même s'en mêlât. Qui sait si cette hégémonie de Favart n'a pas été l'une des causes de la chute de M. Édouard Thierry, qui certes n'admirait pas trop sa *prima donna*, mais qui laissait à cette admiration trop d'empire sur lui? Le nouveau pou-

voir directorial inauguré en 1871 ne mit pas légale-
ment mademoiselle Favart à la retraite; il la mit
réellement en retrait d'emploi. D'autres régnèrent et
brillèrent. Quelles tortures morales elle a subies
pendant dix années! Qui n'a pas eu affaire à des
âmes de comédienne ne s'en doute pas. Quand par-ci
par-là on l'autorisait à paraître sur la scène, elle
jouait en conscience, mais du bout des lèvres et du
bout des gestes; on ne sentait plus l'artiste qui lutte
avec la salle, l'embrasse de plein, l'enlève ou la terrasse; elle semblait désormais sans ressort, elle dont
le talent n'a été qu'une conquête de la volonté et du
courage. Elle s'est à la fin lassée des dégoûts dont on
l'abreuvait. Elle a dit adieu à la Comédie; l'Odéon
s'est dépêché de l'engager. M. Sarcey remarquait,
il y a quelques mois, que la semi-inactivité de
mademoiselle Favart l'a démodée. Bien des gens ne
lui trouvent plus que des restes. Ils font, je crois,
erreur. Ces restes-là, en tout cas, sont des restes de
Bassompierre. On le verra bientôt à l'Odéon.

Enfin, la Comédie-Française garde mesdemoiselles
Baretta, Bartet, Lloyd, etc. C'est gracieux et gentil
sans doute. C'est bien menu. Mademoiselle Croizette
est comme une ample étoffe qui est restée à peu près
à l'état écru. Il n'est guère que madame Samary, de
la maison Brohan, qui roule dans son sang des traditions de grand art. Encore met-elle aux rôles de
soubrette un laisser aller et un sans-gêne qu'elle
aurait tort de persister à prendre pour une des
qualités de l'emploi.

III

Une clameur s'élève de nouveau contre M. Émile Perrin. Il y a de nouveau anguille sous roche contre lui.

Le feuilleton que M. Sarcey vient de faire tomber sur la tête de messieurs les comédiens ordinaires de la République et qui a fait tant de tapage dans Landerneau coïncide avec une lettre bien curieuse adressée aux journaux par M. Doucet, de l'Académie française. M. Doucet rectifie le bruit qui a couru, qu'il avait demandé et obtenu la succession de M. Perrin. La lettre de M. Doucet établit trois choses : 1° qu'un secrétaire perpétuel de l'Académie française ne peut plus former d'ambition qui ne soit au-dessous de lui ; 2° et par conséquent, que le secrétaire perpétuel actuel ne demande rien à personne ; 3° que d'ailleurs *personne, probablement, ne songe à lui rien offrir.* Diantre ! c'est ce dernier membre de phrase qui sent terriblement l'anguille. Oh ! sous roche ! tout à fait sous roche ! Mais une véritable anguille ! Personne n'offre rien ; si quelqu'un offrait quelque chose, ce serait peut-être à voir.

Le parti républicain ne manque pas d'hommes compétents, entre autres M. Sarcey et M. Henry Fouquier, qui seraient en situation de recueillir l'héritage de M. Perrin, si celui-ci se retirait. Le voudront-ils ? L'héritage sera lourd pour bien des raisons différentes : à cause des qualités rares et de l'expérience que possède M. Perrin ; à cause du nouvel esprit dont il a animé les comédiens ; à cause de son bonheur, qu'il emportera avec lui. Nous avons expliqué plus haut à nos lecteurs le caractère de la révolution que M. Perrin a opérée au Théàtre-Français. On peut trouver un administrateur général d'assez grand goût pour comprendre la nécessité de la contre-révolution dont M. Sarcey a esquissé maintes fois le sage programme, d'une volonté assez énergique pour l'opérer malgré les grincements de dents des comédiens et les pleurs des comédiennes, qui verront d'abord leurs profits baisser. On peut aussi trouver un administrateur général qui, sans être doué des qualités propres à M. Perrin, en aura d'équivalentes, avec le même dévouement de toutes les minutes à son œuvre, avec la même absorption complète dans les devoirs de sa fonction. Mais le bonheur de M. Perrin, ce bonheur qui ne s'est jamais démenti et qui fait tout réussir ! Voilà ce qui est introuvable ! Une tâche à accomplir bien plus rude que celle de M. Perrin ! car on n'aura plus sous la main la troupe complète et adonnée aux bonnes règles que M. Édouard Thierry avait léguée à son successeur — et pas le bonheur de M. Perrin !

En quoi consiste donc et d'où vient donc ce bonheur proverbial de M. Perrin ? Est-ce que cela peut se savoir et se définir ? Mais ce bonheur est certain ; on le touche du doigt à chaque instant, dans la longue carrière du célèbre directeur. Exemple : M. Alphonse

Royer reçoit, avant de quitter l'Opéra, le *Roland*
de M. Mermet; M. Émile Perrin le joue : succès foudroyant. Beaucoup de gens proclament que nous
avons un second Meyerbeer. M. Émile Perrin reçoit,
avant de quitter l'Opéra, la *Jeanne d'Arc* du même
M. Mermet; M. Halanzier la joue ; patatras ! Voyons
encore: M. Carvalho, au théâtre Lyrique, met en scène
le *Faust* de M. Gounod, et il appelle à Paris mademoiselle Nilsson. M. Bagier, au théâtre Italien, devine et
met en lumière des artistes tels que Naudin et mademoiselle Krauss, sans compter la Patti. Le premier se
ruine. Le second est mort, il n'y a pas longtemps,
dans la détresse. Agissant à coup sûr, M. Émile
Perrin, tout bonnement, recueille à l'Opéra le *Faust*
révélé par M. Carvalho, et tout tranquillement il
engage, l'un après l'autre, Naudin, Nilsson, la Krauss,
les grands artistes devinés ou produits par M. Carvalho
et M. Bagier. Tout Paris court à l'Opéra applaudir la
Krauss, Nilsson, Naudin, et il semble que ce soit à
l'Opéra qu'on ait représenté *Faust* pour la première
fois. Exemple encore : M. Édouard Thierry reprend
Hernani à la Comédie, vers la fin de l'empire. Succès
sans doute; mais succès seulement convenable,
malgré tout ce que l'esprit d'opposition pouvait alors
ajouter à l'admiration pour le génie de Victor Hugo.
M. Perrin monte *Hernani* à son tour en des circonstances bien moins favorables : c'est une série de
triomphes et d'apothéoses. Les petits amis de mademoiselle Sarah nous disaient : « Hein? Ce que c'est
pourtant que la différence de Sarah d'avec Favart! »

Et le raisonnement paraissait plausible ! Mademoiselle
Sarah est aux montagnes Rocheuses : les recettes
d'*Hernani* n'ont pas baissé de vingt-cinq francs. Tout
ce qui perdrait un autre que M. Perrin glisse impuissant
sur M. Perrin insensible. Le désir du repos le prive de
Régnier; des infirmités précoces lui enlèvent Bressant;
il congédie Arnould-Plessy ; Sarah s'envole; Favart,
le cœur brisé sous d'incessantes humiliations, se
sépare du théâtre qui fut sa gloire : qu'importe?
Chaque soir, on fait salle comble et recette *maximum*.

IV

L'argent n'est pas tout. M. Sarcey le dit et j'en
suis d'accord. Ce vil argent est pourtant si nécessaire
dans un théâtre ! Quand M. Perrin se retirera, je vois
d'ici le nouvel administrateur en fonctions. D'abord
il assiste à la débandade des abonnés du mardi et du
jeudi. Pas grande perte pour l'art ! dira M. Sarcey.
Oui; mais pour la caisse ! Ensuite, à la première
tragédie qu'on monte, la feuille de location reste à
moitié blanche. « Bon cela ! dira M. Sarcey. La subven-
tion est faite pour pourvoir à ces accidents. » Oui; mais
bientôt quels cris dans le public et dans les journaux
contre le nouvel administrateur, qui aura cependant
cent fois raison contre les journaux et le public ! Qui
sait si M. Sarcey lui-même ne se plaindra pas d'être
assis trop à l'aise aux sermons de Roxane et de Mithri-
date? Ah ! j'aimerais bien voir quelquefois *Bérénice* à

la place de *l'Étrangère* et *Bajazet* à la place de *Mademoiselle de la Seiglière*; mais justement je cesserai bientôt de goûter ce plaisir si le nouvel administrateur n'a pas, comme M. Perrin, le bonheur qui fait que la salle ne désemplit pas. Adieu l'argent, adieu le répertoire qui ne le sait pas retenir.

Quel dommage que M. Perrin ne puisse pas souffrir le répertoire en général et la tragédie en particulier! Ce diable d'homme a tant de chance à tout ce qu'il entreprend qu'il serait capable de jouer *le Légataire* ou *Rodogune* sans diminuer le revenu net de MM. les comédiens. Qu'est-ce que je dis, *Rodogune*? M. Perrin et son étoile rempliraient une salle avec *Cléopâtre*. Gageons tout ce qu'on voudra que s'il reprenait *Cléopâtre* de Marmontel, avec l'aspic de Vaucanson, moitié le drame, moitié l'aspic, qui serait bien un aussi fameux *clou* que le cerisier vivant de *l'Ami Fritz*, la pièce, toute brillante de l'étoile propice de M. Perrin, ferait cinq mille francs. M. Perrin ne courrait d'autre risque que l'excès de son bonheur. Il y aurait à craindre que l'aspic lui-même, oyant tout le monde applaudir, oubliât de siffler.

Car le bonheur, voyez-vous est le bonheur. Contre lui et sans lui, rien à faire.

(*Revue Bleue*, 29 janvier 1881.)

LA CHARTE DE LA COMÉDIE
ET L'AFFAIRE DUDLAY

Le ministre a prononcé ; mademoiselle Dudlay restera sociétaire de la Comédie.

Si les lois sont faites pour qu'on les observe ; si une convention engage ceux qui la signent ; si le texte d'une convention doit être interprété et appliqué d'après la commune intention des parties, M. Goblet, ministre des beaux-arts, a bien jugé et bien décidé dans l'affaire de mademoiselle Dudlay. Il a appliqué le décret de Moscou : il est resté dans les termes de l'acte de société du Théâtre-Français : il a contraint les membres du comité à respecter dans la personne d'une collègue les droits du sociétariat et le titre de sociétaire dont ils sont justement fiers pour eux-mêmes. Non seulement la décision de M. Goblet est bonne ; elle était la seule bonne ; toutes les transactions imaginées par le comité ou consenties par mademoiselle Dudlay n'auraient eu d'autre effet, si elles

eussent prévalu, que de compromettre et de boulever-
ser l'institution de la Comédie.

Le 27 germinal an XII, un certain nombre d'artistes ont comparu devant M° Hua, notaire à Paris,
et ont formé entre eux, « sous l'autorité expresse
du gouvernement », une société qui se proposait pour objet d'exploiter le Théâtre-Français et
son répertoire. La direction et l'administration de
la Société devaient se partager entre l'assemblée
générale des sociétaires, un comité de six membres
choisis parmi eux et un commissaire délégué par le
gouvernement. La Société était d'une durée illimitée ;
elle se composait des comparants et de tous ceux qui
seraient admis dans la suite à y adhérer avec la
jouissance, pour tout ou partie, d'une des vingt-cinq
parts qui formaient son capital incessible. Dans cette
Société, personne n'entrait en la pure qualité de capi-
taliste. Pour en faire partie, la condition *sine quâ non*
était d'exercer la profession de comédien et de con-
courir à la prospérité sociale par l'exercice de la
profession. La Société du Théâtre-Français est, je
crois, le premier modèle connu, chez nous, depuis la
Révolution française, d'une société coopérative, en
ce sens que la Société seule *employeuse*, comme disent
les Anglais, ne se composait que d'*employés*. Les
artistes associés, qui étaient, en tant qu'individus, des
employés, en tant que collection, des *employeurs*, pouvaient occuper d'autres artistes, simples gagistes, liés
à la Société, sans en être, par des contrats à temps ;
c'est ce que nous appelons aujourd'hui les pension-

naires. Pour devenir sociétaire, il fallait faire, comme gagiste, un stage d'une année au moins. Il était donc pourvu à ce que les nouveaux sociétaires ne fussent recrutés qu'à bon àcscient. En se faisant admettre, le sociétaire engageait sa vie entière ; il ne pouvait plus se retirer qu'avec le consentement du comité d'administration et du gouvernement ; il devenait à perpétuité l'homme-lige du sociétariat. En revanche, la Société s'engageait envers lui pour vingt années ; elle ne le pouvait renvoyer avant ce terme et en lui payant retraite, que si des infirmités précoces et dûment constatées le rendaient incapable de service. Ce n'eût pas été, par exemple, un prétexte suffisant, pour se séparer d'un sociétaire, d'alléguer que le talent de ce sociétaire ne convenait plus ou qu'il fallait faire une place à quelque artiste d'un autre théâtre, montrant plus de talent que lui dans le même emploi. Voilà l'esprit, voilà le caractère original de la Société formée en l'an XII. La Société disait à l'artiste qu'elle appelait en son sein : « Je te place sous *l'autorité expresse du gouvernement* et je te demande toute la vie, si l'on a besoin de toute ta vie ; en revanche, *l'autorité expresse du gouvernement* t'assure l'exercice de ton art pendant vingt ans *au minimum* sur une scène qui est la première du pays et, au bout de ces vingt ans, une retraite honorable où tu es sûr de ne connaître ni la misère ni la gène, compagnes ordinaires du talent qui vieillit. »

Le décret constitutif du 14 octobre 1812 (décret de Moscou) ne changea rien à ce trait fondamental de l'acte de germinal an XII. Napoléon, dans ce décret, dont l'objet principal fut de consolider l'autorité du surintendant des spectacles, se montra cependant aussi respectueux que possible des droits et de la dignité de ses comédiens ordinaires. De 1812 à 1850, le principe du sociétariat de vingt ans resta entier. En 1850 seulement, le décret du 30 avril, confirmé depuis par le décret du 23 novembre 1859, vint y toucher.

Nous ne voulons pas apprécier le décret de 1850 ni le caractère général du moment politique où il fut rendu. Contentons-nous de dire le nécessaire. Le ministre de l'intérieur de ce temps (c'était Baroche) estima que le décret de Moscou laissait trop peu de prise à l'autorité supérieure sur les comédiens; que, en leur assurant vingt années de jouissance du sociétariat, on leur tournait l'esprit d'idées d'indépendance; qu'il fallait leur faire sentir le joug et leur tenir suspendue sur la tête l'épée du pouvoir ministériel. On révoquait alors, *ad nutum*, Michelet, Quinet, Vacherot. L'article 13 du décret de 1850 fournit le moyen de remercier les sociétaires, si on le jugeait à propos, au bout de dix années. L'article divisait par moitié, en deux périodes, les vingt années de jouissance précédemment concédées au sociétaire par l'acte de germinal an XII et le décret de Moscou. Il faisait masse, pour former la première période de dix ans, des années de stage et de pensionnat avec les années de sociétariat, et il établissait que, à la fin de cette première période de dix ans, il serait statué à nou-

veau sur la position du sociétaire. L'article 13 portait donc une atteinte grave et fàcheuse à la qualité
de sociétaire. Mais il faut remarquer du moins que
tel qu'il est, strictement interprété dans son texte et
dans son esprit, l'article 13 ne met pas encore en
miettes le sociétariat. Il laisse subsister le sociétariat
de vingt ans à titre de théorie générale, de règle et
de fait normal; il n'admet le sociétariat de dix ans
qu'à titre de fait accidentel et exceptionnel. Le
ministre, d'après l'article 13, ne se peut placer que
dans cette seule alternative : ou il doit mettre à la
retraite après sa première période de dix ans de service le sociétaire jugé par lui insuffisant, en lui
rendant, d'ailleurs, la liberté de s'engager à tout
autre théâtre que le Théâtre-Français; ou, s'il n'use
pas de ce droit rigoureux et par le seul fait qu'il n'en
use pas, le sociétaire est maintenu avec sa qualité et
son rang dans la jouissance de son engagement de
vingt ans et de tous les droits y attachés.

Or, qu'a fait le comité d'administration du théâtre,
appelé par l'article 13 à donner son avis au moment
où expiraient les premiers dix ans de service de
mademoiselle Dudlay? A-t-il proposé au ministre de
mettre purement et simplement mademoiselle Dudlay
à la retraite, seul droit qu'ait le ministre? Et a-t-il
fourni des raisons probantes pourquoi mademoiselle
Dudlay, nommée sociétaire il n'y a pas plus de trois
ans sur sa proposition à lui comité, ne peut le rester
aujourd'hui? Nullement! Le comité a imaginé des
combinaisons qui ne sont pas dans l'article 13, et qui

seraient infiniment plus dangereuses et plus pernicieuses que l'article 13 lui-même pour l'institution du
sociétariat. En premier lieu, le comité a offert sous
main à mademoiselle Dudlay de la réengager comme
pensionnaire après qu'on l'aurait mise à la retraite
comme sociétaire. Ainsi, mademoiselle Dudlay serait
censée insupportable au public dans Phèdre et dans
Pauline, si sociétaire; admirable ou suffisante, si pensionnaire! Ainsi, au lieu que l'artiste engagé aux
Français a l'espérance, après le temps de pensionnat,
d'obtenir le rang de sociétaire, et que tel est le fondement de la Comédie, il redeviendrait, contre son gré,
de sociétaire, pensionnaire; et ce ne serait pas là
saper la Comédie et le sociétariat par la base! En
second lieu, le comité a offert à mademoiselle Dudlay,
si elle consentait à ne pas faire valoir auprès du
ministre son engagement de vingt années, de la
renommer sociétaire pour cinq ans.

Cette belle invention du sociétariat de cinq ans
est d'Émile Perrin; il l'a produite au jour, l'an dernier, au sujet de mademoiselle Broisat, et le prédé-
cesseur de M. Goblet au ministère des beaux-arts a
eu l'impertinence de n'en point vouloir. Suivez bien,
en effet, l'application du système pour en goûter le
prix : en vertu de l'article 13, on met le sociétaire à
la retraite comme incapable; puis on l'élit de nouveau sociétaire, comme capable, pour cinq ans! C'est
tout bonnement comique, et, en tout cas, c'est la
destruction pure et simple du sociétariat. Si l'on
institue des sociétaires de cinq ans, il n'y aura pas de

raison de ne pas faire des sociétaires pour trois, six,
neuf, des sociétaires trimestriels, des sociétaires à la
petite semaine, des sociétaires à la journée. M. Goblet
n'a pas voulu prêter la main à des manigances où
l'absurdité le dispute à l'illégalité. Il a mesuré l'étendue de sa responsabilité; il a jugé qu'il ne pouvait
pas mettre le pouvoir ministériel à la disposition des
caprices changeants du comité, et, puisque le comité,
par son imprudente conduite, l'a placé dans l'obli-
gation de violer la loi ou de faire le ministre, il a fait
le ministre, comme ce paraît être assez son goût. Il
a considéré que, quelle que fût mademoiselle Dudlay
il y a trois ans, quand le comité l'a choisie de son
plein gré pour sociétaire, elle est encore aujourd'hui
ce qu'elle était il y a trois ans, pas plus peut-être
(à notre avis, plus), mais certainement pas moins. Il
n'a donc pas pu légitimement la mettre à la retraite,
et, ne le pouvant pas, les lois, l'intérêt de la Comédie,
le respect d'une institution respectable, ne lui laissaient d'autre parti à prendre que de conserver à
mademoiselle Dudlay, comme il l'a fait, pour jusqu'en 1896, sa qualité de sociétaire.

Et maintenant, on dit que M. Got, M. Delaunay et
M. Coquelin veulent quitter la Comédie! Ils ne sont
pas aussi libres de la quitter, contre le gré de leurs
associés et du ministre, qu'ils paraissent le croire.
Avant de signer et de demander à signer l'acte de
société de germinal an XII, ils ont eu sans doute la
précaution d'en lire et d'en méditer l'article douzième.
Mais, quand bien même le ministre les laisserait

partir, il faut que le public sache bien une chose : c'est que ces trois éminents sociétaires, susceptibles à rebours, s'en iront parce que le ministre a maintenu intacte contre eux la dignité du sociétariat qu'ils avilissaient en lui ôtant sa sécurité.

(*Journal des Débats*, 2 mars 1886.)

LE CONSERVATOIRE

I

Il est de nouveau question de scinder en deux écoles le Conservatoire de musique et de déclamation. La musique resterait où elle est, sous la direction de M. Ambroise Thomas. La déclamation serait transférée dans un édifice annexe avec un directeur distinct.

Le concert de plaintes va croissant contre l'établissement de la rue du Faubourg-Poissonnière. Dernièrement, la commission du budget de la Chambre des députés a mandé devant elle M. Perrin et M. Vaucorbeil. Elle a voulu savoir du premier pourquoi il jouait si peu la tragédie, et du second pourquoi les grands artistes étaient si rares. L'un a répondu que le Conservatoire ne fournissait plus de chanteurs, et l'autre, qu'il n'en sortait plus de tragédiens. Quand un directeur de théâtre subventionné se trouve dans l'embarras, il ne manque jamais de dire : « C'est la faute du Conservatoire », on conçoit que ce ne puisse

être la faute du directeur lui-même. Ici pourtant, les
directeurs n'ont pas tort. Il faut convenir que, depuis
quinze ans, le niveau moyen des chanteurs, des comédiens et des instrumentistes baisse sensiblement en
France : or, c'est le Conservatoire qui est chargé de
maintenir ce niveau. La disposition fondamentale du
règlement du 14 octobre 1808 lui donne pour objet
« la conservation de la musique et de la déclamation
dans toutes les parties ».

D'où vient la décadence?

Il nous paraît difficile d'admettre qu'elle vienne,
comme on le prétend, de ce qu'il n'existe pas une
école de déclamation absolument séparée de l'école
de musique. Le décret d'institution du Conservatoire,
rendu en l'an IV, sous le Directoire exécutif, consa-
crait exclusivement le Conservatoire aux études
musicales; mais, dès que le Conservatoire fut installé
dans son bâtiment actuel, l'ancien hôtel des Menus-
Plaisirs, et que les études y furent en plein exercice,
Sarrette, son premier directeur, sentit la nécessité
de joindre aux diverses classes d'instruments, de
composition et de chant, des classes de déclamation
tragique et comique. Il ne cessa de réclamer cette
création nouvelle auprès des pouvoirs publics. Il fut
soutenu dans ses efforts par les quatre administra-
teurs du Conservatoire, tous quatre musiciens,
Gossec, Lesueur, Méhul et Cherubini. Au bout de
dix ans de réclamations, il vint à bout de son désir.
L'empereur, par le décret de 1808, transforma le
Conservatoire de musique en Conservatoire de

musique et de déclamation. En même temps qu'il organisait les classes de déclamation, le décret de 1808 fondait au Conservatoire une classe de danse et de maintien qui jusque-là y avait manqué. Depuis 1808 jusqu'à nos jours, l'art du chant, celui de la déclamation et celui du maintien ont été enseignés simultanément au Conservatoire. Ils n'ont été séparés que de loin en loin, en des moments de crise politique et pour peu de temps.

II

Il serait presque puéril de développer les raisons théoriques et pratiques qui ont décidé l'empereur, sur les sollicitations des premiers compositeurs de son temps, à associer ces divers enseignements dans une seule école et sous une même direction. Ces raisons sautent aux yeux. La scène est le domaine commun où exercent leur génie l'artiste lyrique et l'artiste dramatique. La voix est l'instrument commun qu'ils ont à manier. Il s'ensuit qu'il leur faut des parties communes d'enseignement. En les plaçant tous deux dans une même école, on établit entre eux des relations qui ne peuvent présenter pour l'un et pour l'autre que des avantages.

On dira peut-être que, pour jouer la comédie et le drame, il ne sert de rien de savoir la musique. De la savoir, non; de l'avoir étudiée, si. Un peu de solfège n'est point inutile à l'artiste dramatique pour

lui assouplir la voix et lui inculquer l'habitude de
l'intonation juste.

On ne dira pas, en tout cas, qu'il ne sert de rien à
l'artiste lyrique d'avoir fréquenté une bonne classe
de déclamation comique ou tragique. Les artistes
qui ont passé depuis dix ou quinze ans par l'Opéra-
Comique nous ont fait plus d'une fois sentir quel
abîme sépare le chanteur qui sait « déclamer » de
celui qui ne sait que chanter, quand son chant serait
celui d'Elleviou. Ah ! combien j'en ai connu, de ces
charmantes personnes qui avaient tout pour elles, la
jeunesse, les yeux, la beauté friande — même la voix
et le chant, — et qui m'auraient fait fuir jusqu'à
Pantin quand elles abordaient, dans le dialogue, les
passages spirituels ou pathétiques. Elles avaient
l'air, en ces beaux endroits, de débiter pour leur
maîtresse de pension un compliment de bonne
année.

III

Je trouve, à ce sujet, des maximes bien topiques
dans une méthode de chant qui a été obligatoire,
pendant toute la durée du premier empire, pour les
élèves du Conservatoire. Le style en est rococo ;
mais le fond n'en saurait être trop médité par les
jeunes élèves du chant.

« Il ne suffit pas, pour être un chanteur accompli,
de posséder *une superbe voix*, cultivée par la meilleure méthode, et d'avoir des *moyens étonnants* d'exé-

cution ; il faut être instruit... Il faut que le chanteur soit instruit dans la mythologie et dans l'histoire tant ancienne que moderne... Il faut qu'il lise les poètes, et cette lecture, jointe à celle de l'histoire, ornera sa mémoire, échauffera son imagination et tiendra son âme dans cette espèce d'état d'exaltation nécessaire pour bien exprimer les grandes passions dramatiques, pour rendre fidèlement le caractère et les sentiments des personnages dont parle l'histoire et la fable, et qu'il sera chargé de représenter... »

A plus forte raison faut-il que le chanteur sache mimer et déclamer le tragique et le comique. Ceux qui ont entendu M. Faure, madame Sophie Cruvelli et madame Viardot, ceux qui entendent aujourd'hui mademoiselle Krauss, peuvent mesurer tout ce que l'art du geste, du maintien et de la diction ajoute de puissance nouvelle aux artistes déjà doués des plus puissantes facultés lyriques.

De 1808 à 1850, c'est-à-dire pendant une période de quarante ans, est-ce que l'union des classes de chant et des classes de déclamation dans un seul établissement a nui à la bonne éducation des artistes soit lyriques, soit dramatiques? Est-ce que du fait de cette union nos théâtres de comédie et nos théâtres de chant manquaient soit de grands artistes, soit de bonnes troupes? Il suffit pour répondre de citer quelques noms dans la pléiade qui a tenu l'affiche de 1840 à 1865. Des classes de déclamation étaient sortis MM. Frédérick Lemaitre, Provost, Samson,

Regnier, Bocage, Bouchet, Ligier, Beauvallet, Delaunay; mesdames Allan, Favart, Rose Chéri, Delaporte... Les classes de chant avaient produit MM. Roger, Ponchard, Faure, Sainte-Foy, Audran, Ricquier, Bataille, Bussine, Couderc; mesdames Lavoye, Darcier, Lefebvre, Lemercier, etc.; je choisis à dessein une série d'artistes ayant tous appartenu à l'Opéra-Comique, dont le genre entremêle le dialogue et le chant; ils étaient tous si habiles dans l'art de composer un personnage et de dire un rôle que, grâce à eux, le théâtre où ils se sont succédé durant un court espace de temps pouvait presque soutenir la comparaison avec la Comédie-Française. Et remarquez bien que deux d'entre eux, et non les moins célèbres, Roger et Ponchard, avaient suivi au Conservatoire le cours complet des études de déclamation comme le cours complet des études de chant. Ils ne sont pas, d'ailleurs, les seuls artistes dont les deux sections du chant et de la déclamation s'enorgueillissent en même temps.

IV

La décadence des études de déclamation et de chant n'a donc pas pour cause l'association de ces deux genres d'étude dans un même établissement. Où est cependant la cause du mal? Elle est peut-être dans les programmes ou dans les méthodes, ou dans la distribution des heures de travail, ou dans les

habitudes de vie soit des maîtres, soit des élèves.
Ce qui a fait déchoir le Conservatoire, c'est, selon
toute vraisemblance, ce qui a fait déchoir tous les
empires et tous les établissements, grands ou petits :
c'est l'abandon des bonnes règles de gouvernement
et de discipline.

Les quinze dernières années du gouvernement
d'Auber n'ont pas été heureuses, il s'en faut. Pour
réparer le mal déjà fait par Auber, ce n'était peut-
être pas un musicien qu'il fallait choisir en 1871.
On a donné le Conservatoire à M. Ambroise Thomas
comme une récompense légitime pour les chefs-
d'œuvre qu'il a écrits, comme une belle couronne
d'or due au plus illustre et au premier de nos compositeurs vivants. Mais un grand compositeur, quand
l'inspiration s'abat sur lui, n'est pas toujours bien
libre de s'y arracher pour vaquer au ménage admi-
nistratif, et le génie musical le plus poétique ne
suppose pas toujours chez celui qui le possède l'esprit
de détail, la rectitude de jugement, l'attention soutenue qu'exige la conduite d'un établissement tel que
le Conservatoire.

Qu'est-ce le Conservatoire? C'est, en son essence
fondamentale, un externat de jeunes gens des deux
sexes, rien de plus; c'est un établissement d'éducation qui réunit les trois degrés primaire, secondaire
et supérieur. Qui faudrait-il mettre à sa tête? Un
homme expert dans la science de l'éducation et dans
la connaissance de la jeunesse.

Sarrette, qui organisa le Conservatoire, n'était ni

un auteur dramatique, ni un compositeur de
musique, ni un directeur de théâtre, ni un virtuose.
C'était un bon bourgeois de Paris, capitaine en 1792
de sa compagnie de garde nationale et grand amateur de musique militaire. Il se trouvait posséder
de nature les qualités qui font l'administrateur
habile et celles qui font le grand instituteur. Il avait
l'activité et le goût, le dévouement à la jeunesse, la
passion de produire les autres. Il s'amusa d'abord
à former une musique pour sa section de garde
nationale, puis une école pour former des musiciens
de garde nationale. C'est cette école qui, grâce à son
zèle, à ses efforts, à sa foi, est devenue, par des
assimilations successives, école de musique instru-
mentale, de composition, de chant, de déclamation.
Sans savoir le contre-point, il a été le seul directeur
complet du Conservatoire ; il l'avait porté au point
de prospérité d'où ensuite les musiciens l'ont fait
descendre.

(*Revue Bleue*, 9 avril 1881.)

COMÉDIENNES EN VOYAGE

Pour une drôle d'idée, c'est une drôle d'idée qu'a eue ce jour-là mademoiselle Sarah Bernhardt!

Un joli soleil, agrémenté de pluie, brillait sur l'avenue de Villiers. Le calendrier marquait : « Jeudi, 14 octobre, quatrième jour du premier quartier de la dixième lune de l'an 1880. » Mademoiselle Sarah Bernhardt devait prendre le train du Havre le surlendemain à midi et le bateau de New-York, le dimanche à huit heures et demie du matin. — Elle était languissamment étendue sur le divan, popularisé par M. Clairin. « Qu'on aille me chercher tout de suite, tout de suite, Marie Colombier, dit-elle à sa fidèle Guérard. » Mademoiselle Marie Colombier arrive. Mademoiselle Sarah lui saute au cou et lui dit sans préface: « Je t'emmène ; ma petite sœur Jeanne vient de tomber malade. C'est toi qui me la remplaceras dans ma troupe des États-Unis. — Mais... ! — Nous prenons le paquebot l'*Amérique* après-demain. — Mais...! — Avec le vieux Jarett, mon interprète et

mon agent ; un homme parfait, tu verras ! — Mais...!
— Si tes costumes ne sont pas prêts, ils te rejoindront
par le prochain courrier. — Mais, mais...! — Conclu !
dit mademoiselle Sarah. Mademoiselle Colombier eut
beau dire et beau faire.

> Désir de fille est un feu qui dévore,
> Désir de nonne est cent fois pis encore.

Et désir de juive, mille fois pis ! Et désir de mademoiselle Sarah Bernhardt passe toutes les juives !
Voilà comment mademoiselle Colombier s'em-
barqua pour New-York, le 17 octobre 1880, sans
paquets et de fort mauvaise humeur ; voilà comment
elle fit, à sa grande surprise, la découverte inattendue
que les natifs de Montréal sont Français et aussi ceux
de la Nouvelle-Orléans ; voilà comment elle s'ennuya
à mourir sur l'Hudson, sur les lacs, tout le long du
Mississipi, et voilà comment elle fut amenée, par
besoin de distraction, à se faire l'historiographe de son
excellente camarade et amie Sarah ! Ah ! oui, elle
était drôle l'idée qu'a eue mademoiselle Sarah, le
quatrième jour du premier quartier de la dixième lune
de l'an 1880 ! Mademoiselle Sarah croyait prendre à
sa suite, un second grand premier rôle ; elle attachait
à ses flancs un secrétaire. Le *secrétaire* est un oiseau
qui a la tournure fringante et le plumage chatoyant,
mais le bec recourbé et très pointu.
Grâce à mademoiselle Marie Colombier, nous possédons un récit authentique de l'hégire de mademoiselle
Sarah dans le nouveau monde. Ce n'est pas le chapitre

le moins curieux de l'*Histoire générale des Voyages*.

Voyage ébouriffant! Vrai voyage de comédienne française, qui croit ingénument qu'elle tient l'empire des deux hémisphères; que tout lui est dû par tout le monde et qu'elle-même ne doit rien à personne; que les religions et les mœurs plieront devant elle; que la galanterie est exactement la même à Cincinnati Porcopolis et dans l'heureux hôtel de la rue Fortuny; qu'enfin le beau pavé de Meudon à Versailles s'est fait tout seul, s'entretient tout seul, se balaye tout seul, et qu'on le retrouvera tel quel, vierge de boue, de fondrières et de marécages, au cœur des villes bâties en quinze jours, dans les solitudes de l'Illinois.

Le voyage commence et s'achève sur deux scènes où la vie réelle est plus parlante que dans toutes celles du *Roman Comique*. Sur le quai d'arrivée à New-York, les douaniers américains s'emparent des malles de mademoiselle Sarah et taxent ses costumes à 8000 francs de droits d'entrée qu'elle est tenue de payer incontinent. Joli denier pour débuter quand on court à la poursuite du million! Sur le quai de retour, au Havre, un huissier très poli, armé d'une ordonnance de M. le président du tribunal civil de la Seine met saisie-arrêt sur les bagages de mademoiselle Marie Colombier, qui était partie trop vite pour penser à payer ses menues dettes. Et, au Havre comme à New-York, il fallait jouer le soir même!

Mademoiselle Sarah Bernhardt arrivait en Amérique pour tout enlever, les cœurs, les applaudissements, les bouquets et un chèque d'un million. Elle comptait

bien qu'on détellerait ses chevaux, que les salons de
New-York, de Washington et de Baltimore se dispu-
teraient sa personne, et que M. Stebbens lui-même se
ferait une gloire de la présenter à ses compatriotes...
Vous savez bien, M. Stebbens, cet Américain amateur
d'arts, opulentissime, qui fut pendant une saison ou
deux l'un des héros de la vie parisienne! Est-ce que
vous ne vous le rappelez pas?... Si! Voyons! Stebbens!
Il avait loué avenue Friedland la moitié de l'hôtel
d'Arsène Houssaye, et, en 1872 ou 1873, je crois, il
mit son logis à la disposition de l'aimable propriétaire,
pour le bal travesti où apparut, en costume de sphinx
une créature exquise et indéchiffrable, qui fixa tous
les yeux et troubla toutes les imaginations jusqu'au
jour naissant. Un peu plus tard, il voulut avoir chez
lui, pour y jouer *le Passant*, mademoiselle Sarah
Bernhardt et mademoiselle Marie Colombier. Celles-
ci ne refusèrent point. Ah! l'ingrat Stebbens! Au
premier mot qui lui fut touché à New-York, d'ouvrir
ses salons en l'honneur de l'illustre comédienne, il
tomba de son haut. Il paraît qu'à New-York ils n'en
sont pas encore, en fait de fusion sociale, au point
où nous sommes parvenus à Paris. Mademoiselle Sarah
Bernhardt dut renoncer aux succès de salon et aux
fructueuses lectures dans les réunions mondaines qui
en auraient été la suite.

Le malheur est que l'arrivée de mademoiselle
Sarah Bernhardt n'en était pas moins un gros événement pour New-York, Philadelphie, Boston, Chicago
et autres lieux. Ces villes merveilleuses, ces capitales

où bouillonnent, immenses, l'activité, l'invention et
la richesse, sont tout de même un peu province,
même New-York, la cité impériale, par rapport à
nous. Il y a plusieurs capitales dans l'Univers ; il n'y
a décidément qu'une capitale de l'univers; et c'est
toujours Paris. Aussi l'arrivée de Sarah la chercheuse
de gloire, objet parisien du prix le plus rare, occupait
également tout le peuple de ces pays-là, sans distinction de classes, d'âge ni de sexe. Le plus vif mécompte
de mademoiselle Sarah Bernhardt, l'*a parte* des
femmes et des salons, devenait le texte favori
des amplifications du club, du journal et de l'église.
C'était ce qu'on appelait « la situation morale » de
mademoiselle Sarah Bernhardt. Il ne serait pas étonnant que, cette année, quelque étudiant sérieux d'*Har-
var College* prit pour sujet de thèse de doctorat en
philosophie : *De la sociologie dans ses rapports avec
l'état de comédienne française.*

Pauvre Sarah Bernhardt! pauvre amante passionnée de la renommée et de l'art! Si elle a quelquefois
péché par trop aimer le tapage, elle a été bien
punie là-bas par où elle a péché. Les journaux de dévo-
tion puritaine, qui se tirent à 200000 exemplaires,
disputaient sur son état civil et lui jetaient l'anathème. Les purs pasteurs méthodistes ne connaissaient
pas d'autre matière à leurs sermons que ce maudit
serpent de France, venu pour empoisonner les mœurs
de la pieuse Amérique. Ils lui prédisaient en chaire le
sort de Jézabel. Ils se réunissaient en synode ou en
consistoire pour vider la question théologique de

savoir jusqu'à quel point on pouvait faire visite à
mademoiselle Sarah « personne privée » sans encourir
la damnation éternelle. Les dames et les *misses* de
bonne bourgeoisie tenaient des meetings contre elle.
Car chaque pays a ses idées; et, s'il est choquant pour
une femme, dans la Nouvelle-Angleterre, de faire
jouer chez elle des proverbes en vers, il n'est pas
choquant qu'elle déblatère en public, *ex cathedrā*,
contre les comédiennes. A Orange-Town, dans le
comté de Rockland, sur le seul bruit de son approche,
de sages matrones s'assemblèrent et tinrent conseil
sur cet ordre du jour : *Qu'est-ce que la Bernhardt va
faire de nos fils?* Je ne sais si, là-dessus, les fragiles
enfants d'Orange-Town se mirent dans l'esprit des
espérances criminelles. Mais, hélas! le caïman dévorateur ne jugea point à propos de passer par leur
ville craintive et alléchée.

Nous négligeons les spéculations odieuses et burlesques, les brochures et volumes tels que *les Amours
de mademoiselle Sarah Bernhardt*, dont l'annonce en
chiffres gigantesques sur toile peinte était colportée,
à travers les avenues des villes, par des charrettes.
Le bon *snob* les lisait. Dans cette Sarah, qui, selon le
livre, avait tour à tour détourné de leurs devoirs
et débauché l'empereur Napoléon III, le tzar russe et
le pape Pie IX, il reconnaissait sans hésitation le léo-
pard à sept têtes et à dix cornes de l'Apocalypse...
« ... Et toute la terre, étant dans l'admiration, suivit
la bête... » Mademoiselle Sarah Bernhardt aurait
voulu protester, rectifier, écrire des lettres, faire des

procès en diffamation. Mais l'entrepreneur Jarett ne l'entendait pas ainsi. Froid, positif, impassible dans sa barbe blanche, il n'avait qu'un mot à la bouche : « Mademoiselle, *ne décourageons pas la réclame.* » Le mot est grand comme les trente-neuf États.

Vous pouvez juger dans quel état d'agacement se trouva mademoiselle Sarah Bernhardt dès la seconde quinzaine de ce régime. L'éminente artiste est un peu nerveuse. Il est à croire qu'elle prit la ferme résolution de donner libre cours à ses nerfs pendant tout le reste de son odyssée. C'était, quand cela la prenait, une véritable machine électrique. Elle lançait des étincelles et des sursauts, et tout en était secoué, les consuls suivis des résidents notables, les députations, les *reporters*, le public, et jusqu'aux entrepreneurs Jarett et Abbey. « Ah ! ces Yankees ne veulent pas venir m'applaudir le saint jour de Noël? C'est une impertinence. Nous jouerons ! » Et l'on représentait *la Dame aux Camélias* devant les banquettes! « Ah ! il y a douze mille francs de location ? Très bien ! Nous ne jouerons pas; il pleut trop; la ville est trop mal pavée. » Et Jarett, avec Abbey, le cœur déchiré, remboursait les dollars! Lisez notamment, dans le livre de mademoiselle Colombier, les scènes de Chicago et de Mobile.

Après cela, j'aurais eu peut-être mes nerfs, encore plus qu'elle. Figurez-vous que, quand on donnait *Phèdre*, l'orchestre, dans les entr'actes, était obligé d'exécuter le quadrille de *la Belle Hélène*. La salle était comble; les spectateurs avaient payé des prix

fous ; mais probablement, ils ne tenaient pas à la
distinction des genres, et ils étaient venus autant
pour voir la bête de l'Apocalypse avec des *flonflons*
appropriés que pour jouir de la grande tragédienne.
Mademoiselle Sarah Bernhardt, en ses plus beaux
jours de triomphe, remportait le même genre de
succès qu'autrefois Tom Pouce. Il en coûte pour
gagner un million !

Vienne, en ce moment, console bien Sarah Bernhardt des surprises et des déboires de l'Amérique.
Pesth, Odessa et Pétersbourg, la consoleront encore
mieux. Merveilleuse et vaillante personne, après
tout et malgré tout, toute acier et toute flamme, toute
pétrie de courage et d'enthousiasme, qui, à travers
les neiges, les aquilons, les glaces et les inondations,
s'en va faire tressaillir au loin quelque chose de la
France et du génie français. Tant qu'elle vivra, il
faudra l'admirer et l'adorer, et sourire d'elle et tâcher
de n'en pas être ahuri.

La malheureuse Marie Colombier, dans une communauté de vie de sept mois, n'a pu éviter l'ahurissement.
Est-ce Sarah Bernhardt toute seule qui lui bourdon-
nait dans la tête ? est-ce l'Amérique avec ses hôtels
trop vastes, ses fleuves trop larges, ses gentlemen
trop pressés et ses locomotives vertigineuses ? Quoi
que ce soit, on ne l'y reprendra plus. En sautant sur
le quai du Havre (elle n'avait pas encore vu l'huissier)
sa joie débordait.

«.... En France ! il n'y a pas à dire, j'y suis. C'est à
n'y pas croire !

» Des drapeaux, des fleurs, une vraie foule, de vrais arbres verts, dans de vraies campagnes, un vrai printemps ! de bonnes vieilles maisons avec de bonnes rues bien propres ! des gens polis et qui n'ont pas peur de rire ! des cochers qui n'ont pas l'air de banquiers, des hommes du monde qui ne ressemblent pas à des cochers ! des pioupious ! des bonnes d'enfants ! Oh ! je m'y reconnais ; je suis chez nous ! Le cauchemar est fini... Quel bonheur ! J'ai envie d'embrasser les passants. »

N'est-ce pas que cette page est jaillissante ! *De vrais arbres verts !* C'est pourtant vrai qu'il n'y a qu'en France que les arbres sont verts. Mais un auteur de profession n'eût jamais osé le dire et même ne s'en fût point avisé. Nous autres, gens de métier, nous nous donnons beaucoup de mal pour apprendre à écrire et pour écrire. La première femmelette qui laisse parler son naturel en sait là-dessus plus que nous.

(*Figaro*, 7 novembre 1881.)

FIN

TABLE

Préface..   1

PREMIÈRE PARTIE

1830

Eugène Scribe.

I a Révolution de 1830. -- *Bertrand et Raton*........   3

Alexandre Dumas.

I. — Origines et débuts de Dumas. — *Henri III*........   17
II. — Le drame populaire de cape et d'épée. — *La Tour
    de Nesle*....................................   46
III. — L'état d'esprit de 1830. — *Antony*..   58

Victor Hugo.

I. — Le drame dans Victor Hugo, la poésie et la langue.   67
II. — Sa mission poétique...........   86
III. — Ses funérailles   103

DEUXIÈME PARTIE

1852

—

M. ALEXANDRE DUMAS FILS.

Ses œuvres. — Son public. — La société de son temps.

1850-1858.

I. — Du public littéraire vers 1858...................... 119

II. — Des romans de M. Dumas fils.................... 125

III. — Des comédies de M. Dumas fils et du réalisme au théâtre... 135

IV. — Des personnages, de la logique au théâtre et du positivisme dans la société..................... 156

V. — Des vraies qualités de M. Dumas fils.............. 177

LES MŒURS ET LE THÉATRE EN 1865........................ 187

ÉDOUARD PAILLERON 216

RÉALISME ET NATURALISME.

I. — M. Dumas contre M. Zola. — La préface de l'Étrangère... 237

II. — M. Zola et M. Augier. — Le Mariage d'Olympe..... 244

QUELQUES MOTS SUR SARDOU.

I. — Daniel Rochat................................... 255

II. — A propos d'Odette.............................. 263

III. — Toujours Odette et la Fiammina 271

IV. — Fédora.. 280

M. OCTAVE FEUILLET. — Un Roman Parisien.............. 304

TROISIÈME PARTIE

QUESTIONS THÉATRALES

ET PHYSIONOMIES DE THÉATRE

Homère et l'opérette. — *La Fuite d'Ulysse* 321
La fuite de Sarah Bernhardt 331
Le décennat de M. Perrin............................ 339
Favart, Sarah Bernhardt et M. Perrin 347
La Charte de la Comédie. — L'Affaire Dudlay........... 359
Le Conservatoire 367
Comédiennes en voyage 375

PARIS. — IMP. P. MOUILLOT. — 86762.

NOUVEAUX OUVRAGES EN VENTE

Format in-8°.

DUC D'AUMALE

Histoire des Princes de Condé, t. I à IV.................. 30 »

A. BARDOUX

Madame de Custine, 1 vol...... 7 50

DUC DE BROGLIE

Marie - Thérèse Impératrice, 1744-1746, 2 vol............ 15 »

DÉSIRÉ NISARD

Souvenirs et notes biographiques, 2 vol................. 15 »

EDMOND SCHÉRER

Melchior Grimm, 1 vol........ 7 50

LUCIEN PEREY

Histoire d'une grande dame au xviiiᵉ siècle. — La princesse Hélène de Ligne. — La comtesse Hélène Potocka, 2 vol.. 15 »

COMTE DE RAMBUTEAU

Lettres du maréchal de Tessé, 1 vol..................... 7 50

ERNEST RENAN

Drames philosophiques, 1 vol.. 7 50
Histoire du peuple d'Israël, t. I 7 50

G. ROTHAN

La Prusse et son roi pendant la guerre de Crimée. 1 vol...... 7 50

Format grand in-18, à 3 fr. 50 c. le volume.

	vol.
ANONYME	
La Neuvaine de Colette............	1
L'AUTEUR DES HORIZONS PROCHAINS	
Dans les prés et sous les bois....	1
RENÉ BAZIN	
Une Tache d'encre.............	1
PAUL BOURDE	
En Corse....................	1
RHODA BROUGHTON	
L'Amour esclave et maître.......	1
ÉDOUARD CADOL	
Mariage de princesse.............	1
MARQUIS DE CASTELLANE	
Madame Béguin.................	1
ÉDOUARD DELPIT	
La Vengeance de Pierre..........	1
ALBERT DURUY	
L'Armée royale en 1789..........	1
H. DE LA FERRIÈRE	
Amour mondain, Amour mystique	1
A. GENNEVRAYE	
Les embarras d'un capitaine de dragons.....................	1
F. DE GIRODON-PRALON	
Péché originel.................	1
GYP	
..es p'tites femmes !..........	1
ᵗᵉ D'HAUSSONVILLE	
..rimée — Hugh Elliott.	1

	vol.
H. LAFONTAINE	
Thérèse ma mie................	1
ANATOLE LEROY-BEAULIEU	
La France, la Russie et l'Europe.	1
EUGÈNE MANUEL	
Poésies du Foyer et de l'École....	1
ADRIEN MARX	
Petits mémoires de Paris.........	1
DÉSIRÉ NISARD	
Considérations sur la Révolution française et sur Napoléon Iᵉʳ...	1
RICHARD O'MONROY	
La Brune et la Blonde..........	1
PAUL PERRET	
Après le crime.................	1
A. DE PONTMARTIN	
Souvenirs d'un vieux Critique, 9ᵉ série..................	1
HENRY RABUSSON	
Le Mari de madame d'Orgevaut..	1
J. RICARD	
La Course à l'amour.............	1
PIERRE SALES	
Mariage manqué................	1
L. DE TINSEAU	
Ma cousine Pot-au-Feu.........	1
LOUIS ULBACH	
La Belle et la Bête.............	1

..ris. — Imprimerie J. CATHY, 3, rue Auber.

www.ingramcontent.com/pod-product-compliance
Lightning Source LLC
Chambersburg PA
CBHW051351220526
45469CB00001B/199